SCHWEDEN • VÄRMLAND

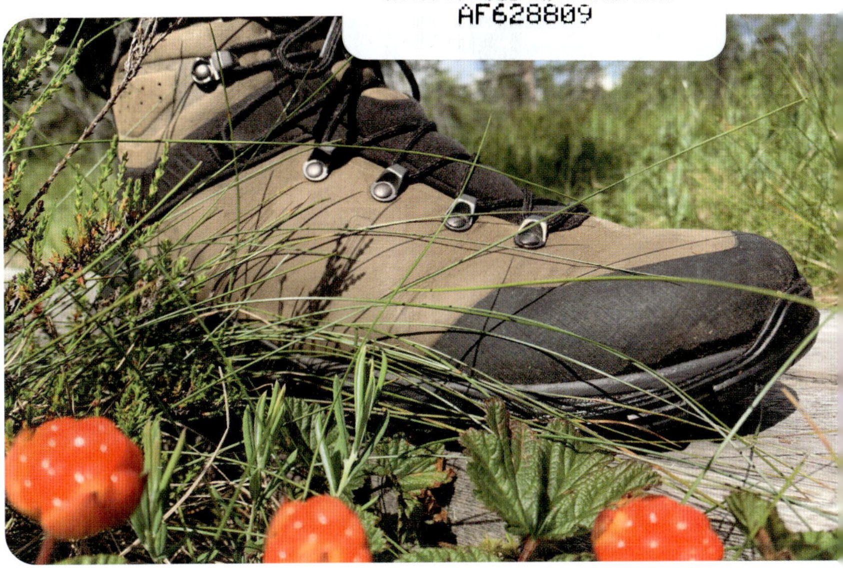

Wandern in Värmland

Das Seengebiet mittelschwedens

Paul van Bodengraven & Marco Barten

ONE DAY WALKS PUBLISHING

INHALT

Einleitung

Immer wieder aufs Neue erlebt man die schwedische Natur als überwältigend grün, weit und leer, wenn man in sie hinaus zieht. Ein so großes dünn besiedeltes Land ist etwas, das man in Nordwesteuropa kaum kennt. Die meisten Schweden wohnen in der südlichen Landeshälfte, was hauptsächlich der Länge der Wintertage zuzuschreiben ist. Es ist dort wesentlich länger hell als im Norden. Je weiter nördlich man kommt, desto weniger Bewohner gibt es.

Värmland liegt ungefähr auf halbem Wege, knapp über dem Breitengrad von Oslo und Stockholm. Da das Gebiet so dünn besiedelt ist, erhält die Natur allen Raum, den sie benötigt. Auch für schwedische Verhältnisse ist es eine ländliche, landwirtschaftlich geprägte Provinz. Dies allerdings in dem für uns etwas weniger naheliegenden Bereich der Forstwirtschaft. Einen Großteil des Landes nutzt man zur kommerziellen Holzgewinnung.
Zwischen all dem Grün findet man viel Wasser. Värmland gilt als das schwedische Seengebiet schlechthin. In jedem Tal findet man einen Fluss und hinter jedem Hügel liegt ein See. Diese Provinz ist sehr wasserreich. Von riesigen Seen bis zu lieblichen kleinen Gewässern, Wasser findet man hier überall.

Die Bewohner Värmlands leben im Freien. Sie arbeiten, beispielsweise als Waldarbeiter oder als Gastgeber oder Gastgeberin im Outdoor-Bereich, meistens in der Natur und wohnen in einer ländlichen Umgebung. Von Elchsafaris bis zum Rafting, von allen möglichen Wintersportarten bis zu Kanufahrten, hier ist alles möglich. Zwölf Jahre nach Erscheinen der Erstauflage dieses Wanderführers hat sich die Wanderregion Värmland stark verändert. Damals hatte man praktisch keine Wegbeschreibungen, jetzt gibt es die Värmlandsleder: gut gepflegte und markierte Wanderwege, wovon die meisten Rundwanderungen sind.

In diese Neuauflage unseres Wanderführers haben wir sieben dieser Routen, sowie eine Reihe neuer Routen in Gebieten, die wir noch nicht kannten, aufgenommen. Gemeinsam bieten sie eine Auswahl alles Guten, das Värmland dem Wanderer zu bieten hat.
Die Länge der Wanderungen variiert von 5,7 km bis 21 km, so dass für jeden etwas dabei ist.
Es handelt sich also immer um bereits bestehende Wanderwege, die (manchmal lediglich nummerisch) markiert sind. Wir haben sie nicht festgelegt, aber sie wurden von uns gelaufen, beurteilt, beschrieben,

bebildert und kartiert. Alles, was Sie tun müssen, ist Ihre Wanderschuhe anziehen und entdecken, was Värmland zu so etwas Besonderem macht.

ALLGEMEINES

11.118 Seen liegen laut den Angaben von Visit Värmland innerhalb der Provinzgrenzen. Und dazu gehört auch der Vänern, der größte See Westeuropas. Die Provinz hat etwa 320.000 Einwohner, von denen mehr als 25% in Karlstad leben. Mit einer Oberfläche von 19.204 Quadratkilometern ist Värmland fast halb so groß wie die Niederlande. Um einen Eindruck vom Platz zu verschaffen, den es hier gibt: Hier wohnen durchschnittlich 17 Einwohner pro Quadratkilometer. In den Niederlanden sind das 395 Einwohner.

Das 'Seengebiet von Mittelschweden' zieht zahlreiche Touristen an. Die meisten Europäer bleiben in den südlichen Provinzen, aber von denjenigen, die weiter nordwärts ziehen, reist ein beträchtlicher Anteil nach Värmland und in das angrenzende Dalarna. Unter Niederländern ist Värmland sogar die beliebteste schwedische Region. Der Hauptteil der Touristen, der die Provinz besucht, kommt aus umliegenden Ländern wie Norwegen und Dänemark und aus Deutschland oder Schweden selbst. Der Tourismus wird, neben eher traditionellen Sektoren wie Forst- und Landwirtschaft, zu einer immer wichtigeren Einkommensquelle.

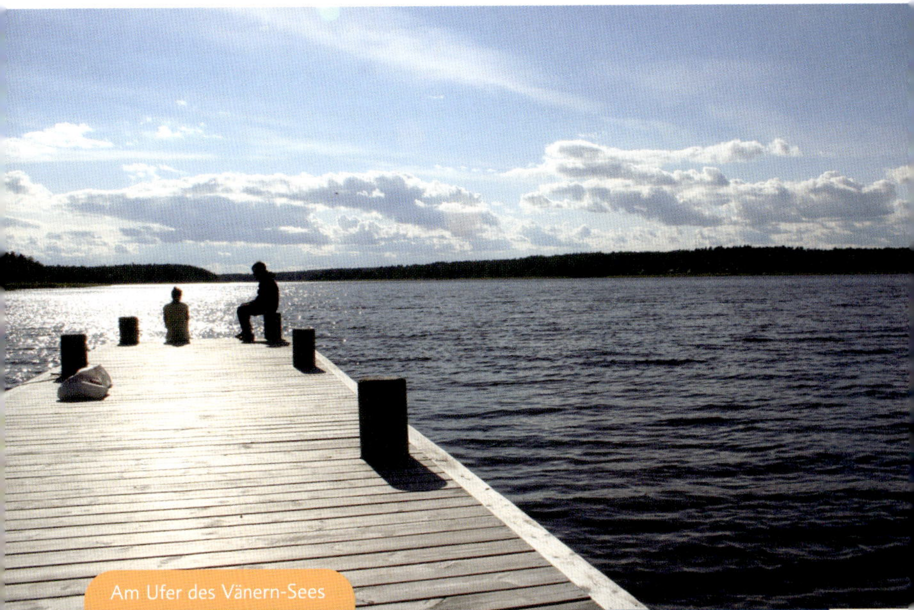

Am Ufer des Vänern-Sees

GESCHICHTE

Wer an das Schweden von einst denkt, trifft schon schnell auf die Normannen und Wikinger, die um das Jahr 1000 über Skandinavien herrschten. Der Aufstieg des Christentums in Skandinavien führte zur Bildung von Vorläufern der heutigen vier Länder Norwegen, Schweden, Finnland und Dänemark. Diese Länder hatten nicht immer dieselbe Form oder Landoberfläche. Bevor die heutigen Landesgrenzen entstanden, wurde viel gekämpft.

Zwischen 1353 und 1523 bildeten Dänemark, Schweden und Norwegen die Union von Kalmar. Insbesondere zwischen den Dänen und Schweden wollte es nicht so recht klappen und so wurden während des Bestehens der Union viele Kriege geführt. Im Jahr 1523 erklärte König Gustaf 1 einseitig die Unabhängigkeit Schwedens. Norwegen folgte diesem Vorbild im Jahr 1814.

Das finnische Hoheitsgebiet war bis zu seiner Annexion im Jahr 1809 durch Russland Teil des schwedischen Reiches. 1917 erklärte Finnland seine Unabhängigkeit. Dass Finnland und Schweden so lange ein Reich gebildet haben, kann in vielerlei Hinsicht in der schwedischen Kultur, vor allem auch in Värmland, festgestellt werden. Genau im Grenzgebiet mit Norwegen ließen sich im 17. Jahrhundert finnische Nomadenstämme nieder. Die Wälder dieser Region waren bis zu diesem Zeitpunkt unbewohnt.

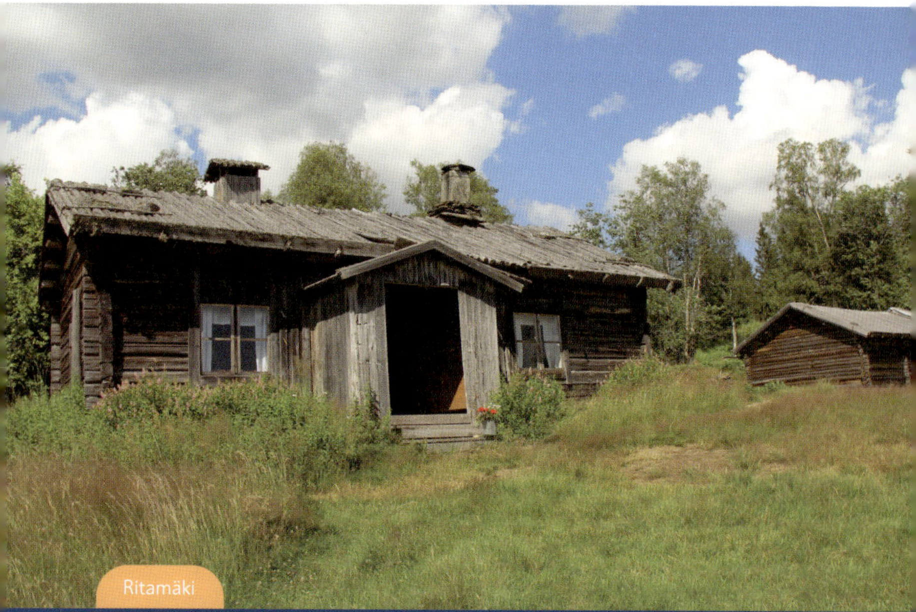

Ritamäki

Die Finnen wurden mit dem Versprechen auf eigenen Landbesitz gelockt. Sie lebten von dem, was das Land ihnen bot. Das schöne englische Wort für die von ihnen dafür verwendete Technik ist 'Slash & Burn'. Unterm Strich bedeutet dies, dass sie ein Waldstück abbrannten, um dann im darauffolgenden Jahr Nutzpflanzen anzubauen. Sobald der Boden erschöpft war, zog man wieder weiter.

Weil das Gebiet so abgelegen und ruhig war, entstand in der Grenzregion zwischen Schweden und Norwegen ein 'eigener' Freistaat. Man sprach Finnisch und entwickelte eine eigene Kultur. Diese ist im 21. Jahrhundert beispielsweise am Baustil einiger Bauernhöfe noch immer zu erkennen. Wanderung 3 führt am Bauernhof Ritamäki, einem der am besten erhaltenen Bauernhöfe aus dieser Zeit, vorbei. Wanderung 11 beginnt bei Mattila Finngård. Bis ins 20. Jahrhundert hinein wurde in Värmland überwiegend Finnisch gesprochen. Auch findet man die Sprache noch in zahlreichen Namen von Dörfern, Flüssen und Sümpfen vor.

Die Nachkommen der finnischen Waldbewohner haben sich inzwischen mit der schwedischen Bevölkerung 'vermischt'. Die Erinnerung an diese Zeit wird auf verschiedene Arten lebendig gehalten. So trägt die Grenzregion den Namen 'Finnskogen'. 'Skog' bedeutet Wald. 'Finnskogen' bedeutet also Wald der Finnen. Im nahe der norwegischen Grenze gelegenen Lekvattnet gibt es ein schönes Museum der finnischen Wohnweise und Kultur, die in dieser Umgebung eine so wichtige Rolle gespielt hat.

FORSTWIRTSCHAFT

Seit jeher wurde in dieser Region Geld in der Forstwirtschaft und im Bergbau verdient. Die letzten Arbeiten endeten Anfang des 20. Jahrhunderts. In Värmland gibt es an mehreren Stellen Reste von Bergwerken und auch auf Ihren Wanderungen werden Sie diese finden. Die Forstwirtschaft ist noch immer eine wichtige Erwerbsquelle. Die weiten Hügel und das viele Wasser sind eine gute Nahrungsquelle für die zahllosen Kiefern, die man hier sieht. Es handelt sich fast nie um natürliche, sondern fast immer um angepflanzte Wälder.

Ein Waldstück braucht 20 bis 30 Jahre bis es 'geerntet' werden kann. Dies geschieht auf eine sehr systematische und geordnete Weise: Eine ausgewiesene Fläche wird gerodet, während die umliegenden Waldgebiete stehen bleiben. So wird der Erosion entgegengewirkt. Innerhalb von drei Jahren muss die gerodete Fläche neu eingesät werden.

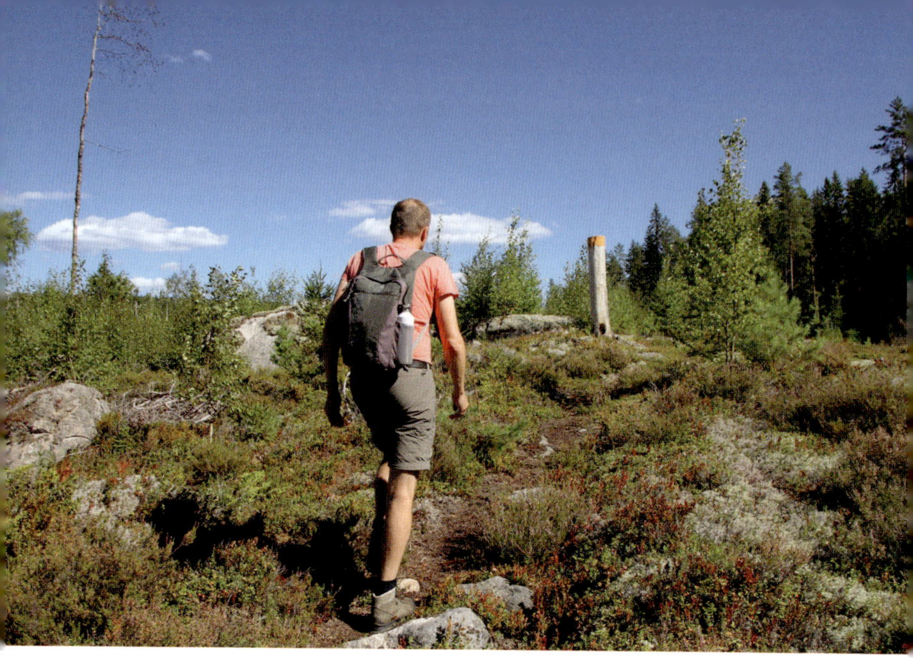

Der Abtransport der gefällten Bäume erfolgte über den Fluss Klarälven, der die Provinz vom Norden nach Süden durchschneidet und bei Karlstad in den Vänern einmündet. Die Baumstämme wurden ins Wasser geworfen und drifteten mit der Strömung nach Süden, wo sie verarbeitet wurden. Entlang des Flusses gab und gibt es mehrere Sägewerke. Seit 1991 erfolgen alle Holztransporte auf der Straße. Die einzigen Baumstämme, die man noch auf dem Fluss sieht, sind die der Flöße, mit denen die Touristen den Klarälven hinunterfahren.

Während der in diesem Wanderführer aufgeführten Wanderungen, werden Sie sicherlich auf gerodete Waldstücke stoßen. Flächen, die vielleicht noch nicht gerodet waren, als wir die Route beschrieben, oder Flächen, die jetzt wieder neu bepflanzt sind. Dies kann das Wandern erschweren, aber fast immer lassen die Waldarbeiter die Baumstümpfe, auf denen die Markierung der Wanderwege angebracht ist, stehen. So haben Sie doch Orientierungspunkte, mithilfe derer Sie diesen Teil der Route zurücklegen können.

KLIMA UND WETTER

In Schweden herrscht Kontinentalklima. Der meiste Niederschlag, der vom Meer heranweht, fällt in Norwegen. Die Durchschnittstemperatur ist im Sommer mit der des nordwesteuropäischen Festlands vergleichbar. Die Zahl der Sonnenstunden ist deutlich höher und die Anzahl der Tage, an denen Niederschlag fällt, ist in den Sommermonaten deutlich niedriger als in den Niederlanden und Belgien.

Der meiste Niederschlag fällt im Winter, wenn es wesentlich kälter ist, als Schnee. Die Grenze zwischen schneesicher und –unsicher verläuft mitten durch Värmland, irgendwo zwischen Sunne und Torsby. Das Gebiet nördlich von Torsby ist eines der beliebtesten Wintersportgebiete der Schweden selbst. Immer mehr ausländische Touristen entdecken auch die Reize von Wintersportgebieten wie Branäs, Hovfjället und Långberget.

FLORA

Fichten und Kiefern sind die landschaftsprägenden Bäume in ganz Schweden. Wie weit man auch schaut, die grünen, mit Kiefern bestandenen Hügel, scheinen unendlich zu sein. Dennoch gibt es Unterschiede zwischen den verschiedenen Arten. Sie gehören zur Familie der Koniferen, was eine Sammelbezeichnung für mehr als 600 Unterarten ist.

Laubwälder sind in dieser Region deutlich in der Minderheit. Birken, die in den feuchten Moorgebieten gut gedeihen, sind während der beschriebenen Wanderungen am häufigsten anzutreffen. Eichen und Buchen sieht man meistens im Süden der Provinz in viel geringerem Vorkommen. Die Wahrscheinlichkeit, dass sie die niedrigen Temperaturen der strengen Winter überleben, ist viel geringer.

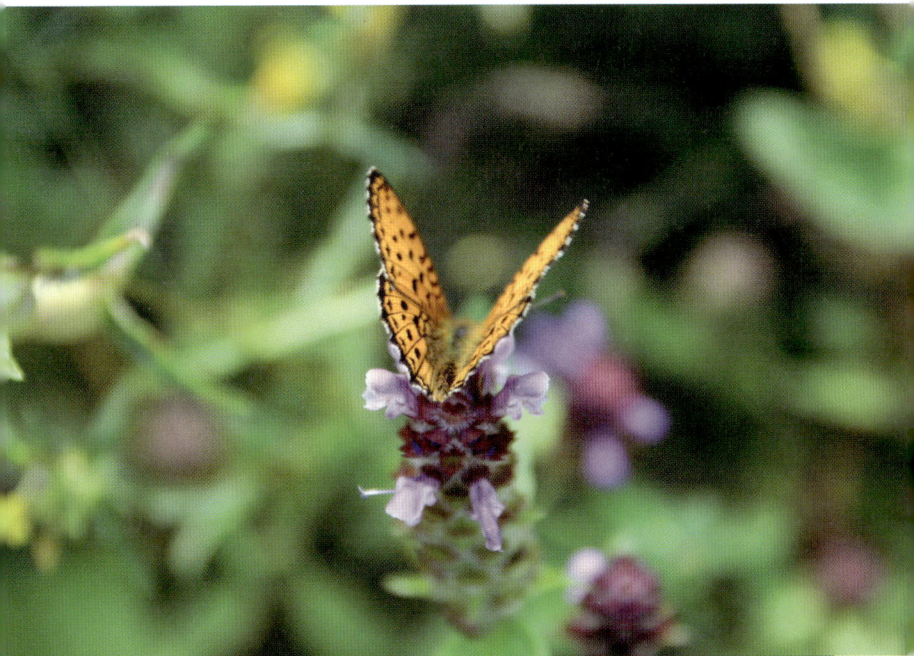

Eine Auflistung aller Wildblumen, die man im Frühling finden kann, führt zu weit. Einige der schönsten Exemplare sind, vor allem um das Vorurteil zu entkräften, dass Schweden eine Aneinanderreihung von Kiefernwäldern wäre, in diesem Wanderführer abgebildet. Um hiervon einen Eindruck zu vermitteln: In ganz Schweden gibt es nicht weniger als 47 verschiedene Orchideenarten, von denen auch viele in dieser Region wachsen. Blumenliebhaber können im Buchhandel verschiedene Bücher und Blumenführer finden, in denen die verschiedenen Arten, fast ausschließlich in schwedischer Sprache, beschrieben werden.

Die Beerensträucher, die im Nachsommer und zu Herbstbeginn Früchte tragen, sind besonders erwähnenswert. Am weitesten verbreitet ist die Preiselbeere, die von jedem gepflückt und in Gerichten verwendet wird. Eine andere beliebte Frucht ist die Moltebeere, die in Sumpfgebieten zu finden ist. Die meisten dieser Beeren werden zu einer Art Marmelade verarbeitet (sylt), die in Schweden als Delikatesse gilt. Außerdem sind die Wälder im Sommer voller Blaubeeren.

FAUNA

Da das Gebiet dünnbesiedelt ist, ist es für viele Tiere, die den kalten Wintern gut trotzen können, attraktiv. Neben häufiger vorkommenden Tieren wie Kaninchen, Dachsen, Eichhörnchen, Bibern und Rehen, leben in den weiten Wäldern auch Elche (siehe unten), Wölfe und sogar Braunbären. Außer deren Trittsiegeln werden Sie letztgenannter Tierart auf Ihren Wanderungen nicht oft begegnen.

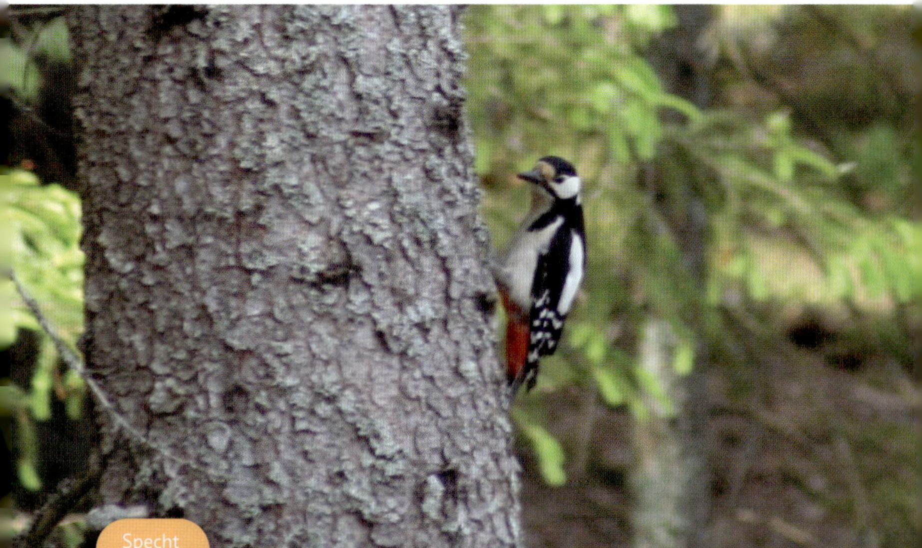

Specht

Die Tiere sind scheu und leben häufig an für Menschen unerreichbaren Orten. Sie bewegen sich normalerweise nachts fort und ruhen sich tagsüber an für uns unsichtbaren Stellen aus.
In Schweden diskutiert man ständig über die Frage, ob die Bären- und Wolfspopulationen zu groß oder zu klein sind, um ein ausgewogenes Verhältnis zwischen Mensch und Tier zu erreichen. Der eine befürwortet größere Anzahlen dieser Tiere, während ein anderer durch die vermehrte Ausgabe von Jagdscheinen die Populationen so weit wie möglich zurückdringen möchte. Was auch immer die Wahrheit sein mag, auf unseren Wanderungen sind wir noch nie Bären oder Wölfen begegnet.

Auch am und im Wasser kann man viel erleben. Värmland ist ein beliebtes Ziel für Angler. Eine weitere beliebte Aktivität ist die Bibersafari. Mit dem Kanu kann man sich während einer geführten Tour auf die Suche nach diesen fleißigen Tieren machen. Während der Wanderungen ist an vielen Stellen zu sehen, wozu diese mit ihren kräftigen Zähnen so alles im Stande sind. Vögel gibt es in den Wäldern in Hülle und Fülle zu hören. Häufige Arten sind Schwanzmeisen, Finken, Meisen, Amseln, Dohlen, Krähen und Tauben.
Darüber hinaus gibt es eine große Anzahl besonderer Vogelarten wie das Moorhuhn und den Kranich. In den Buchhandlungen in Schweden sind spezialisierte Führer erhältlich, in denen die verschiedenen Arten gezeigt und fast immer auf Schwedisch beschrieben werden.

ELCHE UND DIE JAGD

Ob auf Geschirrtüchern, Kaffeebechern oder als Schlüsselanhänger: Der Elch taucht als inoffizielles Maskottchen Schwedens überall auf. Im wirklichen Leben ist dieser große Waldbewohner viel schwieriger zu entdecken. Er ist besonders scheu und seine braungraue Farbe bietet zwischen den Baumstämmen eine hervorragende Tarnung.
Elche haben einen hervorragend entwickelten Hör- und Geruchssinn, wodurch sie einen fast immer, bevor man sie selbst sieht, bereits viel eher bemerkt haben. Die größte Chance, einem Elch in freier Wildbahn zu begegnen, hat man während der Abenddämmerung, entlang eines Feldweges vom Auto aus.

In Värmland werden jährlich mehr Elche gesichtet und erlegt als in allen anderen schwedischen Provinzen. Die meisten leben in der Mitte und im Norden der Provinz. Generell gilt: Je dünner besiedelt das Gebiet ist, desto mehr Elche es gibt. Die Stille, die Weite, die ausgedehnten Wälder und vielen Seen bilden einen idealen Lebensraum für diese Tiere. Schätzungen des Umfangs der Population variieren von 240.000 bis zu 300.000 Elchen. Wenn der Winter mild gewesen ist, kann diese Anzahl manchmal auch noch ansteigen.

Jedes Jahr genehmigt die Regierung während der Jagdsaison den Abschuss eines Drittels der Population. Das sind immer zwei Wochen im Oktober und anschließend an einigen Wochenenden. Während der Jagd werden Waldgebiete abgesperrt und dürfen nicht betreten werden. Wenn Sie planen, gerade in diesem Zeitraum nach Värmland zu fahren, dann erkundigen Sie sich vor der Abfahrt, ob die betreffende Route zugänglich ist oder nicht.

Für die Jagd gelten strenge Regeln. Jeder Region wird ein Kontingent zugewiesen und jedes erlegte Tier muss gemeldet werden. Sobald das Kontingent erreicht ist, wird die Jagd eingestellt. Aber es gelten noch weitere Regeln. So muss ein Jäger einen Jagdschein oder eine Genehmigung haben, die maximale Schussdistanz muss 100 Meter betragen und die Chance, dass das Tier getötet wird, muss real sein. Es ist nicht gestattet ein Tier zu verwunden und es weiterlaufen zu lassen. Hält sich der Jäger nicht an die geltenden Vorschriften, wird sein Jagdschein kurzerhand eingezogen.

Trotz der strengen Regeln und des verantwortungsvollen Vorgehens ist die Jagd für die Elche selbst so traumatisch, dass sie, nachdem sie die Jagdsaison in ihrem ersten Lebensjahr überlebt haben, für den Rest ihres Lebens Angst vor Menschen haben.

JEDERMANNS RECHT

Es ist in Schweden ein großes Allgemeingut: das Jedermanns Recht. Von jeher gilt, dass ein Wanderer fast überall laufen darf und dass ein Camper auch mal für eine Nacht sein Zelt in der Wildnis aufschlagen kann. Das Jedermanns Recht ist jedoch nicht im Detail gesetzlich geregelt. Es handelt sich um 'einen Brauch', der keine solide Rechtsgrundlage hat. Es ist vor allem eine Frage des 'gesunden Menschenverstands'. Sie sind zum Beispiel nicht dazu berechtigt, quer durch einen fremden Garten zu laufen. Auch die Regionalverwaltung kann den Zugang zu bestimmten Gebieten verbieten, zum Beispiel aus Gründen des Naturschutzes oder aufgrund gefährlicher Situationen (Sümpfe).

Erschwerend kommt hinzu, dass ein relativ großer Teil (etwa 33 %) des schwedischen Bodens im Besitz von Unternehmen oder Einzelpersonen ist, die das Gebiet für kommerzielle Zwecke, beispielsweise für die Forstwirtschaft, nutzen. Und natürlich sind diese über die häufige Nutzung ihres Landes ohne jegliche Gegenleistung nicht allzu glücklich.

Um Probleme zu vermeiden, haben wir uns dazu entschieden, bestehende Wanderungen in diesen Wanderführer aufzunehmen und zu beschreiben. Das bedeutet, dass Sie sich sicher sein können, dass die Einrichtung einer Wanderroute hier einmal genehmigt wurde und dass sie begehbar ist. Außerdem sind fast alle Routen markiert.

Da Sie größtenteils auf fremdem Grund und Boden unterwegs sind, möchten wir Ihnen einige nützliche und hoffentlich naheliegende Tipps geben:

- Lassen Sie Tiere und Pflanzen in Ruhe.
- Verursachen Sie keine Waldschäden und bleiben Sie so viel wie möglich auf den Wanderwegen.
- Hinterlassen Sie keinen Müll.
- Entzünden Sie nur an den dazu ausgewiesenen Stellen (bei Schutzhütten) Feuer.
- Behindern Sie nicht die Arbeit von Waldarbeitern und anderen Personen. Fragen Sie immer, ob Sie passieren dürfen, wenn Sie ein Gelände, auf dem gearbeitet wird, überqueren möchten.
- Sie sind zu Gast, also verhalten Sie sich auch dementsprechend.

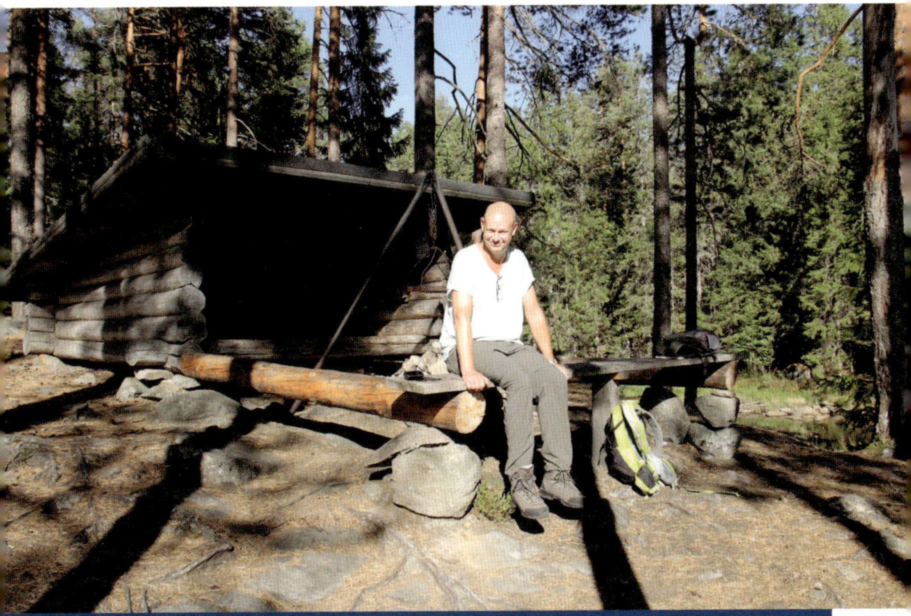

PRAKTISCHE TIPPS

Das Wandern in Värmland ist recht anspruchsvoll. Aufgrund des hügeligen Geländes und der teilweise schwierigen Untergründe werden Sie nicht viel mehr als 2,5 bis 3 km pro Stunde zurücklegen. Für jede Wanderroute haben wir angegeben, wie lang sie ist und wie lange wir dafür gebraucht haben, ohne die Pausenzeiten mitzuzählen. Lassen Sie sich also nicht von den Entfernungsangaben täuschen und wählen Sie zunächst eine Route aus, die Ihrer 'Wandererfahrung' entspricht. Alle Wanderungen sind Rundwanderungen.

Värmland ist weitläufig und dünn besiedelt. Die meisten Dörfer können mit dem Bus erreicht werden, auch wenn dieser nicht sehr häufig fährt. Die Ausgangspunkte der von uns beschriebenen Wanderungen sind fast alle nicht von Buslinien oder Bushaltestellen aus zu Fuß erreichbar. Um die Ausgangspunkte der Wanderungen zu erreichen, benötigen Sie daher ein (Miet-)Auto. Bei drei Wanderungen befinden sich die Ausgangspunkte in fußläufiger Entfernung zu einer Bushaltestelle (Wanderungen 13, 16 und 20).

WAS SOLLTE MAN MITNEHMEN?

Abgesehen von diesem Wanderführer sollten Sie, wenn Sie unterwegs sind, an einige Dinge denken. Das Wetter in Schweden kann sehr wechselhaft sein. Manchmal regnet es und ist es kalt, manchmal ist es extrem heiß. In letzterem Fall müssen Sie berücksichtigen, dass die Sonne hier im Frühjahr und Sommer viel länger und in einem anderen Winkel scheint. Um 18 Uhr kann es hier noch recht warm sein. Bringen Sie ausreichend Wasser (mindestens 1 Liter pro Person), Sonnencreme und eine Mütze oder einen Hut mit. Unterwegs gibt es kaum eine Möglichkeit etwas zu essen. Nehmen Sie also genügend Proviant mit. Gutes Schuhwerk ist wichtig, vorzugsweise wasserdicht, da Sie bei fast allen Wanderungen durch sumpfiges Gelände gehen werden.

An regnerischen Tagen oder bei unbeständigem Wetter ist es ratsam, eine Regenjacke mitzunehmen. Auch lange Hosen sind oft nützlich, da Sie vielleicht durch Büsche oder auf zugewachsenen Wegen laufen werden. Zum Schluss: Das Wandern in Värmland findet in einer abgelegenen und einsamen Gegend statt. Wenn Ihnen unterwegs etwas zustößt, zum Beispiel wenn Sie sich ein Bein brechen, kann es buchstäblich Tage dauern, bis man Sie findet. Die Netze der Mobilfunkbetreiber sind fast überall erreichbar. Lassen Sie also Ihr Handy nicht zu Hause! Auch in Schweden lautet die Notrufnummer 112.

GPS UND KARTEN

Lantmäteriet, der schwedische topographische Dienst, hat das Land gut kartographiert. Es sind sehr detaillierte Karten erhältlich. Der Nachteil ist, dass man ziemlich viele Karten kaufen muss, um die ganze Provinz ablaufen zu können. Und das kostet eine ganze Menge Geld. Die Routenkarten in diesem Führer bieten zusammen mit der Routenbeschreibung genügend Orientierungsmöglichkeiten, um die Wanderungen auch ohne Karten machen zu können. Für GPS-Nutzer haben wir eine begrenzte Anzahl von Punkten pro Wanderung zur Unterstützung aufgenommen. Sie können die GPS-Tracks auch bei uns anfordern, wenn Sie den Führer gekauft haben. Bitte senden Sie eine E-Mail an info@onedaywalks.com mit dem Vermerk "GPS-Tracks Värmland". Die Verwendung eines GPS-Systems ist für die Wanderungen nicht notwendig!

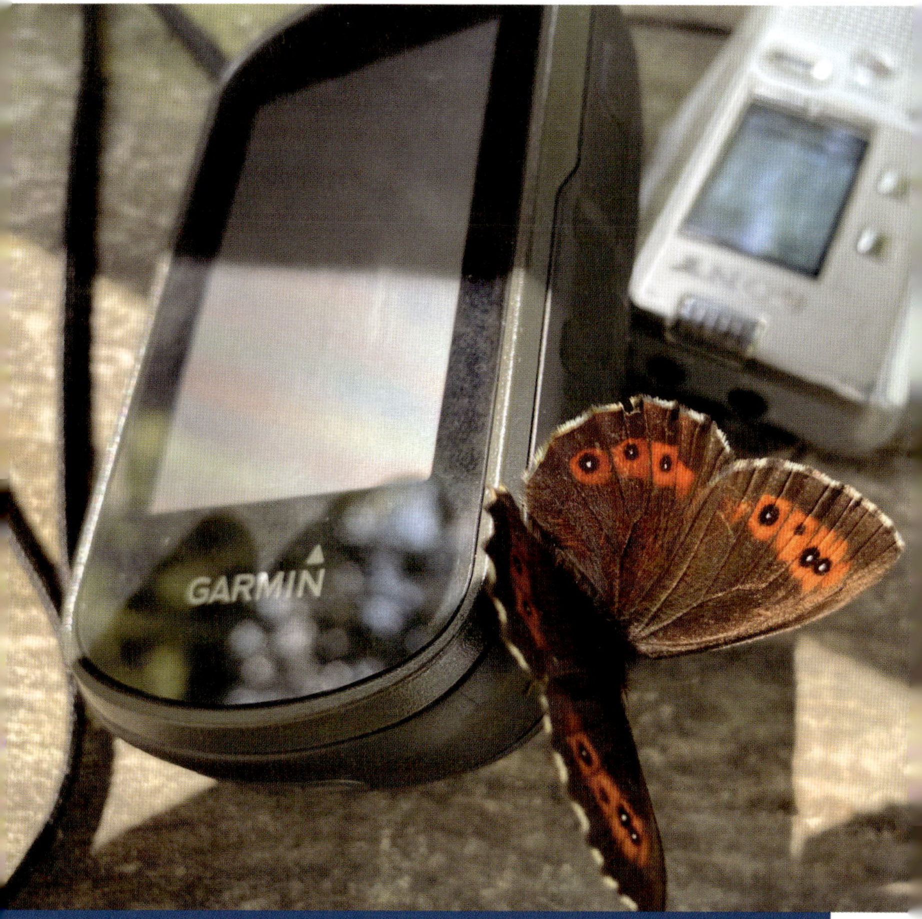

FÜR WEN SIND DIE WANDERUNGEN GEEIGNET?

Die Wanderungen in diesem Führer sind für jeden mit einer einigermaßen guten Kondition gut zu bewältigen. Für jede Wanderung ist der Schwierigkeitsgrad angegeben: 1 = leicht, 2 = mittelschwer, 3 = schwer. Diese Einstufungen beruhen auf Faktoren wie der Länge der Strecke, dem Umfang der Auf- und Abstiege und den "Unannehmlichkeiten" (z. B. schlechter Untergrund), denen Sie unterwegs begegnen. Die Routen führen fast immer über unbefestigte Wege. Gelegentlich wandern Sie auf einer asphaltierten Straße. Die Routen sind nicht für Gehbehinderte oder Kinderwagen geeignet.

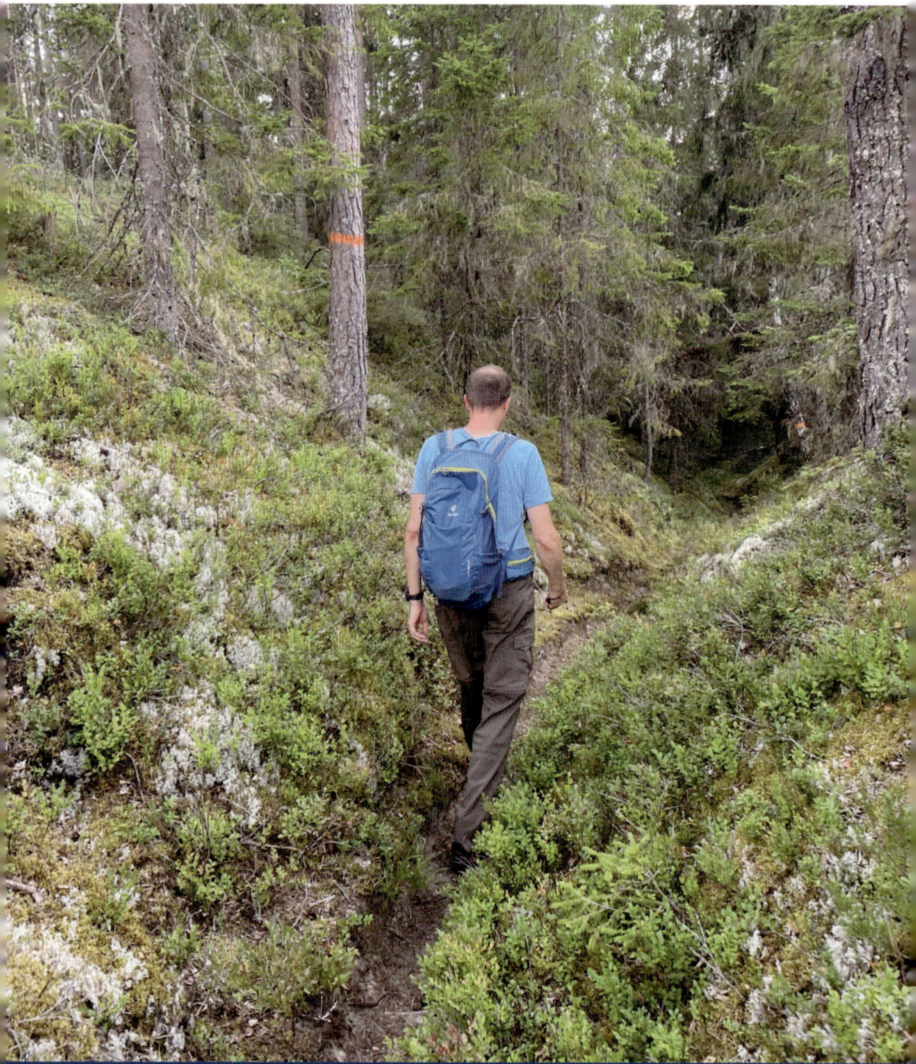

WEITER WANDERN

Wie bereits erwähnt, gibt es in Värmland viele Wandermöglichkeiten, die jedoch oft nicht detailliert beschrieben werden. Viele der eingerichteten Wanderwege sind Fernwanderwege, von denen wir im Folgenden einige nennen werden. Fast alle Wanderwege sind mit orangefarbener Farbe markiert.

Finnskogleden

240 km lange Wanderroute entlang der schwedisch-norwegischen Grenze.

Nord-Värmlandsleden

54 km lange Route durch den Norden der Provinz.

Pilgrimsleden

Lange Strecke von Karlstad (Schweden) nach Trondheim (Norwegen), durchquert Värmland und folgt weitgehend dem Verlauf des Klarälven-Flusses.

Glaskogen Naturreservat

In diesem Gebiet gibt es mehr als 300 km markierte Wanderwege. Meistens von A nach B, aber man kann auch Rundwanderungen machen. Die Wanderungen 7 und 9 führen durch dieses Gebiet. Eine Übersichtskarte ist im Informationszentrum in Lenungshammar erhältlich.

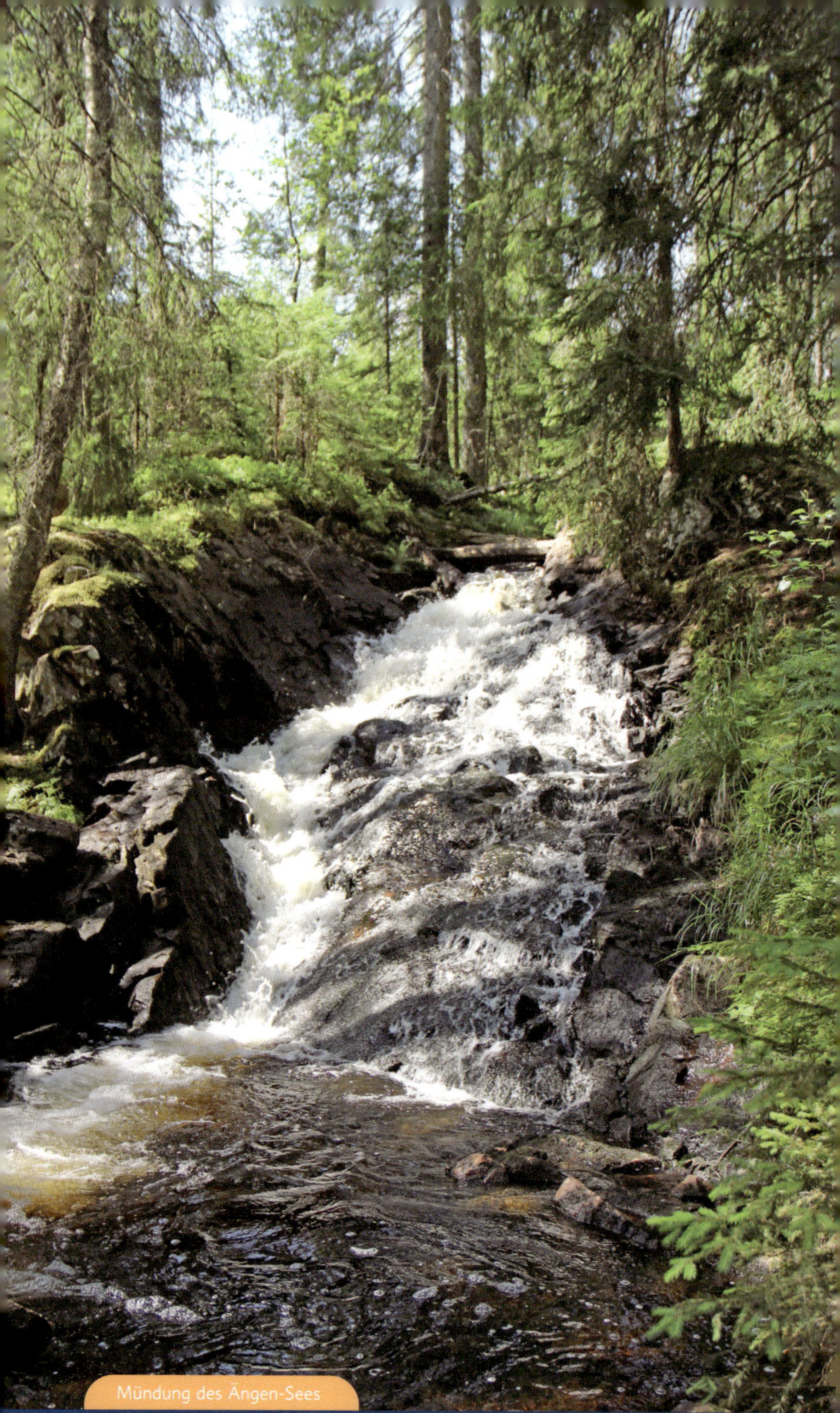

Mündung des Ängen-Sees

1	STRECKE:	18,0 KM
	DAUER:	ETWA 7 STUNDEN
	SCHWIERIGKEITSGRAD:	3 (DISTANZ, AUFSTIEG/ABSTIEG)
	NIEDRIGSTER PUNKT:	266 M, HÖCHSTER PUNKT: 399 M
	GESAMTANSTIEG:	658 M

ÄNGEN

Die Hügel um den Ängen-See

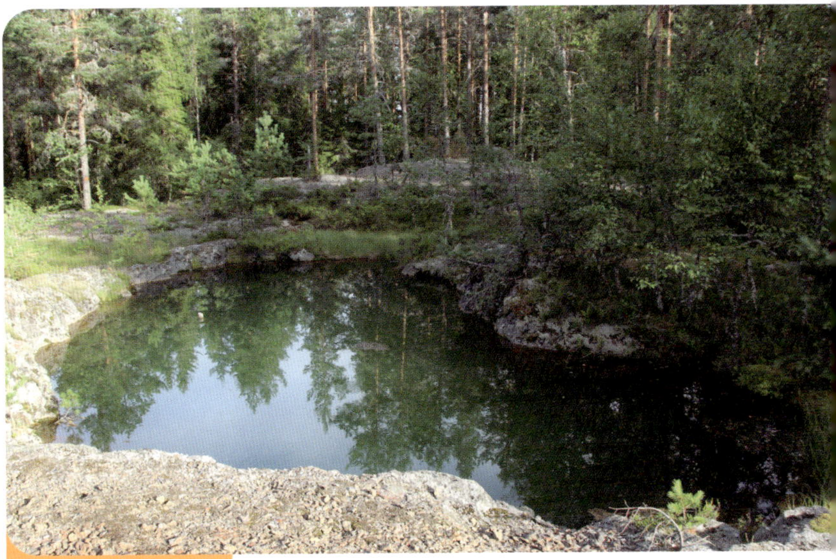

Norra Ängens Gruva

WARUM IST DIESE WANDERUNG INTERESSANT?

Diese schöne Wanderung um den Ängen-See führt quer durch die Natur. Die gut ausgeschilderte Route führt über schmale Pfade quer durch die Wälder. Regelmäßig läuft man auch über offeneres Gelände, wo die Natur mit zahlreichen Feldblumen und Schmetterlingen abwechslungsreicher ist. Von den Hügelkuppen aus sieht man ab und zu den See, den man in einer großen Schleife umläuft. Unterwegs gibt es viele Rastplätze mit Picknickbänken und Schutzhütten. Die Route führt unter anderem an Überresten alter Häuschen und Bauernhöfe, den sogenannten 'Torpen' aus der Zeit der finnischen Einwanderer (17.Jahrhundert) und Bergmänner vorbei. In der Region wurde wie bei Norra Ängens Gruva, einer alten Kupfermine, an der Sie vorbei laufen, nach Metallen gesucht. Aufgrund der vielen An- und Abstiege ist man schnell einen ganzen Tag unterwegs. Am Ende der Wanderung gibt es am Ufer des Ägen-Sees mehrere Badeplätze für ein erfrischendes Bad.

WIE KOMMT MAN DORTHIN?

Nehmen Sie von der 45, der Hauptstraße Värmlands aus, auf der Höhe von Rottneros die Ausfahrt Gräsmark/Ski Sunne. Nach 12,4 km die Ausfahrt links nach Ängen, auf einen Schotterweg, nehmen. Nach 9,5 km kommen Sie am Schild 'Ängen' vorbei und biegen 200 Meter weiter rechts ab. Folgen Sie den Schildern 'Rokkmakkstugan'. Nach 1,2 km links und nach 300 Metern wieder links abbiegen. Nach 500 Metern sehen Sie ein Schild, das nach rechts zur Rokkmakkstugan verweist. Stellen Sie Ihr Auto hier auf der rechten Straßenseite ab.

DIE WANDERUNG

Gehen Sie vom Parkplatz (GPS1) aus rechts nach oben zur Rokkmakkstugan. Nach 20 Metern sehen Sie links eine große Infotafel mit Informationen zur Wanderung. Direkt danach rechts gehen: Ängenleden 17 km. Die Route ist orangefarben markiert. Folgen Sie dem Weg und überqueren Sie nach 120 Metern den Schotterweg schräg links. Folgen Sie dem Weg auf der anderen Seite. Nach gut 200 Metern an einer Weggabelung links abbiegen. Nach 80 Metern erreichen Sie einen Schotterweg. Überqueren Sie diesen und folgen Sie auf der anderen Seite der orangefarbenen Markierung auf einen schmalen Waldweg. Der Weg steigt an, flacht ein wenig ab und steigt wieder an. Weiter oben geht man durch offeneres Gelände. Die orangefarbene Markierung findet man an den Baumstümpfen. Ein Stück weiter geht es wieder bergab und der Weg führt in den Wald hinein. Sie kommen zu einem Steg, der über einen Bach führt (GPS2).

Auf der anderen Seite folgen Sie der Wegmarkierung und dem Weg, der manchmal steil ansteigt, nach oben. Nach 750 Metern kommen Sie zu einer Picknickbank mit Aussicht auf den See. Nach nochmals 200 Metern kommen Sie zu einer weiteren Picknickbank (GPS3).

Der Weg führt dann bergab und nach 550 Metern kreuzen Sie einen schmalen Schotterweg (GPS4).

Folgen Sie der orangefarbenen Markierung geradeaus. Der Weg führt hinab und nach etwa 300 Metern kommen Sie an einem Bach vorbei. Folgen Sie bei der Abzweigung danach der Markierung nach

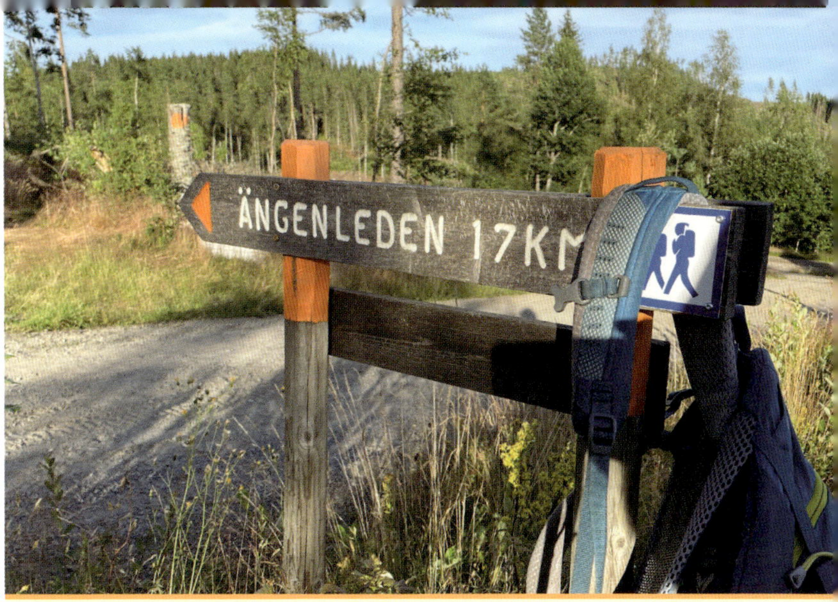
ÄNGENLEDEN 17KM

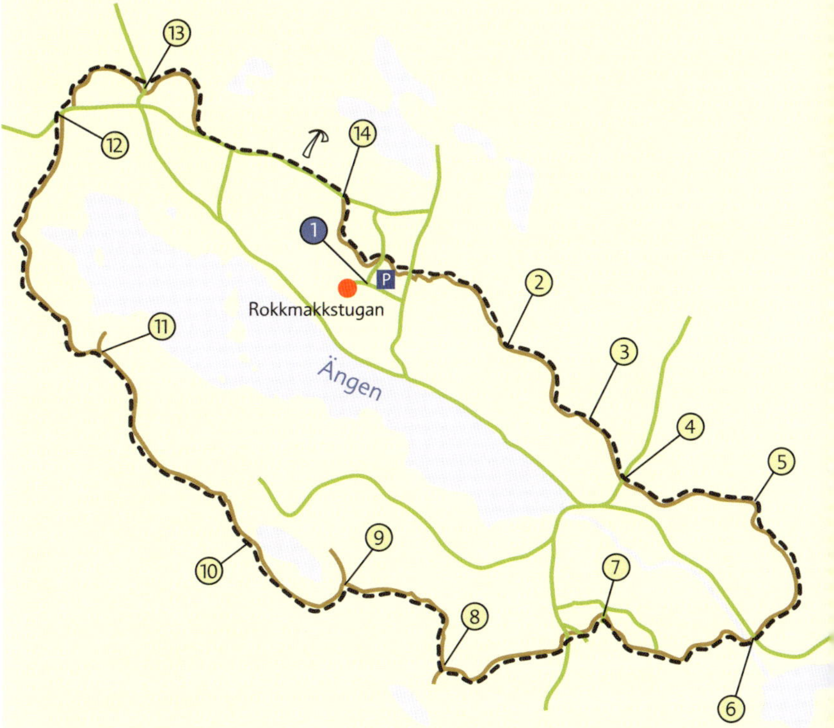
13
12
14
1
P
Rokkmakkstugan
2
11
3
Ängen
4
5
9
10
7
8
6

links und dem aufsteigenden Pfad. Der Pfad schlängelt sich durch den Wald. Nach 750 Metern gehen Sie an einer Kreuzung mit Wegweiser (GPS5) geradeaus.

Sie folgen ungefähr 1,2 km diesem Pfad. Der Weg führt bergab und dann durch offeneres Gelände. Nach noch einem Waldstück erreichen Sie einen Schotterweg. Überqueren Sie diesen schräg nach rechts und folgen Sie der orangefarbenen Markierung in Richtung des Wasserfalls. Weiter oben kommt man zu einer Holzbrücke (GPS6).

Überqueren Sie den schmalen Fluss über die Brücke und bleiben Sie noch etwa 800 Meter auf dem Weg. Sie kommen dann zu einem Feldweg. Hier gehen Sie nach rechts und nach 40 Metern wieder nach links auf einen schmalen Weg. Folgen Sie der Markierung, nach 400 Metern erreichen Sie einen Schotterweg (GPS7).

Hier gehen Sie nach rechts und bei einem Schild mit der Aufschrift Norra Gräshöjden gleich wieder links. Folgen Sie dem Waldweg entlang des Picknicktisches. Nach 300 Metern kreuzen Sie einen Feldweg. Folgen Sie dem schmalen markierten Weg. Nach 30 Metern erreichen Sie einen Schotterweg. Gehen Sie nach links und nach 50 Metern bei einem Wegweiser nach rechts. Bleiben Sie mehr als 1 km lang auf diesem schmalen Waldweg. Der Weg führt auf- und abwärts und man läuft unter anderem an einem Torfmoor vorbei. Oben auf dem Hang kommt man an einer Picknickbank vorbei. Der Weg führt dann wieder abwärts und nach 200 Metern kommt man zu einer Abzweigung mit einem Wegweiser (GPS8).

Hier nach rechts gehen. Sie laufen wieder durch offeneres Gelände und gehen danach in den Wald. Nach 700 Metern kommen Sie zu einem Feldweg. Diesem folgen Sie nach links. Bei einem Haus biegt der Feldweg nach rechts ab. Wenn Sie noch etwa 100 Meter auf diesem Weg bleiben, dann sehen Sie links einen Wegweiser (GPS9).

Gehen Sie nach links und folgen Sie diesem schmalen Pfad etwa 300 Meter. Halten Sie sich auf einer Abzweigung bei einem Wegweiser rechts. Der Weg führt bergauf und bergab durch den Wald. Nach 650 Metern erreichen Sie eine Schutzhütte am Märrtjärnet (GPS10).

Folgen Sie dem Weg geradeaus und ignorieren Sie eine Abzweigung zu einem Parkplatz. Sie kommen an einer Picknickbank vorbei, dann biegt der Weg rechts ab. Folgen Sie dem Weg weiter durch den Wald. Sie kommen nach ungefähr 1 km an einer Scheune und den

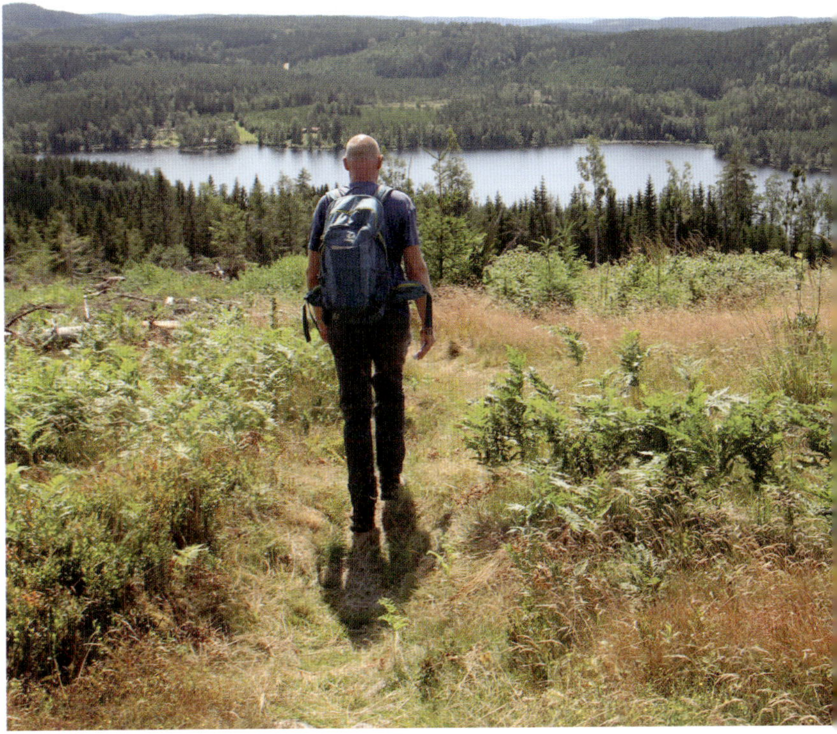

Resten eines 'torp' vorbei. 800 Meter weiter kommen Sie auf eine Abzweigung mit einem Wegweiser (GPS11).

Hier gehen Sie links: Ängenleden. Kurz darauf laufen Sie durch ein Torfmoor. Danach dem schmalen Weg und der orangefarbenen Markierung folgen. Nach 700 Metern kommen Sie an einer Picknickbank vorbei. Der Weg biegt dann links ab. Nach 300 Metern schickt Sie die Markierung zu einer Abzweigung nach rechts. Nach 800 Metern erreichen Sie einen Schotterwendeplatz. Gehen Sie geradeaus an einer Infotafel vorbei bis zur Abzweigung mit einem Schotterweg (GPS12).

Hier nach rechts gehen und nach etwa 100 Metern schickt Sie die orangefarbene Markierung nach links auf einen schmalen Waldweg. Der Weg führt aufwärts und schlängelt sich etwa 600 Meter durch den Wald. Sie gelangen auf einen breiteren Grasweg. Folgen Sie der orangefarbenen Markierung nach rechts. Nach 200 Metern kommen Sie zu einer Abzweigung mit einem Schotterweg (GPS13).

Überqueren Sie diesen in gerader Richtung und gehen Sie bei der Markierung auf einen schmalen Weg. Dieser schlängelt sich etwa 500 Meter durch den Wald und Sie erreichen wiederum einen Schotterweg. Hier gehen Sie nach links und nach 50 Metern wieder rechts. Nach 100 Metern kommen Sie an einer Schutzhütte vorbei und nach nochmals 100 Metern erreichen Sie das Gelände der 'Norra Ängens Gruva'. Folgen Sie dem markierten Weg über das Gelände entlang des wassergefüllten Minenschachts. Der Weg führt hinunter zu einem breiten Schotterweg. Hier links gehen. Sie folgen diesem Weg 1,1 km lang entlang der Häuser von Norra Ängen. Dann sehen Sie rechts am Weg einen Wegweiser mit orangefarbener Markierung (GPS14).

Biegen Sie rechts ab und gehen Sie auf dem schmalen Weg in den Wald. Nach 250 Metern biegt der Weg links ab. Nach nochmals 250 Metern erreichen Sie die Rokkmakkstugan. Gehen Sie vor dem Gebäude entlang zurück zum Schotterweg. Auf diesem gehen Sie 100 Meter zurück zum neben der Straße gelegenen Parkplatz (GPS1).

GPS KOÖRDINATEN
ÄNGEN: DIE HÜGEL UM DEN ÄNGEN-SEE

1. Parkplatz Auto	N 59 52.513 E 12 48.117
2. Steg über einen Bach	N 59 52.217 E 12 49.084
3. Picknickbank	N 59 52.010 E 12 49.639
4. Schmaler Schotterweg	N 59 51.798 E 12 49.886
5. Kreuzung mit Wegweiser	N 59 51.750 E 12 50.821
6. Holzbrücke	N 59 51.282 E 12 50.783
7. Schotterweg	N 59 51.344 E 12 49.835
8. Abzweigung mit Wegweiser	N 59 51.169 E 12 48.624
9. Wegweiser	N 59 51.448 E 12 47.965
10. Schutzhütte Märrtjärnet	N 59 51.600 E 12 47.336
11. Abzweigung mit Wegweiser	N 59 52.199 E 12 46.294
12. Abzweigung Schotterweg	N 59 52.974 E 12 45.871
13. Abzweigung Schotterweg	N 59 53.078 E 12 46.447
14. Wegweiser rechts	N 59 52.759 E 12 47.903

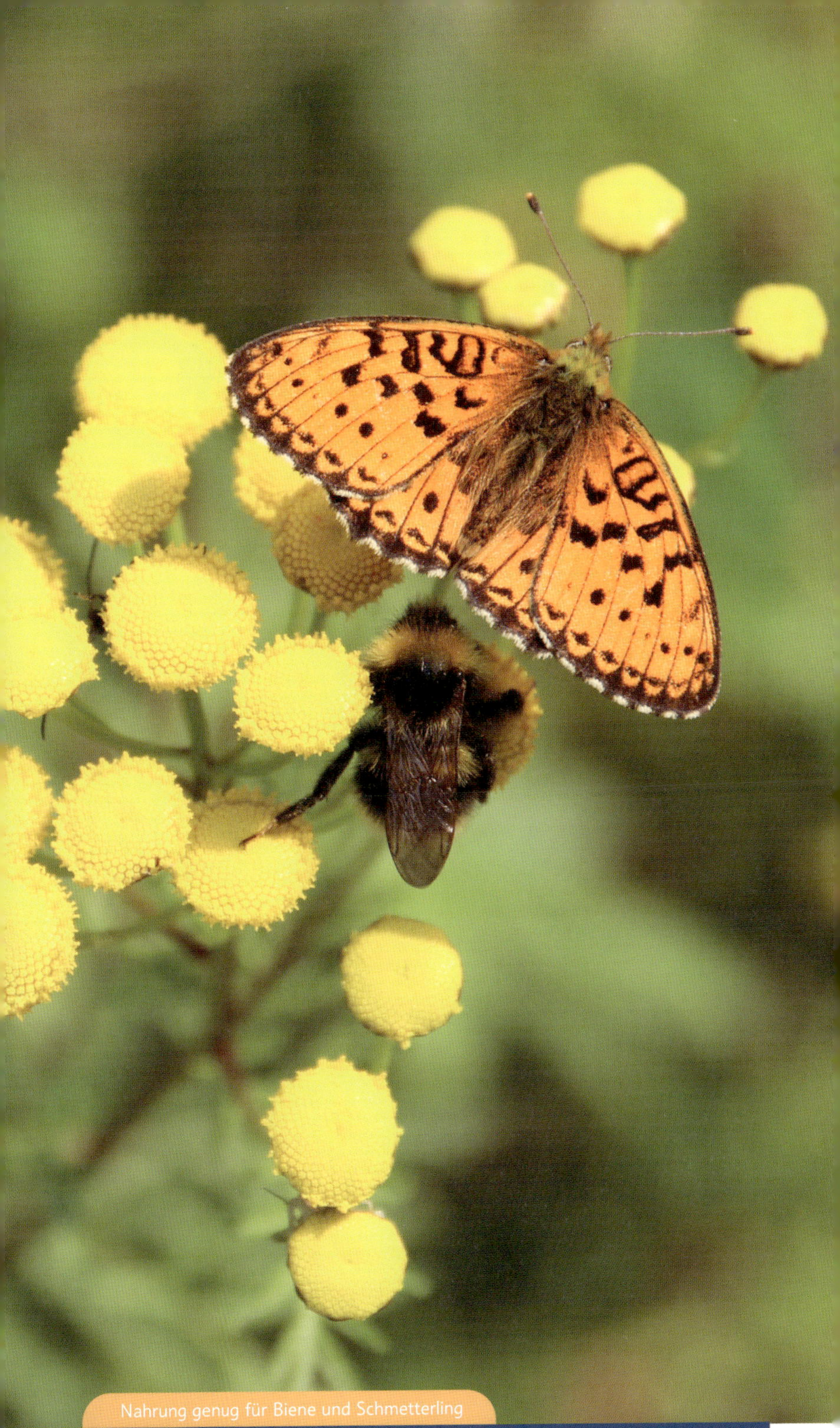

Nahrung genug für Biene und Schmetterling

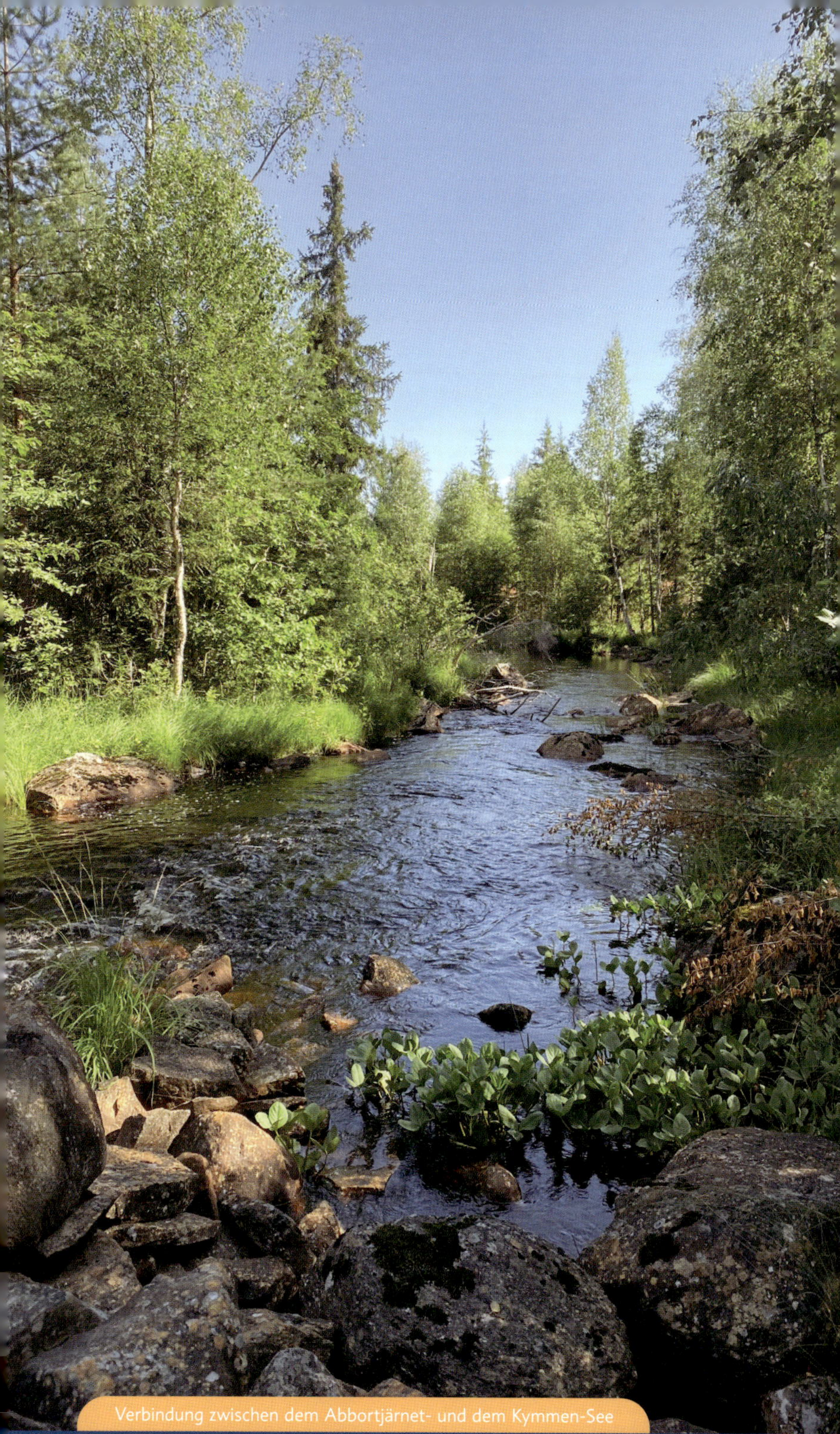

Verbindung zwischen dem Abbortjärnet- und dem Kymmen-See

STRECKE:	8,3 KM
DAUER:	ETWA 2,5 STUNDEN
SCHWIERIGKEITSGRAD:	1
NIEDRIGSTER PUNKT:	213 M, HÖCHSTER PUNKT: 291 M
GESAMTANSTIEG:	159 M

2

TIMBONÄS

Vom Ufer des Kymmen zum Abbortjärnet

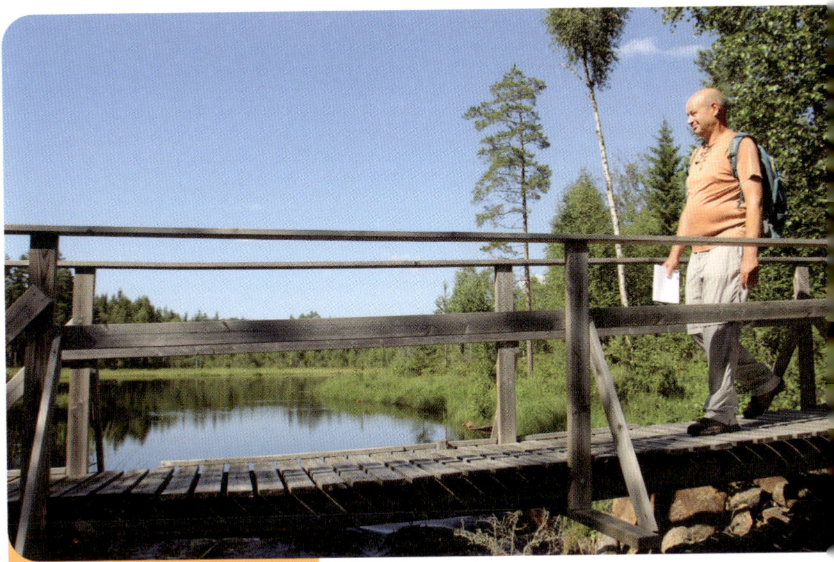

Brücke beim Abbortjärnet-See

WARUM IST DIESE WANDERUNG INTERESSANT?

In diesem Teil Värmlands gibt es mehrere kurze Wanderwege. Für diese Wanderung haben wir einige von ihnen zu einer Rundwanderung kombiniert. Es ist hier sehr ruhig. Man geht über schmale Waldwege und stille Schotterwege. Die Natur ist üppig und man hat immer wieder das Gefühl, diese Wege nur gemeinsam mit den hier häufig anzutreffenden Elchen zu benutzen. Der kleine Abbortjärnet-See ist eine wunderbare Oase, in der man die Ruhe genießen kann. Der Kymmen-See, an dem die Wanderung beginnt und endet, ist bei schönem Wetter ein herrlicher Picknickplatz oder ein wunderbarer Ort für ein erfrischendes Bad. Tipp: Links und rechts neben dem Parkplatz befinden sich etwa 100 Meter entfernt kleine Strände. Der linke Strand liegt etwas weiter vom Weg entfernt, ist schöner und hat im Sommer einen Schwimmsteg.

WIE KOMMT MAN DORTHIN?

Nehmen Sie von der 45 der Hauptstraße durch Värmland kommend die Ausfahrt Gräsmark. Fahren Sie bis Gräsmark weiter und folgen Sie ab dort den Schildern nach Torsby. Bei der Ausfahrt Torsby geradeaus in Richtung Mitandersfors fahren. Nach 10,9 km kommen Sie am Schild mit der Aufschrift Timbonäs vorbei. Nach 400 Metern sehen Sie auf der Höhe der Wegweiser 'Kammesmakk' und 'Honkamack' links neben der Straße, am Ufer des Sees einen Parkplatz. Stellen Sie hier Ihr Auto ab.

DIE WANDERUNG

Gehen Sie vom Parkplatz (GPS1) aus zurück zur Asphaltstraße und überqueren Sie diese geradeaus in Richtung Kammesmakk.

Missachten Sie nach 650 Metern einen Weg nach rechts. 100 Meter weiter auf der Höhe mehrerer Briefkästen die Abzweigung nach links nehmen. Nach 380 Metern einen schmalen Weg mit orangenfarbener Markierung nach links missachten. Nach 80 Metern, wenn der Schotterweg links abbiegt, gehen Sie geradeaus auf einen Grasweg (GPS2).

Gehen Sie über den Grasweg in Richtung des Waldes und lassen Sie die Scheune links neben sich. Der Weg ist mit orangener Farbe markiert. Ein wenig weiter können Sie kurz 100 Meter nach rechts gehen um sich den Stjärnstenen (einen Stein mit Felszeichnungen aus der Zeit um 1500) anzusehen. Für die Wanderung gehen Sie geradeaus und kreuzen einen Feldweg. Etwas weiter, bei einem Wegweiser 'Honkamack 1800 m', nach rechts gehen. Laufen Sie an einer Mauer aus gestapelten Steinen vorbei in den Wald.
Missachten Sie nach mehr als 200 Metern einen Weg nach links und folgen Sie dem Weg geradeaus nach: "Abbortjärnet 2700 m". Missachten Sie Seitenwege und folgen Sie dem sich leicht senkenden Weg entlang der orangefarbenen Markierung etwa 350 m lang bis Sie zu einem Schotterweg (GPS3) kommen.

Hier gehen Sie nach links. Sie gehen fast den ganzen Weg, der 1,8 km lang ist. Etwa 100 Meter bevor der Weg endet, sehen Sie rechts einen hölzernen Wegweiser (GPS4).

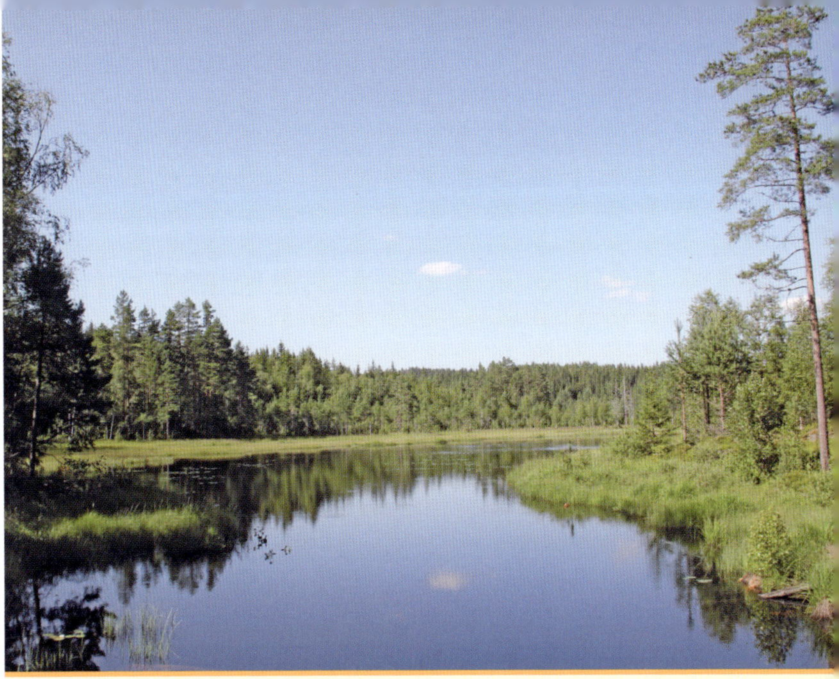

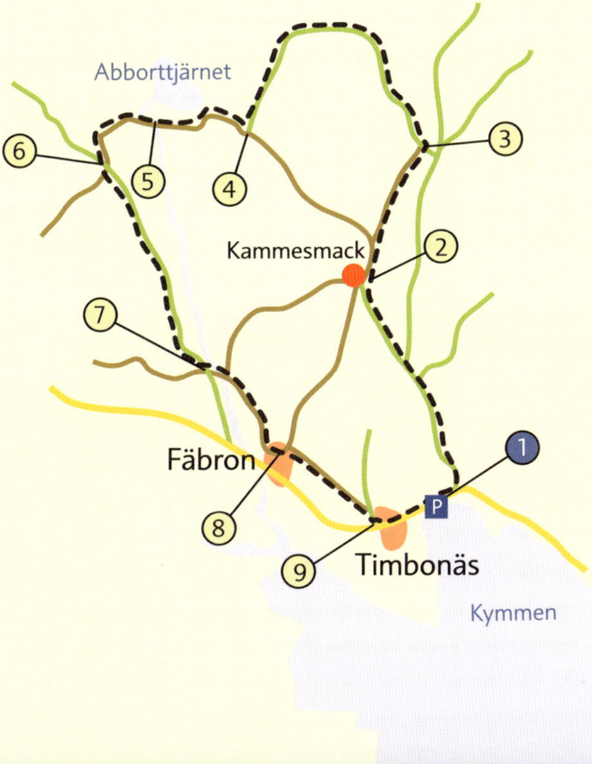
Abborttjärnet
Kammesmack
Fäbron
Timbonäs
Kymmen
P
1
2
3
4
5
6
7
8
9

Hier gehen Sie nach rechts: Abbortjärnet 500 m. Dieser abwärts führende Weg ist auch wieder mit orangener Farbe markiert. Der Weg ist schmal, die Markierung ist Ihr Leitfaden. Über einen Steg überqueren Sie einen Bach. Sie kommen am Schild Abborrtjärnet-Åsen vorbei. Gehen Sie, auch bei den zwei Wegweisern, die auf Sehenswürdigkeiten verweisen, immer geradeaus. Der Weg führt zu einer schmalen Brücke (GPS5) über den Fluss, der den Abfluss des Abbortjärnet bildet.

Überqueren Sie die Brücke und folgen Sie den Markierungen bis Sie nach 100 Metern zu einer Abzweigung mit einem breiteren Grasweg kommen. Hier gehen Sie nach links. Nach 300 Metern erreichen Sie einen breiten Schotterweg (GPS6).

Gehen Sie nach links und bleiben Sie auf dem Weg. Missachten Sie nach 40 Metern den scharf nach rechts abbiegenden Schotterweg. Sie verlassen kurz die orangefarbenen Markierung. Nach 1,2 km kommen Sie auf der Höhe eines Hauses an, das direkt an der Straße steht. Gleich hinter diesem Haus schickt ein Wegweiser mit orangefarbener Markierung (GPS7) Sie nach links: 'Kammesmack 1200 m'.

Sie kommen zu einem Fluss, den Sie über eine Brücke überqueren. Gehen Sie auf der gegenüberliegenden Seite direkt nach rechts in Richtung Fäbron. Nach 50 Metern gehen Sie geradeaus über einen schmalen Pfad den Hang hinauf. Oben angekommen folgen Sie dem Weg mehr oder weniger geradeaus. Bei einer Holzscheune biegt der Weg links ab und Sie kommen zu einem Haus und einigen Scheunen. Gehen Sie hier nach links am Waldrand entlang und lassen Sie die Gebäude rechts neben sich. Auf der Höhe der letzten Scheune kommen Sie zum Wegweiser 'Kvarna 500 m' (GPS8).

GPS KOÖRDINATEN TIMBONÄS: VOM UFER DES KYMMEN ZUM ABBORTJÄRNET

1. Parkplatz	N 60 00.356 E 12 42.742
2. Grasweg	N 60 00.937 E 12 42.257
3. Schotterweg	N 60 01.362 E 12 42.593
4. Hölzerner Wegweiser	N 60 01.413 E 12 41.580
5. Schmale Brücke über den Fluss	N 60 01.445 E 12 40.937
6. Schotterweg	N 60 01.313 E 12 40.781
7. Wegweiser orangene Markierung	N 60 00.714 E 12 41.362
8. Wegweiser 'Kvarna 500'	N 60 00.454 E 12 41.762
9. Asphaltstraße	N 60 00.259 E 12 42.265

Hier gehen Sie nach links und folgen Sie dem Grasweg. Diesen Weg gehen Sie immer geradeaus, insgesamt 650 Meter meistens am Waldrand entlang. Der Grasweg führt zu einem Schotterweg. Hier gehen Sie nach rechts und nach 30 Metern links auf eine Asphaltstraße (GPS9).

Nach 500 Metern sehen Sie rechts am See den Parkplatz, auf dem Sie Ihr Auto abgestellt haben (GPS1).

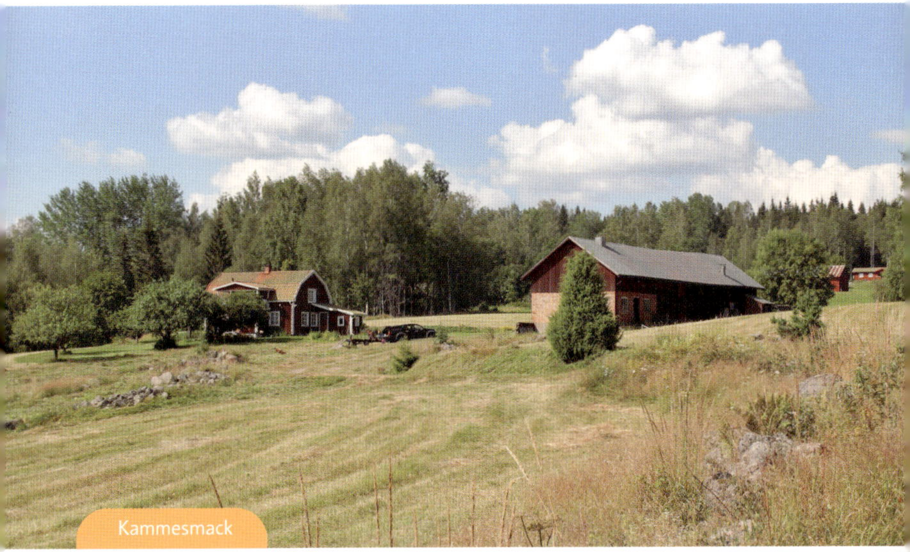

Kammesmack

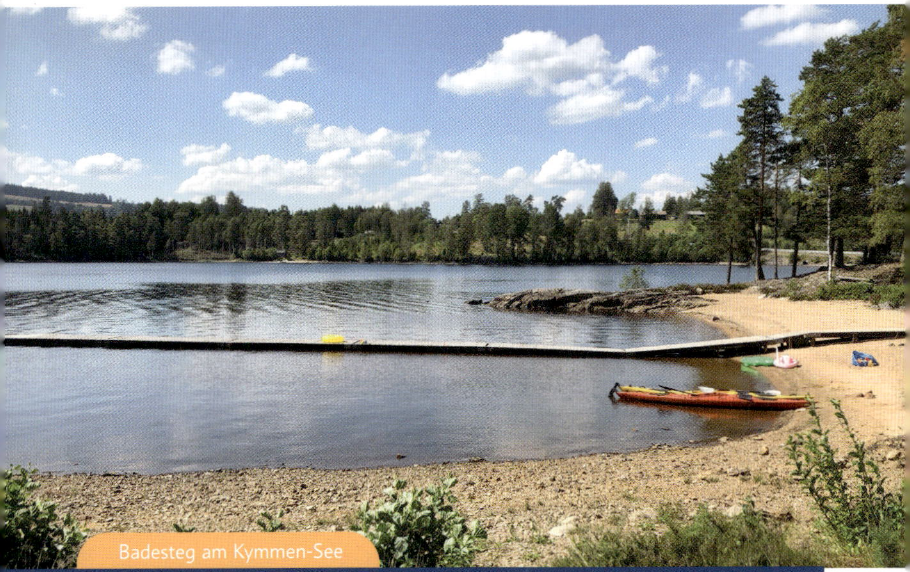

Badesteg am Kymmen-See

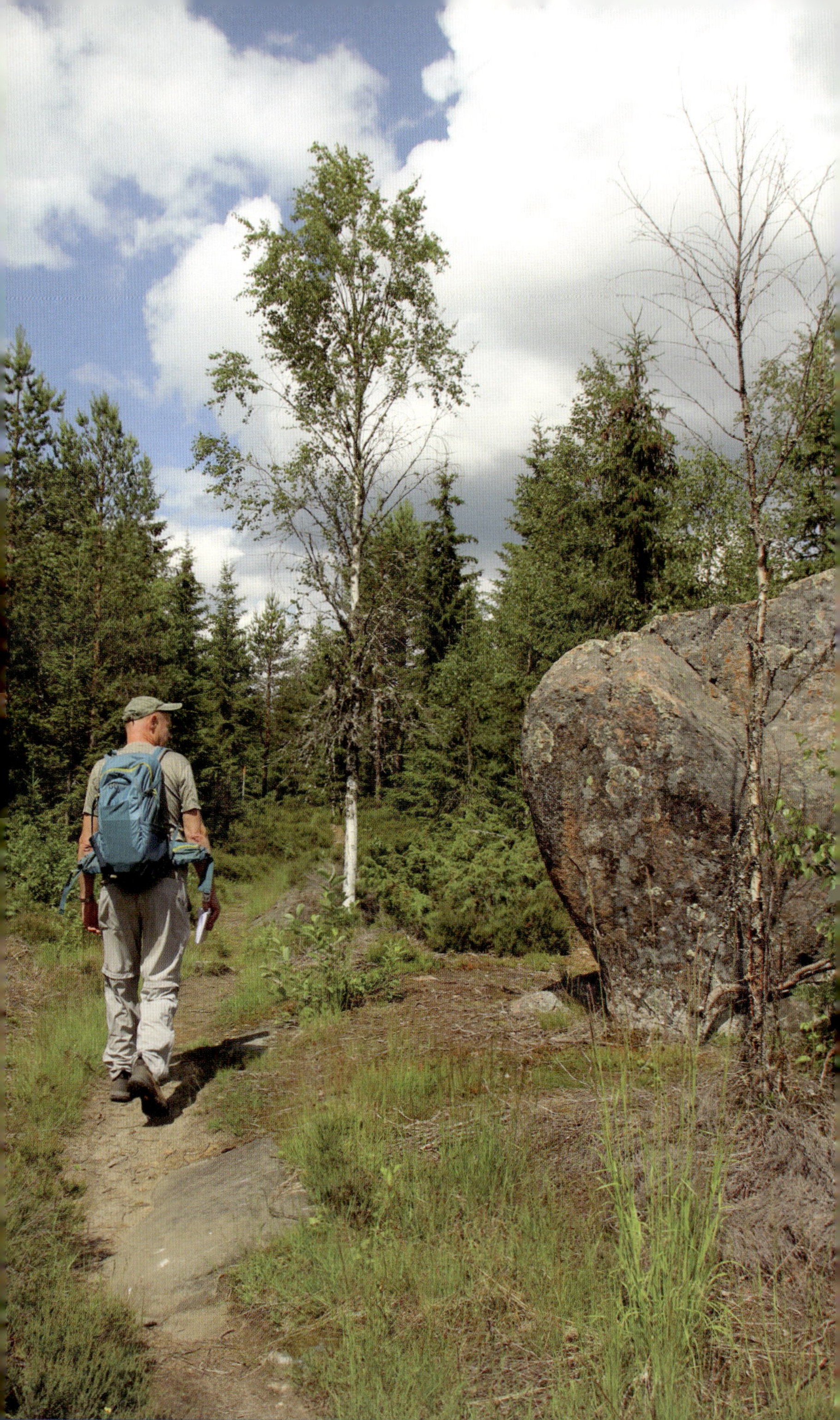

3	
STRECKE:	9,0 KM
DAUER:	ETWA 3 STUNDEN
SCHWIERIGKEITSGRAD:	1
NIEDRIGSTER PUNKT:	300 M, HÖCHSTER PUNKT: 412 M
GESAMTANSTIEG:	244 M

LEKVATTNET

Sieben 'Finnische Dörfer' an der Grenze

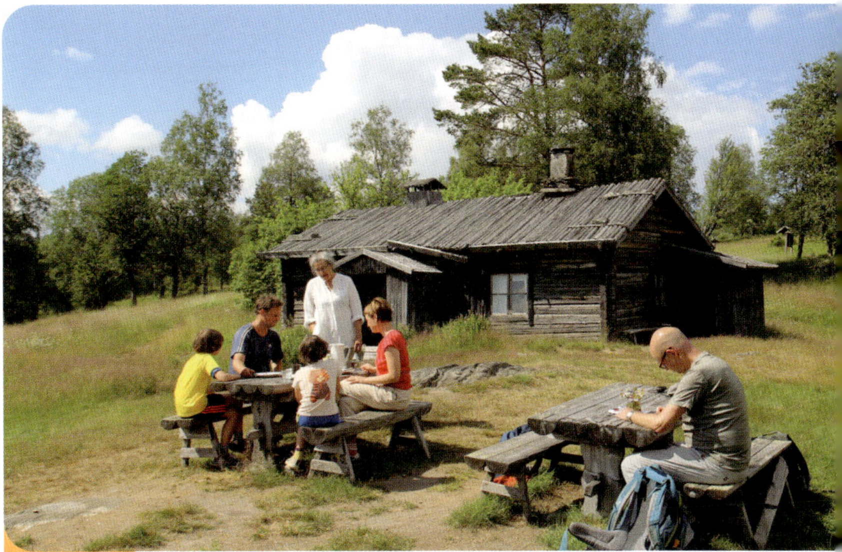

Ritamäki

WARUM IST DIESE WANDERUNG INTERESSANT?

Dies ist eine relativ kurze Wanderung, auf der Sie Bekanntschaft mit der besonderen Finnskogen-Kultur machen können. Die Route folgt einem kurzen Abschnitt des 240 km langen Fernwanderwegs Finnskogsleden durch das Grenzgebiet zwischen Schweden und Norwegen. Im 17. Jahrhundert, als Schweden und Finnland noch ein Land waren, siedelten sich finnische Nomaden in diesem damals noch unbewohnten Gebiet an. Die sieben 'Dörfer' sind Überreste kleiner Siedlungen, oftmals nicht mehr als ein Haus, in dem 10 bis 15 Menschen wohnten. Während dieser Wanderung überqueren Sie kurz die Grenze zwischen Schweden und Norwegen. Die Natur ist in diesem Gebiet unherbergsamer und bergiger als im grünen Herzen Värmlands.

WIE KOMMT MAN DORTHIN?

Nehmen Sie von der 45, der Hauptstraße durch Värmland aus in Höhe von Torsby die Ausfahrt Lekvattnet. Fahren Sie über die 239 bis nach Lekvattnett. Im Dorf bei der Ausfahrt Simonstorp/ Ritamäki links abbiegen. Beim See fahren Sie rechts. Hier wird die Straße ein Schotterweg. Nach 7,4 km beim Schild Ritamäki rechts fahren. Nach 2,7 km sehen Sie am Ufer des Lomsen-Sees Infotafeln stehen. Stellen Sie hier Ihr Auto ab.

DIE WANDERUNG

Mit Ihrem Gesicht zu den Infotafeln (GPS1) gerichtet, gehen Sie nach links.

Ab hier den Schildern '7-torpsleden' folgen. Über einen Schotterweg laufen Sie am Wasser entlang. Nach 450 Metern sehen Sie rechts auf dem Hügel das Haus Lomstorp liegen. Hier gehen Sie beim Schild '7-torps' scharf nach rechts (GPS2) über einen schmalen Grasweg an der orangefarbenen Markierung entlang nach oben.

Nach 200 Metern laufen Sie auf einem breiteren Weg nach links und nach 70 Metern nach rechts. Beim Schild '7-torps' der orangefarbenen Markierung folgen. Sie gehen über einen schmalen Weg an einer Holzscheune vorbei. Bleiben Sie etwa 800 Meter auf dem markierten Weg bis Sie über einen Holzsteg auf einen breiten Schotterweg gelangen (GPS3).

Überqueren Sie den Weg in gerader Richtung und bleiben Sie auf dem Weg. Gehen Sie in den Wald und überqueren Sie ein Stück weiter über eine kleine Brücke einen Bach. Sie kommen zu ein paar Häusern bei Svartbäcken. Folgen Sie dem am Rand eines Kiefernwaldes entlang führenden Weg. Hinter dem letzten Gebäude führt der Weg links hinunter. Sie kommen zu einem Schotterweg und gehen hier nach links. An einer T-Gabelung gehen Sie nach links und 50 Meter weiter beim Schild '7-torps'rechts. Danach kreuzen Sie einen Schotterweg und gehen geradeaus nach oben. Etwas weiter überqueren Sie über einen Steg einen Graben. Bleiben Sie auf dem Weg. Nach 500 Metern passieren Sie die Grenze zwischen Schweden und Norwegen (GPS4).

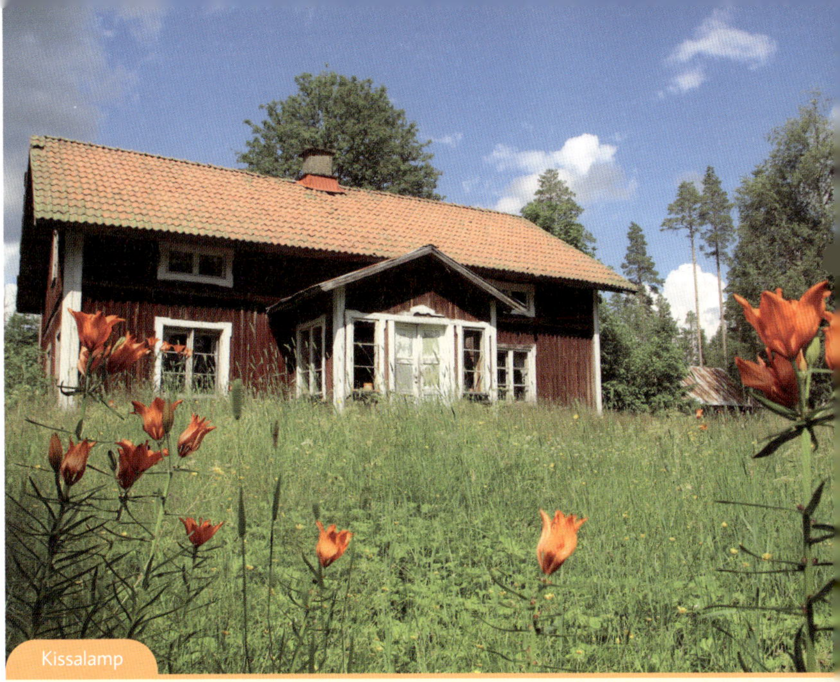

Kissalamp

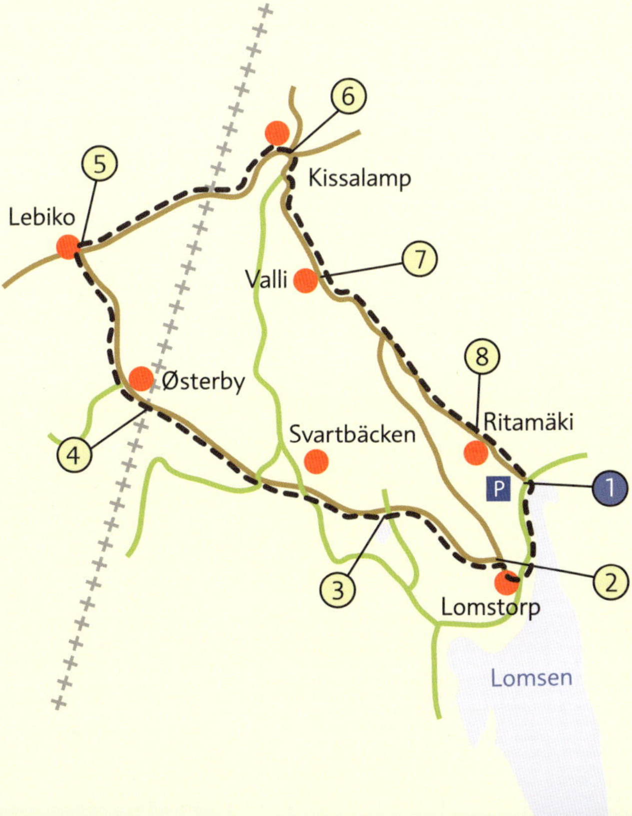

Kissalamp
Lebiko
Valli
Østerby
Svartbäcken
Ritamäki
P
Lomstorp
Lomsen
1
2
3
4
5
6
7
8

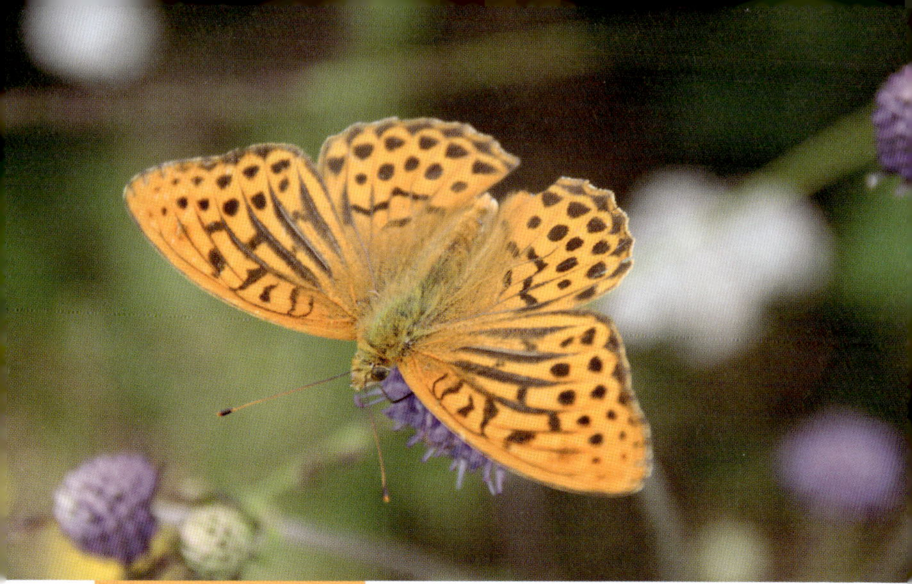

Kaisermantel auf Skabiose

Folgen Sie dem hinunter führenden Weg über einige Stege weiterhin, bis Sie zu einem Haus und Scheunen kommen: Østerby. Gehen Sie am Schild vorbei geradeaus und folgen Sie ab hier der blau-orangenen Markierung. Diesem Weg eine ganze Zeit lang folgen, bis Sie zu den Holzhäusern von Lebiko (GPS5) kommen.

Vor dem großen Holzhaus gehen Sie nach rechts in Richtung Kissalamp. Folgen Sie der blau-orangenen Markierung. Der Weg schlängelt sich durch den Wald und Sie laufen regelmäßig ein Stück über Stege und Planken. Nach 800 Metern passieren Sie wieder die norwegisch-schwedische Grenze. Bleiben Sie auf diesem Weg, bis Sie zu dem Haus und dem Schild 'Kissalamp' (GPS6) kommen.

GPS KOÖRDINATEN LEKVATTNET: SIEBEN 'FINNISCHE DÖRFER' AN DER GRENZE

1. Infotafel	N 60 08.520 E 12 33.332
2. Scharf rechts gehen	N 60 08.285 E 12 33.312
3. Schotterweg	N 60 08.439 E 12 32.466
4. Grenze Norwegen und Schweden	N 60 08.714 E 12 31.239
5. Lebiko	N 60 09.145 E 12 30.761
6. Kissalamp	N 60 09.454 E 12 31.931
7. Keller Valli	N 60 09.180 E 12 32.065
8. Hauptgebäude Ritamäki	N 60 08.938 E 12 32.501

Hier gehen Sie nach rechts in Richtung Valli. Nach 100 Metern gehen Sie bei einer Abzweigung nach links. Nach 500 Metern kommen Sie zu den überwucherten Resten des Kellers von Valli (GPS7).

Hier kurz nach rechts zur Rückseite des Kellers laufen. Danach dem Weg folgen und weitergehen, bis Sie nach 300 Metern zu einem Holzzaun und der Infotafel von Ritamäki kommen. Laufen Sie durch den Zaun und bleiben Sie auf dem Weg, der sich links und rechts durch das Naturschutzgebiet Ritamäki schlängelt. Folgen Sie der orangefarbenen Markierung bis Sie zu den Holzhäusern und Scheunen gelangen. Der Weg führt am Zaun und der Scheune entlang bis zum Ende des Feldes. Hier können Sie auch kurz nach rechts zum Hauptgebäude des Bauernhofs (GPS8) gehen.

Um die Wanderung fortzusetzen, gehen Sie zurück zum Zaun und folgen Sie dem abwärts führenden Weg. Etwas weiter gehen Sie durch den Zaun und bleiben Sie insgesamt 1,3 km auf dem abwärts führenden Weg. Sie passieren u.a. über Trittsteine ein Flüsschen. Bleiben Sie immer auf dem hinunter führenden Weg bis zu der Stelle, an der die Infotafeln (GPS1) stehen und Sie Ihr Auto geparkt haben.

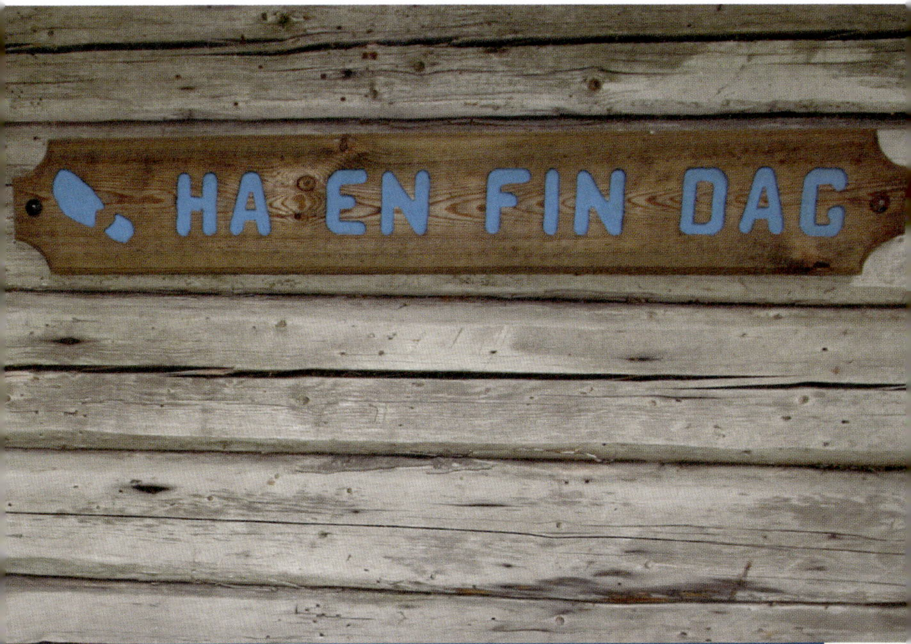

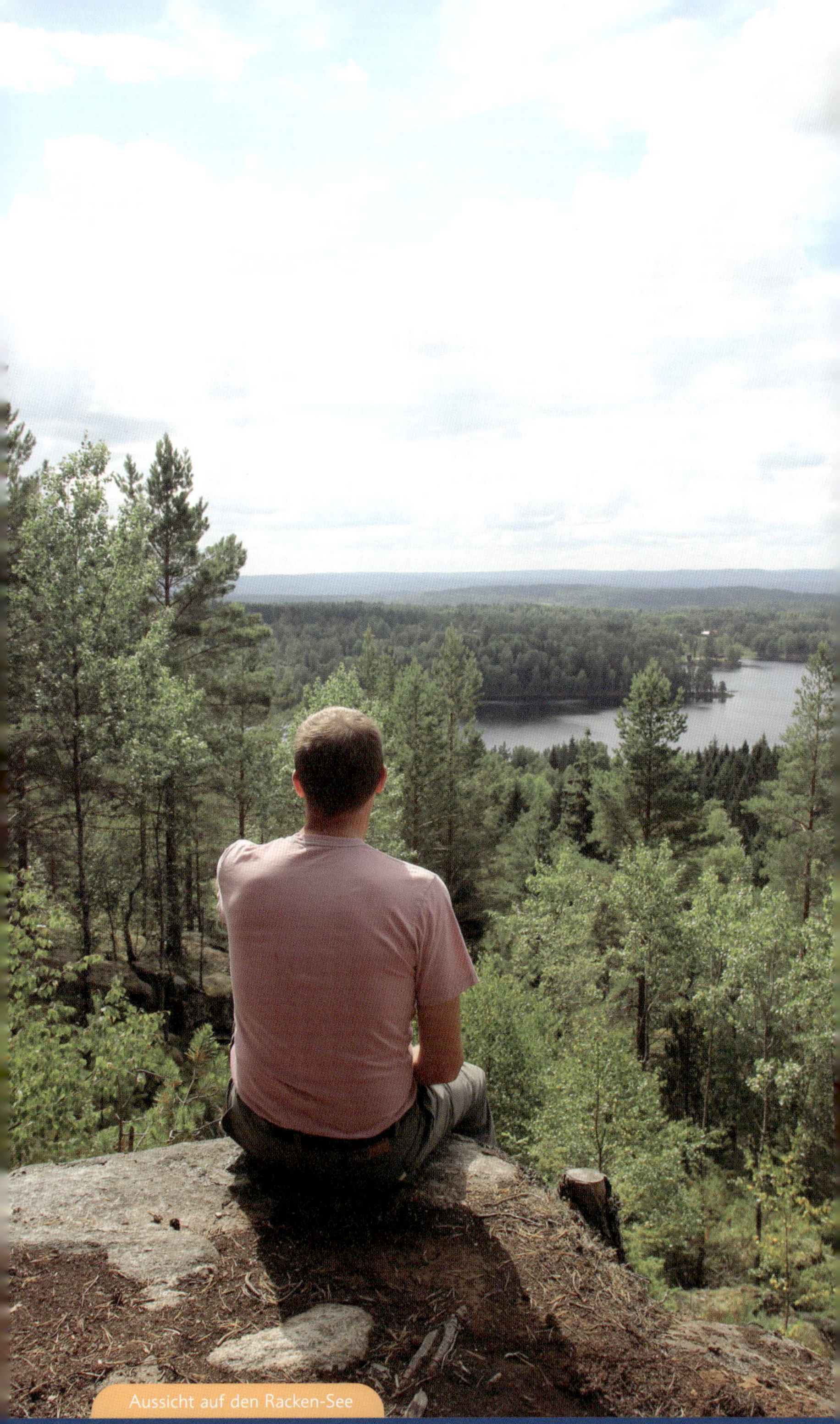

Aussicht auf den Racken-See

4		
	STRECKE:	10,0 KM
	DAUER:	ETWA 4 STUNDEN
	SCHWIERIGKEITSGRAD:	2 (AUFSTIEG/UNTERGRUND)
	NIEDRIGSTER PUNKT:	103 M, HÖCHSTER PUNKT: 297 M
	GESAMTANSTIEG:	339 M

ARVIKA

Das Rackstadgebirge und der Agvattnet-See

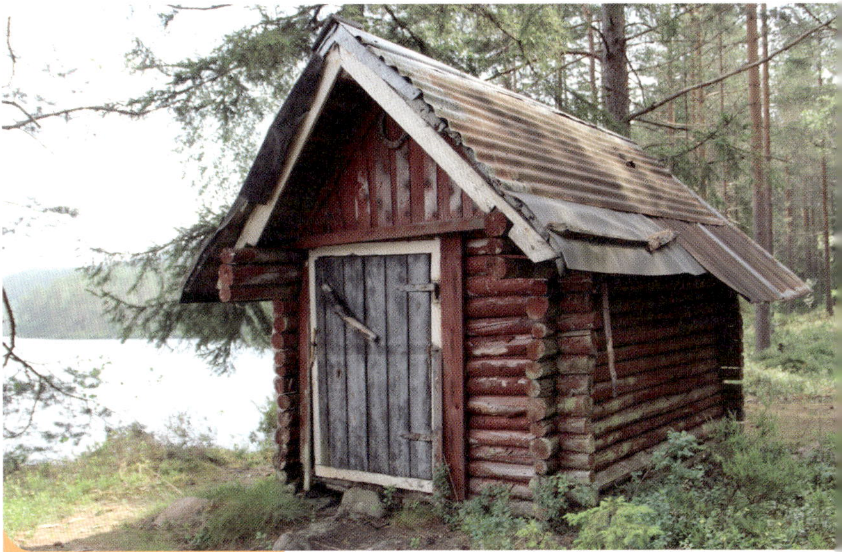

Schuppen am Agvattet-See

WARUM IST DIESE WANDERUNG INTERESSANT?

Dies ist eine schöne Bergwanderung mit ziemlich vielen Auf- und Abstiegen. Von den Gipfeln aus hat man, unter anderem über den großen Racken-See, eine schöne Aussicht. Der erste Teil der Wanderung ist anspruchsvoll, da man auf den Gipfel Göpommen steigt. Danach geht man mitten durch die Wälder in Richtung eines kleines Bergsees, dem Agvattnet-See, einem idyllischen Ort, der sich perfekt für eine Pause, mit den Füßen im Wasser, eignet. Sie folgen dem schmalen Weg mehr als einen Kilometer am Ufer entlang. Danach kommt noch Svartmossen, ein Stück Hochmoor mit seiner ganz eigenen Vegetation. Im Frühjahr blüht hier beispielsweise viel Wollgras. Im Sommer sieht man Orchideen, Moltebeeren und auch das Sumpf-Blutauge. Danach steigen Sie allmählich hinab und gehen zum Ausgangspunkt zurück. Hier noch ein Tipp: Schräg gegenüber dem Parkplatz gibt es eine prima Badestelle, an der man nach der Wanderung in der Racken-See springen und den Schweiß abspülen kann.

WIE KOMMT MAN DORTHIN?

Nehmen Sie von Arvika aus beim Kreisverkehr beim McDonalds die Straße 61 nach Karlstad. Nach 500 Metern nehmen Sie die linke Ausfahrt nach Gunnarskog und zum Flughafen. Nach 2,6 km biegen Sie bei der Ausfahrt Rackstad (gelbes Schild) rechts ab. Folgen Sie der Straße 3,3 km und fahren Sie beim Schild Jössestugan nach rechts. Stellen Sie Ihr Auto auf dem Parkplatz ab.

DIE WANDERUNG

Nehmen Sie vom Parkplatz (GPS1) aus die am Schlagbaum vorbeiführende Schotterstraße.

Nach 100 Metern nehmen Sie den ersten Weg nach links, in Richtung Jössestugan. Gehen Sie zwischen dem Haus und der Scheune durch. Bei der Abzweigung beim Baum neben der Scheune gehen Sie geradeaus nach 'Racken-utsikten'. Rechts von Ihnen befindet sich ein steiler Felsvorsprung. Halten Sie sich rechts und folgen Sie der orangefarbenen Markierung. Oben gehen Sie bei einer Abzweigung links und kommen zu einer T-Gabelung (GPS2).

Hier gehen Sie nach links. Der Weg steigt zeitweise steil an. Über einen schmalen Pfad erreichen Sie den Aussichtspunkt (GPS3) über den Racken-See.

Mit dem Rücken zum See stehend gehen Sie geradeaus auf den mit orangener Farbe markierten Weg. Dieser schlängelt sich 1,5 km lang durch den Wald bis zum Gipfel des Göpommen (GPS4) nach oben.

Dort gehen Sie vor dem Baum mit dem Schild schräg nach links. Folgen Sie dem bergab führenden Weg und der orangefarbenen Markierung etwa 1 km weiterhin. Der Weg wird danach breiter. Sie kommen zu einer Abzweigung (GPS5).

Die orangefarbene Markierung schickt Sie nach rechts. Bleiben Sie etwa 1 km lang auf diesem Weg, bis Sie zum Ufer des Agvattnet-Sees kommen (GPS6).

Hier gehen Sie nach links und folgen 1,3 km lang dem markierten Weg am Seeufer entlang. Sie kommen zweimal an einer Holzhütte vorbei. Kurz danach führt der Weg vom See weg und kommen Sie zu einer Schotterstraße (GPS7).

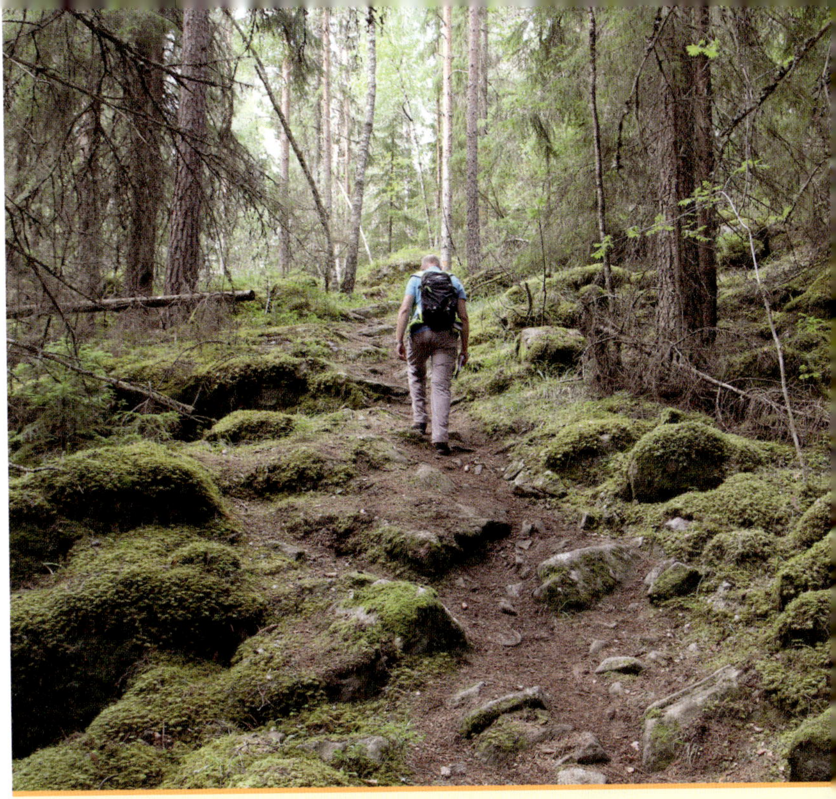

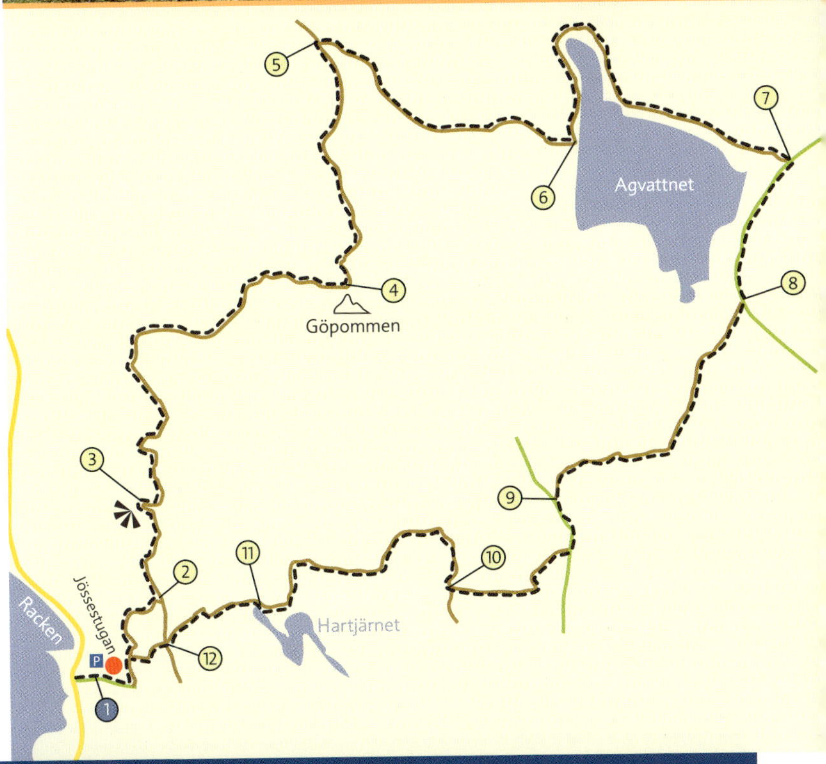

Agvattnet
Göpommen
Hartjärnet
Racken
Jössestugan
P
1
2
3
4
5
6
7
8
9
10
11
12

Gehen Sie nach rechts und missachten Sie nach 400 Metern einen breiten Weg nach rechts. Nehmen Sie nach 80 Metern bei der orangefarbenen Markierung einen schmalen abwärts führenden Weg nach rechts (GPS8).

Kreuzen Sie nach 25 Metern einen Weg und gehen Sie geradeaus auf dem Weg nach oben. Folgen Sie stets der orangefarbenen Markierung. Nach 800 Metern kommen Sie zu einem langen Bohlenweg, der durch ein Torfmoor führt. Kurz danach kommen Sie zu einem Schotterfeldweg (GPS9).

Hier gehen Sie nach links und folgen nach 200 Metern der orangefarbenen Markierung schräg nach rechts auf einen schmaleren Waldweg. Sie folgen diesem Weg etwa 450 Meter bis Sie zum Aussichtspunkt Gallberget (GPS10) kommen.

Hier gehen Sie nach rechts in Richtung Djupdals und missachten die Markierung nach links. Der Weg führt abwärts und über einen Steg überqueren Sie einen Bach. Nach etwa 600 Metern halten Sie sich bei einer Y-Gabelung links. Der Weg führt weiter abwärts und Sie passieren noch einen Bach. Nach 600 Metern kommen Sie zum Ufer des Hartjärnet-Sees (GPS11).

Folgen Sie hier dem Weg nach rechts. Missachten Sie einen schmalen Pfad nach links und folgen Sie dem breiten Weg und der Markierung. Missachten Sie nach 200 Metern einen Weg nach links und gehen Sie geradeaus. Nach nochmals 200 Metern gehen Sie an einer Kreuzung (GPS12) geradeaus in Richtung Jössestugan.

GPS KOÖRDINATEN ARVIKA: DAS RACKSTADGEBIRGE UND DER AGVATTNET-SEE

1. Parkplatz	N 59 41.548 E 12 40.770
2. T-Gabelung	N 59 41.697 E 12 41.049
3. Aussichtspunkt Racken	N 59 41.863 E 12 40.999
4. Gipfel Göpommen	N 59 42.227 E 12 41.698
5. Abzweigung	N 59 42.645 E 12 41.621
6. Ufer des Agvattnet-Sees	N 59 42.472 E 12 42.485
7. Schotterweg	N 59 42.436 E 12 43.212
8. Schmaler Waldweg rechts	N 59 42.196 E 12 43.044
9. Schotterfeldweg	N 59 41.855 E 12 42.400
10. Aussichtspunkt Gallberget	N 59 41.722 E 12 42.043
11. Hartjärnet	N 59 41.684 E 12 41.426
12. Kreuzung	N 59 41.627 E 12 41.070

Der Weg führt weiter abwärts und nach 100 Metern sind Sie zur Jössestugan zurückgekehrt. Gehen Sie zwischen dem Haus und der Scheune durch über den Rasen zum Schotterweg. Dort gehen Sie nach rechts und sind nach 100 Metern zum Parkplatz zurückgekehrt (GPS1).

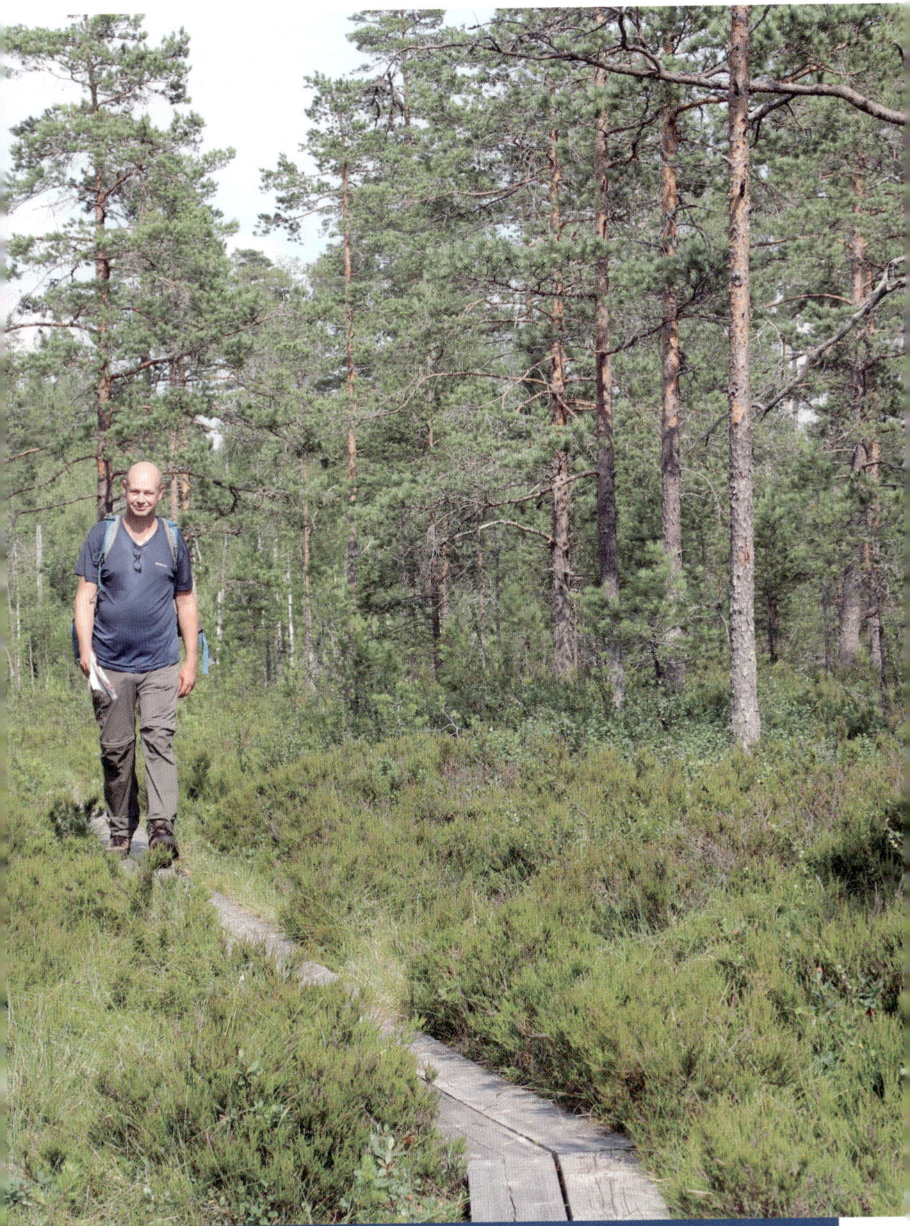

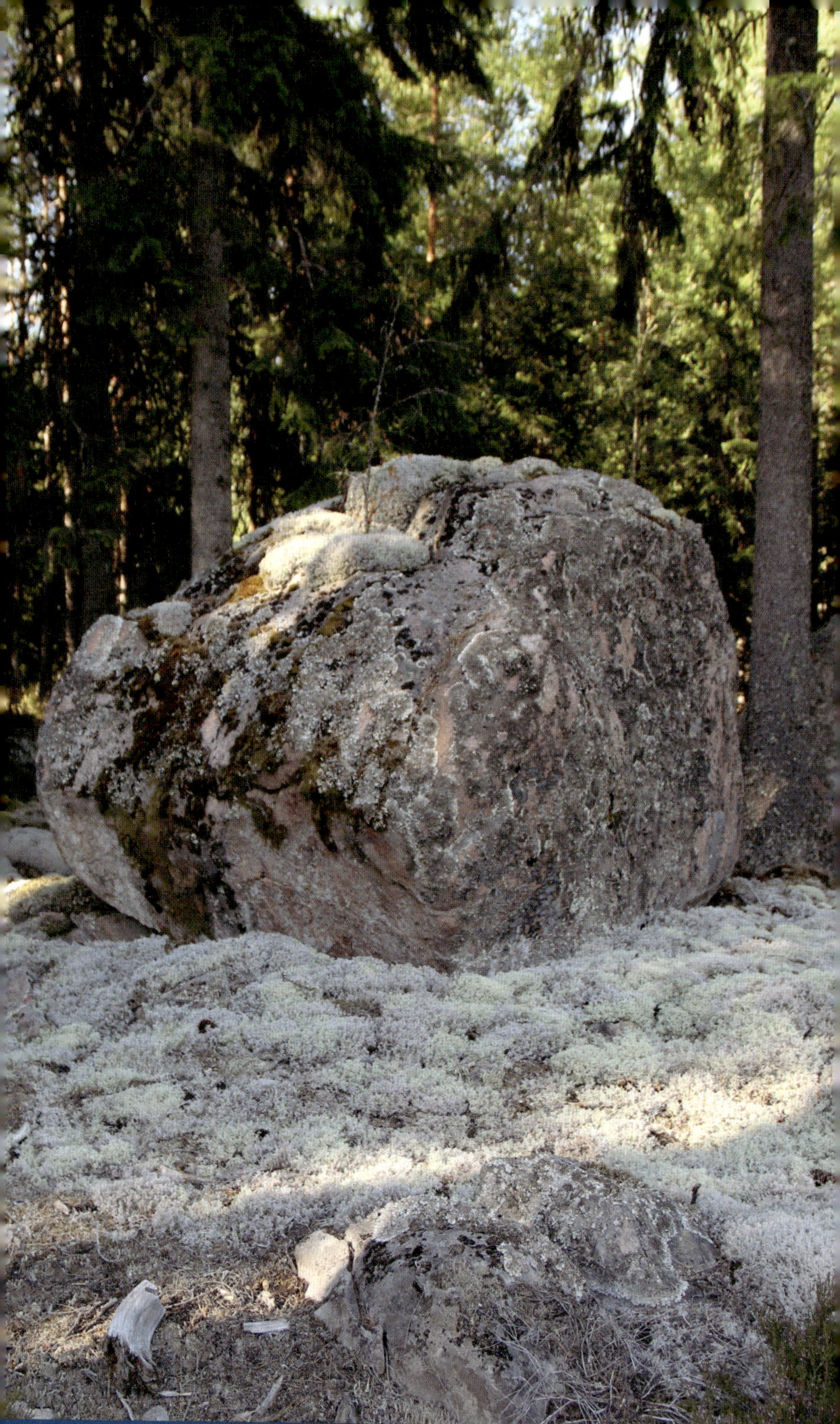

5		
	STRECKE:	15,0 KM
	DAUER:	ETWA 5,5 STUNDEN
	SCHWIERIGKEITSGRAD:	2 (DISTANZ/UNTERGRUND)
	NIEDRIGSTER PUNKT:	111 M, HÖCHSTER PUNKT: 240 M
	GESAMTANSTIEG:	309 M

MOLKOM

Vom See über den Acksjöleden in die Natur wandern

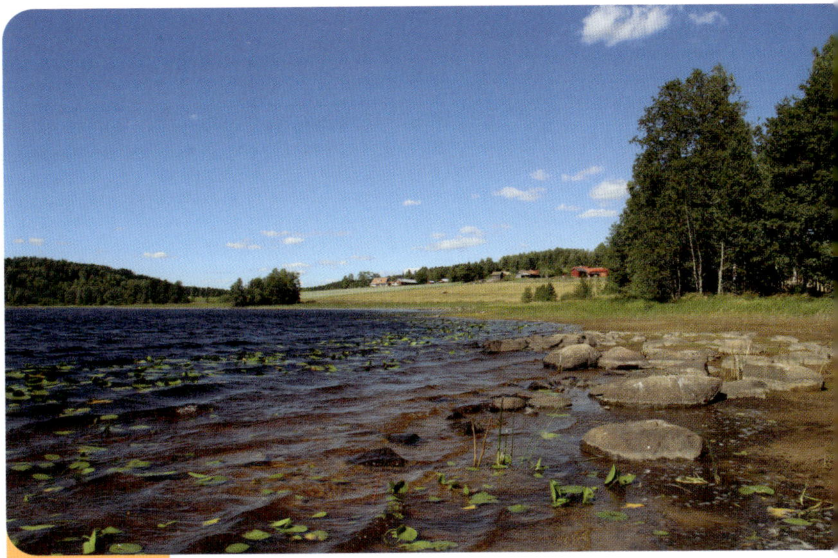

Acksjön-See

WARUM IST DIESE WANDERUNG INTERESSANT?

Diese Tour ist sehr schön und anspruchsvoll. Das kleine Dorf Acksjön, in dem die Wanderung anfängt und endet, ist mit seinen rotgefärbten Häusern inmitten wogender Felder und einem großen See vor der Tür, ein Fest fürs Auge. Nach dem See gehen Sie mehr als 1 km lang am Ufer des Horssjöälven, einem schnell fließenden Fluss, entlang durch den Wald. Stille Landwege führen Sie tiefer in die Wälder hinein, wo Sie über moosbedeckte Hügel, an Bächen und Torfmooren vorbei und zwischen dem blühenden Sommerheidekraut laufen, in dem am Weg Schmetterlinge herumflattern. Unterwegs gibt es mehrere Picknickbänke, wovon einige sich am Wasser befinden. Eine lange und abwechslungsreiche Wanderung, für die Sie sich einschließlich Pausenzeiten und An- und Abreise ruhig einen Tag Zeit nehmen sollten. Wenn Sie denken, dass dies zu viel des Guten ist, dann können Sie die Route auf 9 und 3 km verkürzen. Im Text und auf der Karte wird angegeben, wo dies möglich ist. Wir beschreiben hier nur die längste Variante.

WIE KOMMT MAN DORTHIN?

Molkom liegt etwa 28 km nördlich von Karlstad an der Straße 63 in Richtung Filipstad. Nehmen Sie auf der Höhe von Molkom die Straße 240 in Richtung Hagfors. Bleiben Sie 3,5 km auf dieser Straße und nehmen Sie dann die Ausfahrt Acksjön. Folgen Sie 2,5 km lang der auf- und abwärts führenden Schotterstraße. Dann biegt die Straße in Acksjön links ab. Nach 100 Metern nehmen Sie die erste Straße nach links, wo Sie Ihr Auto abstellen können.

DIE WANDERUNG

Gehen Sie vom Parkplatz (GPS1) aus zurück zur Schotterstraße und dann rechts in Richtung See.

Nach 80 Metern gehen Sie an der Kreuzung nach links. Sie folgen der orangefarbenen Markierung. Der Weg führt hinunter und nach 200 Metern halten Sie sich bei der Y-Gabelung rechts und folgen dem abwärts führenden Weg. Nehmen Sie nach 80 Metern einen Grasweg nach rechts in Richtung See. Sie kommen zu einer Picknickbank (GPS2) am Seeufer.

Gehen Sie vor der Bank nach links und folgen Sie dem schmalen Pfad mit der orangefarbenen Markierung. Nach 150 Metern kommen Sie zum Flussufer und folgen dem Weg nach links. Laufen Sie ungefähr 350 Meter am Ufer entlang. Hiernach kommen Sie zu einer Abzweigung mit Wegweiser. Hier gehen Sie nach rechts über eine Holzbrücke (GPS3).

Gehen Sie auf der anderen Seite direkt nach links und folgen Sie jetzt dem Weg, der am rechten Ufer des Sees entlang geht. Nach 250 Metern kommen Sie zur nächsten Brücke. Überqueren Sie hier erneut den Fluss und gehen Sie über den schmalen Weg den Fluss entlang nach rechts. Nach 350 Metern gehen Sie bei einem orangefarbenen Wegweiser geradeaus am Fluss entlang (Die 3km-Variante führt hier nach links). Nach 300 Metern führt der Weg eine Weile den Hang hinauf und wieder hinunter. Direkt danach erreichen Sie eine Holzbrücke. Gehen Sie nach rechts und überqueren Sie die Brücke über den Fluss. Der Weg führt jetzt vom Fluss weg und steigt an. Nach 200 Metern kommen Sie zu einer Schotterstraße (GPS4).

Hier gehen Sie nach links. Sie bleiben etwa 750 Meter auf der Schotterstraße und nehmen dann die erste Schotterstraße nach links.

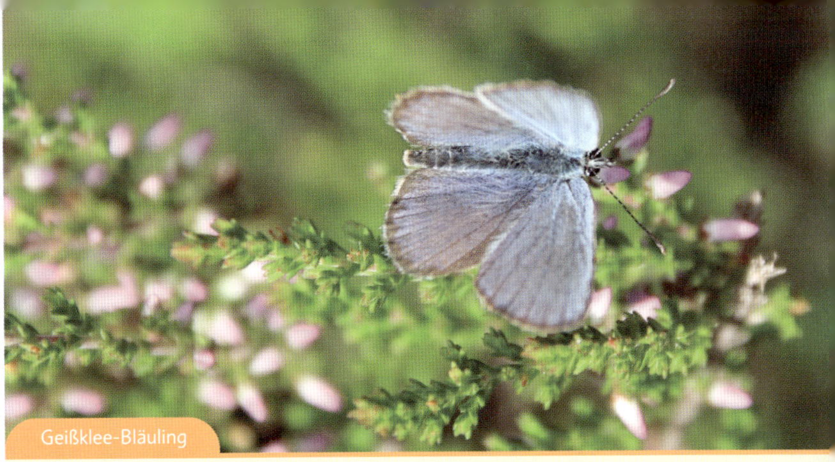

Geißklee-Bläuling

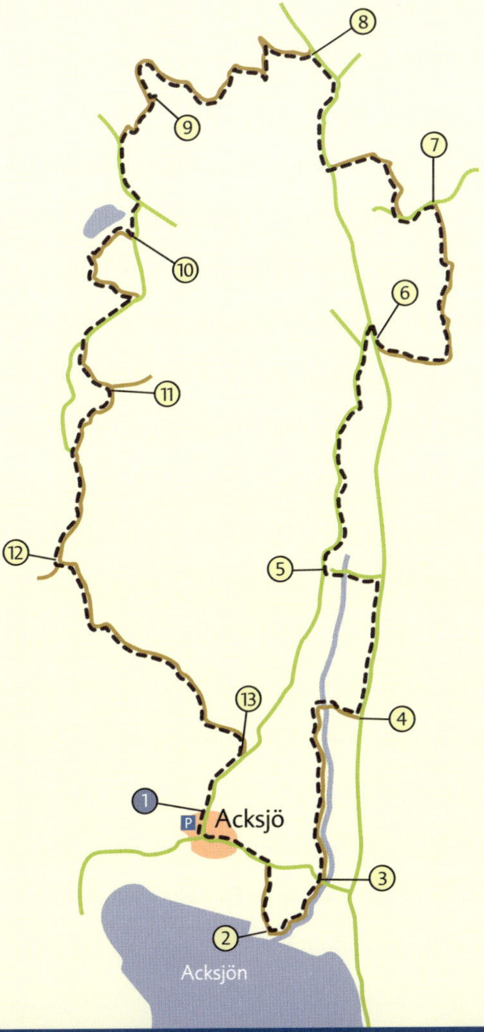

Auch hier sehen Sie die orangefarbene Markierung. Sie überqueren erneut den Fluss und kommen zu einer Abzweigung mit einem anderen Schotterweg (GPS5).

Gehen Sie nach rechts und missachten Sie nach 750 Metern die orangefarbene Markierung nach links. (Die 9km-Variante biegt hier ab). Folgen Sie der Schotterstraße noch ungefähr 450 Meter geradeaus und missachten Sie dann eine Abzweigung nach Björntjärnen. Gehen Sie geradeaus über eine Holzbrücke über den schmalen Fluss und bei der Abzweigung der Schotterstraßen danach nach rechts. Nach 100 Metern schickt Sie die orangefarbene Markierung nach links auf einen schmalen Waldweg (GPS6).

Folgen Sie diesem Weg insgesamt 1,3 km. Sie gehen durch offeneres Gelände mit Jungwald, Heide und Beerensträuchern und gehen u.a. an einer Picknickbank vorbei. Folgen Sie der orangefarbenen Markierung stets, bis Sie letztendlich zu einer Schotterstraße kommen (GPS7).

Gehen Sie nach links und folgen Sie nach 200 Metern der orangefarbenen Markierung nach rechts. Hier gehen Sie auf einen schmalen Waldweg, Nach 650 Metern führt der Weg abwärts zu einer Schotterstraße. Hier gehen Sie nach rechts. Halten Sie sich an einer Y-Gabelung nach einer Brücke links und folgen Sie noch gut 200 Meter der Schotterstraße. Dann schickt die orangefarbene Markierung Sie nach links auf einen schmalen Waldweg (GPS8).

GPS KOÖRDINATEN MOLKOM: VOM SEE ÜBER DEN ACKSJÖLEDEN IN DIE NATUR WANDERN

1. Parkplatz Acksjön	N 59 39.025 E 13 44.595
2. Picknickbank am See	N 59 38.708 E 13 44.987
3. Holzbrücke	N 59 38.854 E 13 45.293
4. Schotterstraße	N 59 39.307 E 13 45.502
5. Abzweigung Schotterstraße	N 59 39.728 E 13 45.294
6. Schmaler Waldweg links	N 59 40.353 E 13 45.593
7. Schotterstraße	N 59 40.755 E 13 45.905
8. Schmaler Waldweg links	N 59 41.187 E 13 45.232
9. Picknickbank	N 59 41.042 E 13 44.383
10. Schmaler Waldweg rechts	N 59 40.652 E 13 44.245
11. Picknickbank	N 59 40.228 E 13 44.133
12. Orangefarbener Wegweiser	N 59 39.758 E 13 43.837
13. Schotterstraße	N 59 39.201 E 13 44.848

Nach 100 Metern überqueren Sie über einen Bohlenweg einen Bach. Der Weg steigt danach steil an und schlängelt sich durch den Wald. Folgen Sie stets der orangefarbenen Markierung. Nach 1,6 km können Sie 40 Meter nach links über einen Bohlenweg zu einer Picknickbank (GPS9) gehen.

Laufen Sie über den Bohlenweg zurück und gehen Sie nach links. Nach 300 Metern kommen Sie zu einer Schotterstraße. Auf dieser gehen Sie nach links und nach gut 300 Metern gehen Sie nach rechts auf einen Schotterweg. Gehen Sie am Schlagbaum vorbei und folgen Sie nach 200 Metern der orangefarbenen Markierung nach rechts auf einen schmalen Waldweg (GPS10).

Nach 100 Metern gehen Sie bei einer Picknickbank an einem kleinen See nach links. Sie kommen wieder zur Schotterstraße und gehen hier nach rechts. Nach knapp 400 Metern erreichen Sie einen Schotterwendeplatz. Hier gehen Sie geradeaus und folgen der orangefarbenen Markierung einen schmalen Waldweg entlang. Folgen Sie dem aufwärts führenden Weg, bis Sie nach 300 Metern zu einer Picknickbank (GPS11) und einem Wegweiser gelangen (Von links schließt hier die 9km-Variante wieder an).

Hier rechts halten und dem Weg etwa 400 Meter folgen, bis Sie zu einem Schotterwendeplatz kommen. Halten Sie sich hier links und folgen Sie der orangefarbenen Markierung auf den Waldweg. Bleiben Sie 700 Meter auf diesem Weg, bis Sie zu einem orangefarbenen Wegweiser (GPS12) kommen.

Hier gehen Sie nach links auf einen schmalen Weg. Missachten Sie nach etwa 650 Metern die gelbe Markierung nach rechts und gehen Sie geradeaus. Folgen Sie der orangefarbenen Markierung durch den Wald noch ungefähr 900 Meter, bis Sie wieder auf einen Schotterweg (GPS13) kommen.

Gehen Sie nach rechts und missachten Sie nach 10 Metern die orangefarbene Markierung nach links (Hier schließt die 3km-Variante wieder an.) Folgen Sie dem Schotterweg noch etwa 400 Meter zurück nach Acksjön. Dann nehmen Sie den Schotterweg nach rechts, wo Ihr Auto geparkt ist.

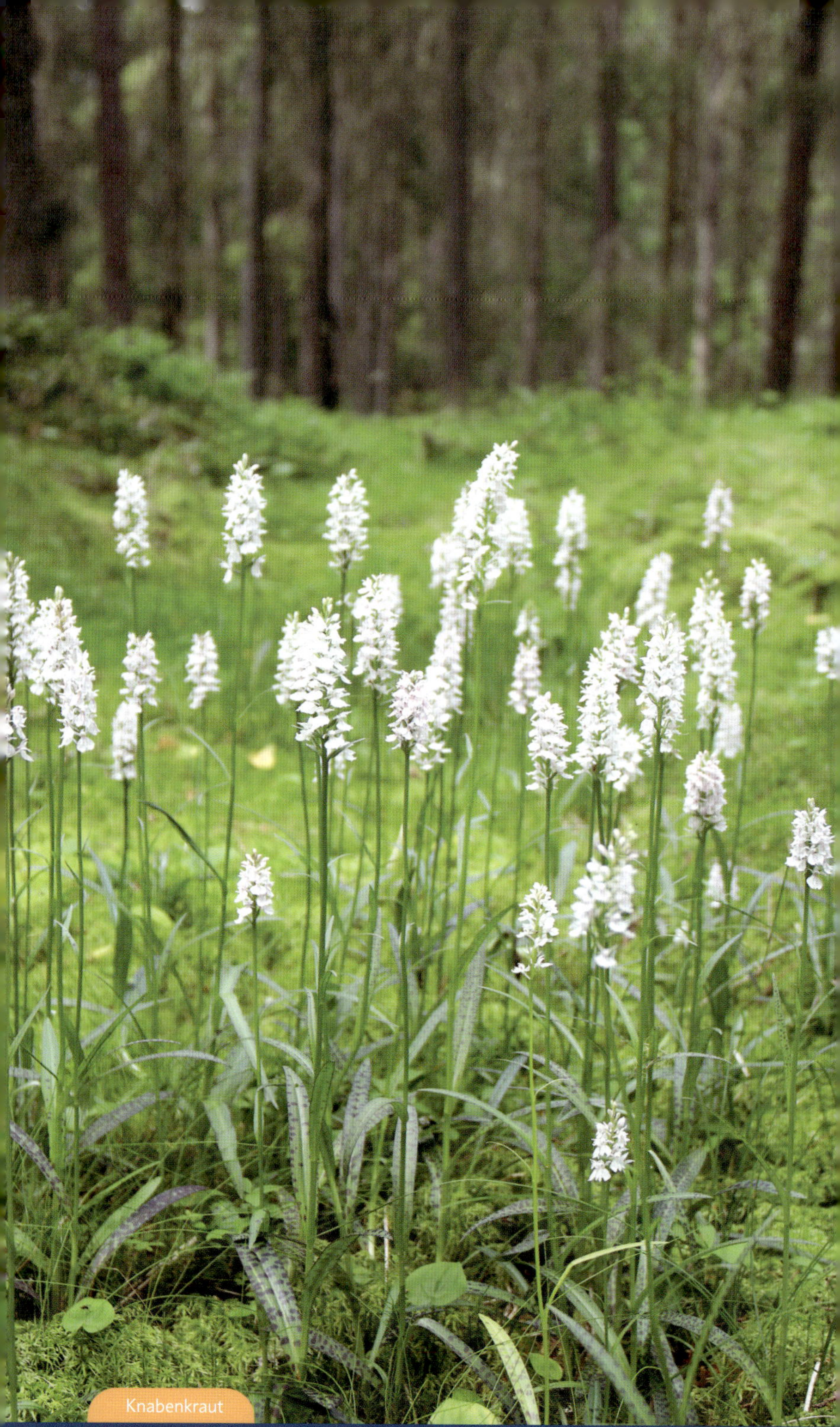

Knabenkraut

6	STRECKE:	10,0 KM
	DAUER:	ETWA 4 STUNDEN
	SCHWIERIGKEITSGRAD:	2 (ANSTIEG/ABSTIEG, UNTERGRUND)
	NIEDRIGSTER PUNKT:	211 M, HÖCHSTER PUNKT: 301 M
	GESAMTANSTIEG:	324 M

GRÄSMARK

Durchs Moor und an alten Zechen vorbei wandern

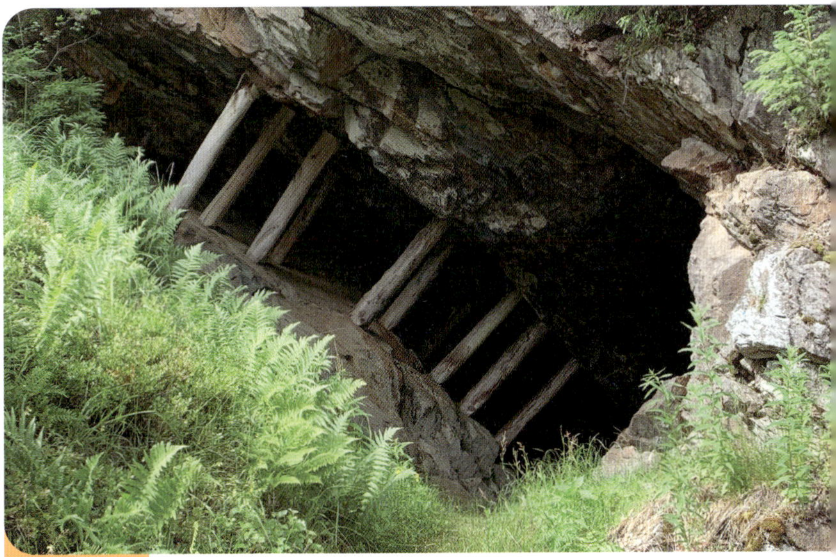

Storgruvan

WARUM IST DIESE WANDERUNG INTERESSANT?

Während dieser Wanderung sieht man die Spuren, die gut 400 Jahre Bergwerksgeschichte in der Landschaft hinterlassen haben. In diesem Gebiet wurde schon um 1550 nach Kupfer und Eisen gesucht. 1899 wurde die letzte Zechenanlage geschlossen. Inzwischen sind die Steinbrüche wieder überwuchert oder mit Wasser vollgelaufen und hierdurch wieder Teil der Naturlandschaft. Die Tour ist ziemlich anstrengend, auch deshalb, weil es ständig auf und ab geht. Kurz vor Schluss kommt man noch zu den Resten einer ehemaligen Eisenfabrik, die am Ufer des Mangen-Sees liegt. Sie ist klein, aber man kann sehen, dass es ein industrieller 'Komplex' mit einem kleinen Hafen war, wo viele Leute Arbeit hatten. Jetzt ist es ein Rastplatz mit Blick aufs Wasser, von dem aus man die schwedische Natur genießen kann.

WIE KOMMT MAN DORTHIN?

Nehmen Sie von der 45, der Hauptstraße durch Värmland, von Karlstad kommend in Richtung Torsby die Ausfahrt Gräsmark/Ski Sunne. Nehmen Sie kurz vor Gräsmark die Ausfahrt nach Arvika und Charlottenberg. Biegen Sie nach 8,8 km in Richtung Mangen ab. Halten Sie sich nach 200 Metern bei einer Y-Gabelung links. Nach 1,5 km halten Sie sich bei einer Y-Gabelung rechts. Nach 300 Metern sehen Sie links einen Parkplatz.

DIE WANDERUNG

Gehen Sie rechts von der Infotafel (GPS1) über den Gruvrundan den Weg nach oben in Richtung Asphöjdsgruvan.

Bleiben Sie etwa 500 Meter auf diesem ansteigenden Weg und folgen Sie dann der orangefarbenen Markierung nach links auf einen schmalen Weg (GPS2).

Der Weg steigt an und schlängelt sich durch den Wald. Sie kommen nach 250 Metern am Asphöjdsgruvan und ein Stück weiter am Gruvberga vorbei. Folgen Sie dem auf und ab führenden, sich durch den Wald schlängelnden Weg. Nach einem steilen Abstieg kommen Sie bei der Storgruvan zu einer breiten Schotterstraße (GPS3).

Überqueren Sie den Weg und gehen Sie links am Zaun des Bergwerks vorbei. Sie folgen noch stets der orangefarbenen Markierung. Gehen Sie am Bergwerk vorbei und dann rechts in den Wald. Folgen Sie weiterhin der Markierung. Nach 1,5 km kommen Sie zu den Überresten der Abbortjärnsgruva. Nach nochmals einem steilen Abstieg erreichen Sie eine breite Schotterstraße (GPS4).

Gehen Sie hier nach rechts und nach 20 Metern wieder nach rechts. Der felsige Weg verläuft entlang des Hangs und schlängelt sich ein Stück weiter durch den Wald. Über einen Bohlenweg passieren Sie ein Torfmoor und ein Stück weiter überqueren Sie einen Bach über einen Steg. Folgen Sie der orangefarbenen Markierung ungefähr 350 Meter bis Sie zu einer Schotterstraße kommen. Gehen Sie nach links und folgen Sie 500 Meter der Schotterstraße. Dann schickt die orangefarbene Markierung Sie nach links (GPS5).

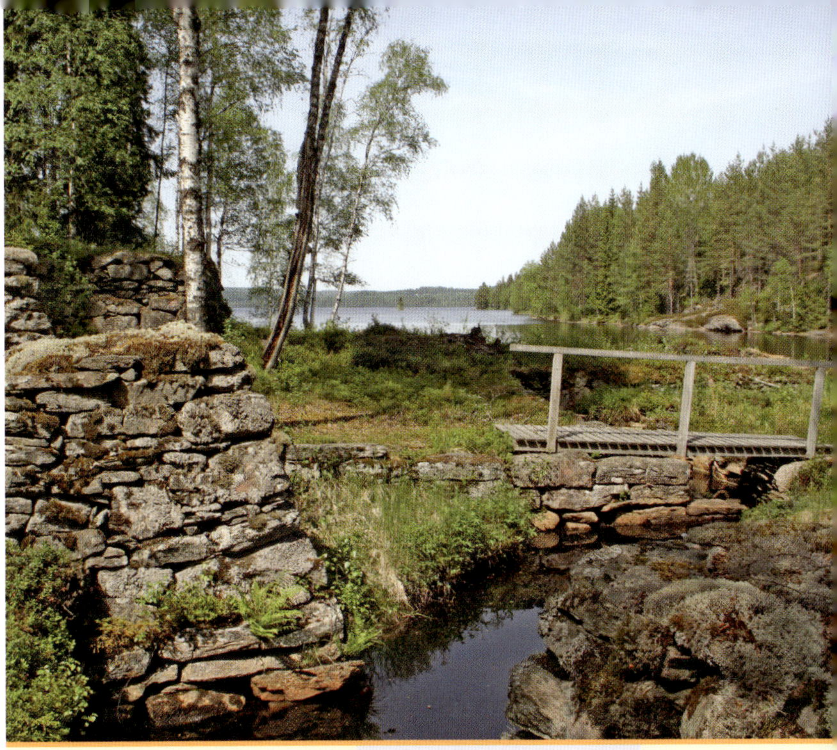

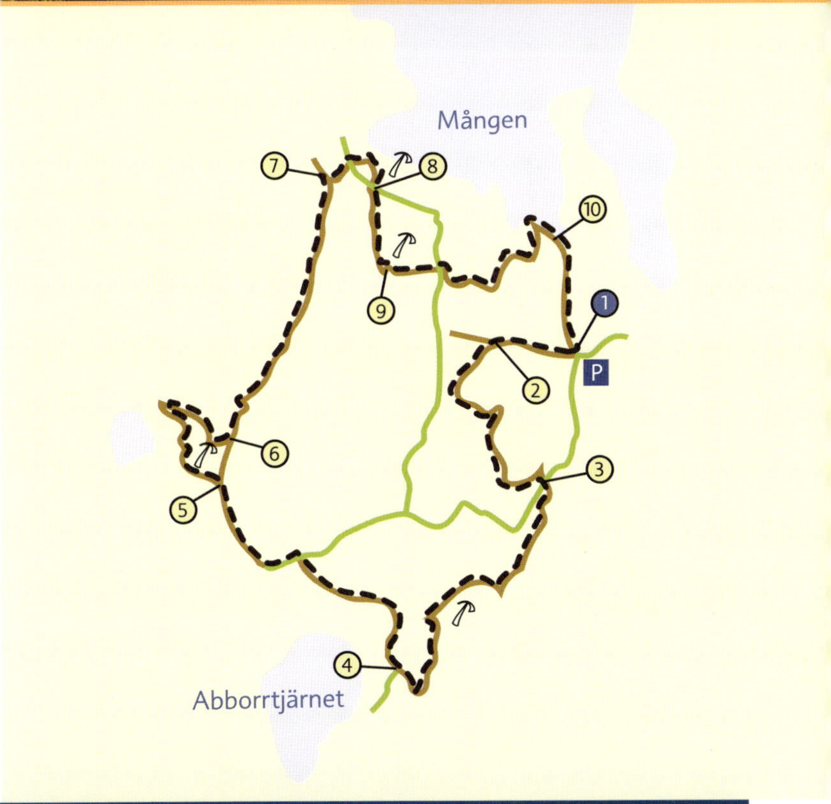
Mången
7
8
10
9
1
P
2
6
5
3
4
Abborrtjärnet

Über einen Bohlenweg gehen Sie auf einen schmalen Pfad, der durch Jungwald und offenes Gelände führt. Ein Stück weiter führt der Weg abwärts und Sie kommen wieder in den Wald. Folgen Sie stets der Markierung. Sie kommen am Steinbruch Täljstensbrott vorbei und nach 800 Metern erreichen Sie eine Abzweigung mit einer Schotterstraße (GPS6).

Hier gehen Sie nach links. Nach 100 Metern gehen Sie rechts vom Weg auf einen schmaleren Grasweg. Sie bleiben 1,2 km auf diesem Weg und gehen immer geradeaus. Sie kommen zu einer Weggabelung mit Wegweisern (GPS7).

Hier gehen Sie nach rechts und erreichen nach 100 Metern eine Schotterstraße. Überqueren Sie den Weg in gerader Richtung und gehen Sie bei der orangefarbenen Markierung in den Wald. Nach etwa 100 Metern kommen Sie zur Kattgruva. Bleiben Sie auf dem Weg und kreuzen Sie wieder die Schotterstraße (GPS8).

Gehen Sie geradeaus auf einen breiten Weg. Bei einer Y-Gabelung halten Sie sich links (orangefarbene Markierung) und gehen auf einen breiteren Waldweg. Nach 300 Metern gehen Sie beim Gelände der Källar Gruvan (GPS9) nach links.

Laufen Sie zwischen den Grubenlöchern und der Picknickbank hindurch und folgen Sie der orangefarbenen Markierung. Kreuzen Sie eine Schotterstraße und gehen Sie geradeaus. Sie gehen wieder in den Wald hinein. Bei einer kleinen Bank biegt der Weg nach rechts unten ab. Der Weg schlängelt sich durch den Wald und führt abwärts zum Ufer des Mangen-Sees. Ein kleines Stück weiter sehen Sie links

GPS KOÖRDINATEN GRÄSMARK: DURCHS MOOR UND AN ALTEN ZECHEN VORBEI WANDERN

1. Parkplatz und Info-Tafel	N 59 55.276 E 12 44.513
2. Schmaler Weg nach links	N 59 55.299 E 12 44.082
3. Schotterstraße Storgruvan	N 59 54.979 E 12 44.346
4. Breite Schotterstraße	N 59 54.500 E 12 43.626
5. Waldweg nach links	N 59 54.947 E 12 42.797
6. Abzweigung Schotterstraße	N 59 55.059 E 12 42.840
7. Weggabelung mit Wegweisern	N 59 55.711 E 12 43.312
8. Schotterstraße	N 59 55.689 E 12 43.531
9. Gelände Källar Gruvan	N 59 55.476 E 12 43.591
10. Karlsvikens-Hafen	N 59 55.562 E 12 44.400

die Überreste der Gebäude des Karlsvikens-Hafens, rechts steht eine Picknickbank (GPS10).

Gehen Sie geradeaus und folgen Sie weiterhin der orangefarbenen Markierung. Der Weg schlängelt sich weiter durch den Wald. Folgen Sie diesem bis Sie zu einer Schotterstraße und dem Parkplatz (GPS1) kommen.

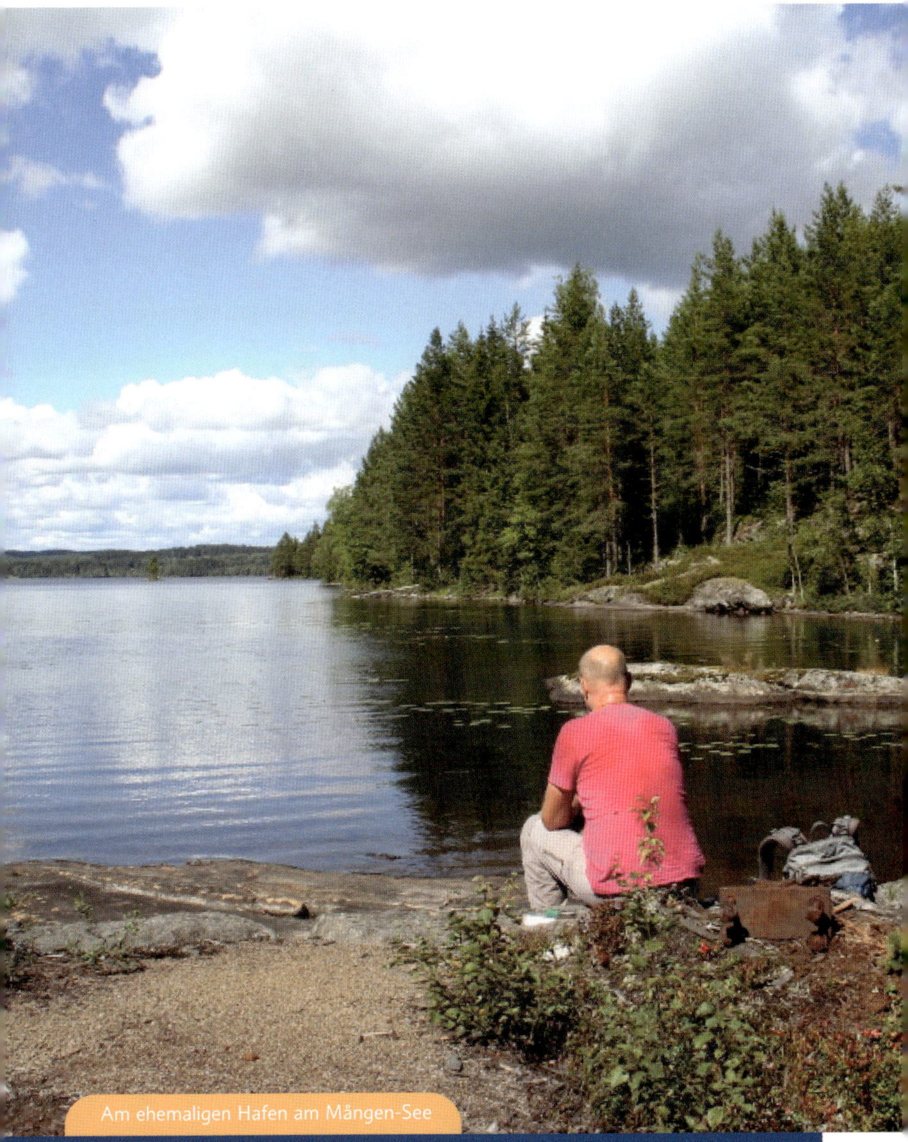

Am ehemaligen Hafen am Mången-See

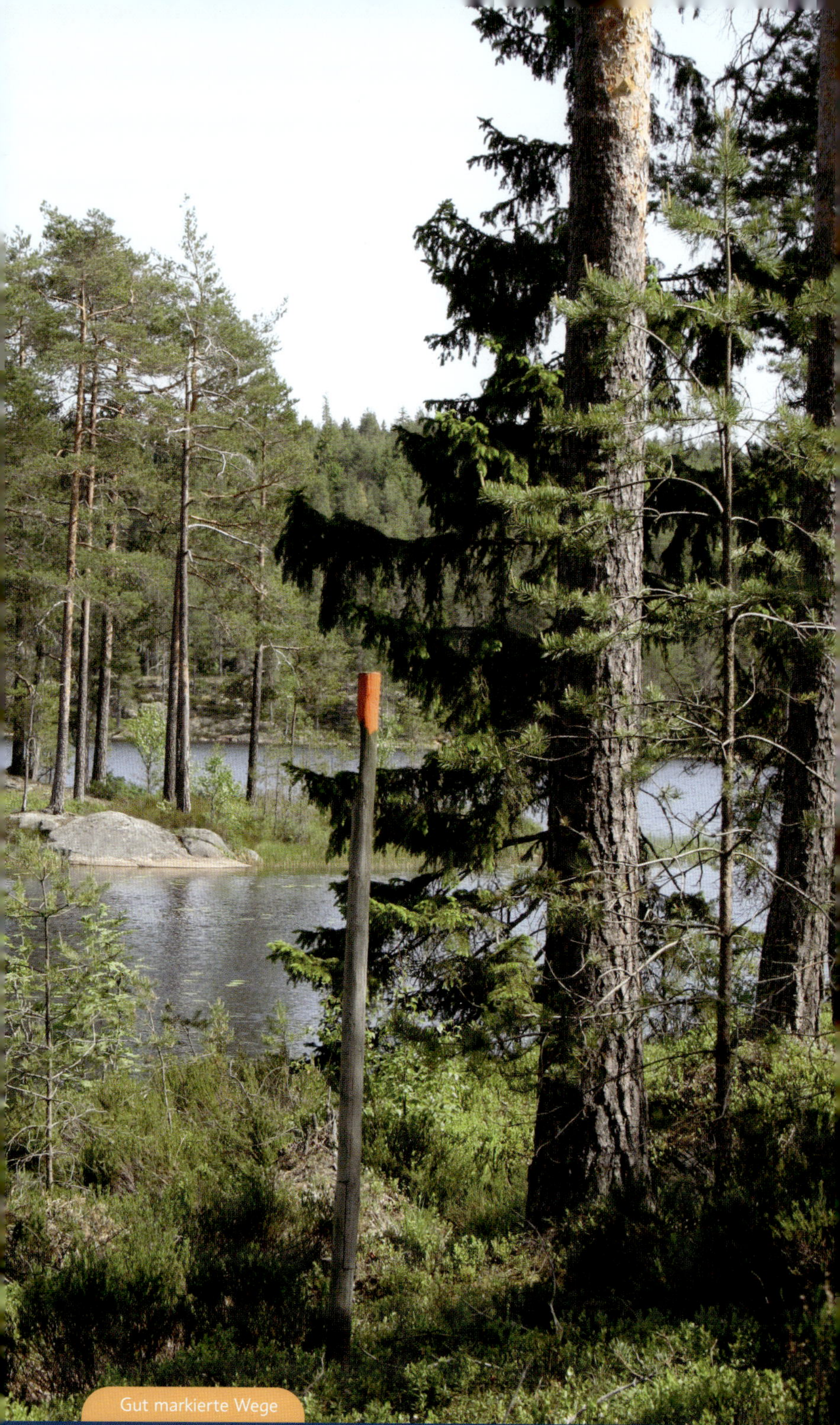

Gut markierte Wege

7	
STRECKE:	9,1 KM
DAUER:	ETWA 3,5 STUNDEN
SCHWIERIGKEITSGRAD:	2 (ANSTIEG/ABSTIEG)
NIEDRIGSTER PUNKT:	190 M, HÖCHSTER PUNKT: 277 M
GESAMTANSTIEG:	308 M

GÄNGENE

Der Südosten des Naturschutzgebiets Glaskogens

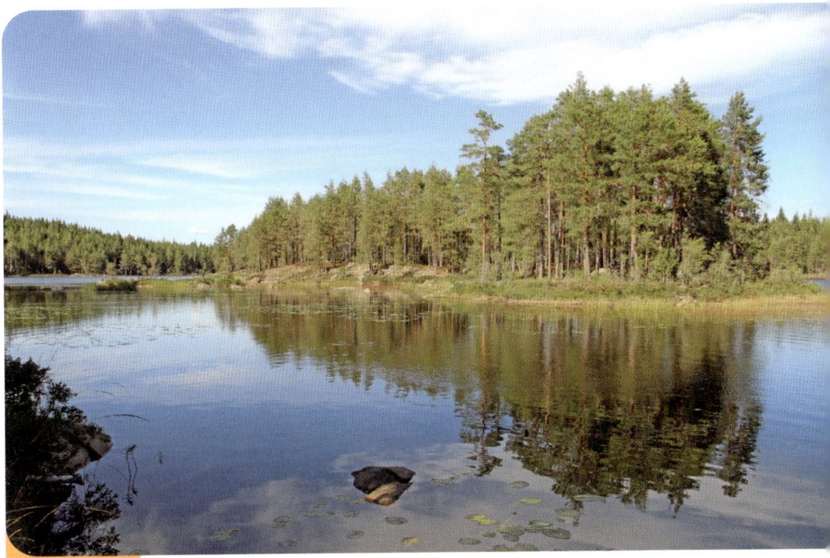

Åltjärnen

WARUM IST DIESE WANDERUNG INTERESSANT?

Das Naturschutzgebiet Glaskogens ist das größte zusammenhängende Landschaftsschutz-gebiet in Värmland. Es liegt südwestlich von Arvika und besteht größtenteils aus Seen und Tümpeln. Hier kann man fantastisch Kanu fahren und auch gut wandern. Es gibt eine große Anzahl markierter Routen, worunter sich auch mehrtägige Wanderungen befinden. In diesem Gebiet haben wir zwei Wanderungen beschrieben: diese Route und Route 9. Während dieser Wanderung schlängelt der Weg sich über die Hügel der Umgebung und direkt an den Ufern einiger Seen entlang. Es gibt schöne Plätze an denen man verweilen, picknicken, die Aussicht genießen oder ins kristallklare Wasser tauchen kann. Und mit etwas Glück begegnet man auf dieser Wanderung auch Wildtieren. Kaufen Sie eine Tageskarte für das Naturschutzgebiet Glaskogens online auf www.glaskogen.se oder beim Informationszentrum in Lenungshammar oder Fremdenverkehrsbüro in Arvika.

WIE KOMMT MAN DORTHIN?

Vom Informationszentrum aus folgen Sie der Straße in Richtung Sölje. Nehmen Sie nach 8,5 km die Ausfahrt links nach Sölje. Nach 7,4 km biegen Sie wieder links ab und nach 3,9 km beim Schild Gängene scharf nach rechts. Nach 200 Metern fahren Sie nach links und sehen dann nach 300 Metern zu Ihrer Linken eine Hütte und eine Feuerstelle. Stellen Sie direkt danach auf der Lichtung links vom Weg Ihr Auto ab.

DIE WANDERUNG

Vom Parkplatz (GPS1) aus bleiben Sie auf der Schotterstraße. Nach 250 Metern gehen Sie bei den blauen Wegweisern nach rechts in Richtung 'Sulerud 12'. Folgen Sie ab hier der orangefarbenen Markierung. Der Weg schlängelt sich durch den Wald. Links sehen Sie den Åltjärnen-See. Ein Stück weiter gehen Sie direkt am Wasser entlang. Sie kommen zu einer Schutzhütte (GPS2).

Gehen Sie um die Hütte herum und bleiben Sie auf dem Weg. Sie laufen eine Zeit lang am Seeufer entlang. Danach kommen Sie an großen Steinen und einem kleinen Wasserfall vorbei. Über eine Holzbrücke überqueren Sie einen Bach und gehen dann links in Richtung des Sees. Bleiben Sie auf dem Weg, der am Ufer entlang führt. Im weiteren Verlauf schlängelt sich der Weg vom See weg bergauf. Sie gehen jetzt über einen Hügelkamm und sehen rechts unten einen kleinen See. Ein Stück weiter geht es an einem Holzgeländer entlang steil bergab. Sie überqueren zweimal über einen Bohlenweg sumpfiges Gelände. Danach geht es wieder bergauf. Der Weg schlängelt sich durch den Wald und führt zu einem See. Folgen Sie stets der orangefarbenen Markierung. Der Weg biegt vom See ab und steigt an. Ein Stück weiter kommen Sie zum Seeufer. Bleiben Sie auf dem Weg und folgen Sie stets der Markierung. Sie kommen an einer kleinen Infotafel über den Holtjärnskojan (GPS3), einer ehemaligen Hütte, in der Waldarbeiter wohnten, vorbei.

Der Weg führt danach weiter abwärts und endet an einem natürlichen Damm zwischen zwei Seen. Hier gehen Sie nach links und halten die Seen zu Ihrer Rechten. (Achtung: Die orangefarbene Markierung führt hier in beide Richtungen.) Folgen Sie dem Seeufer. Ein Stück weiter führt der Weg aufwärts über einen kleinen Wasserfall. Danach schlängelt er sich weiter durch den Wald. Sie folgen der

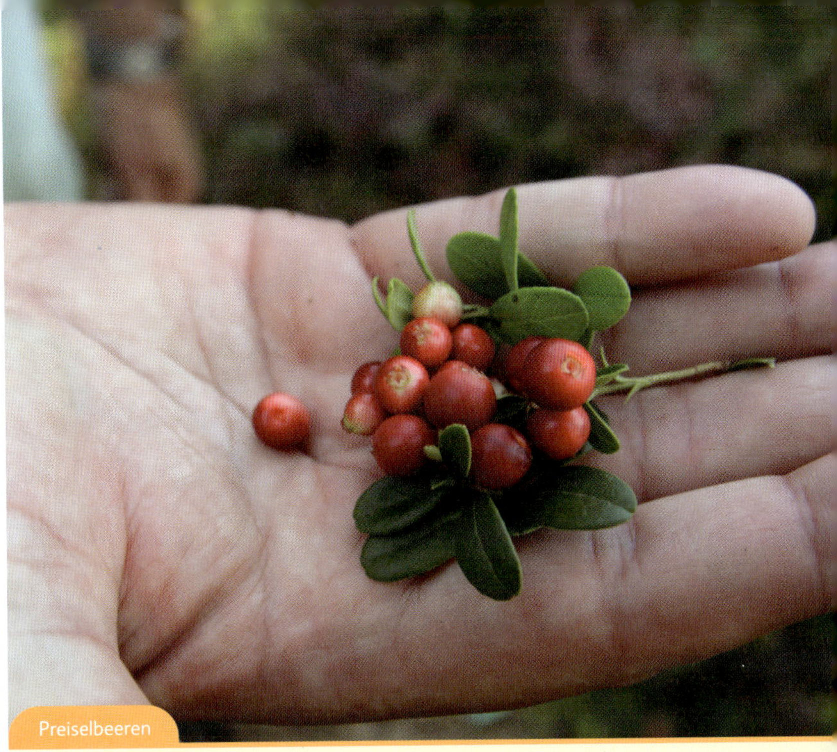
Preiselbeeren

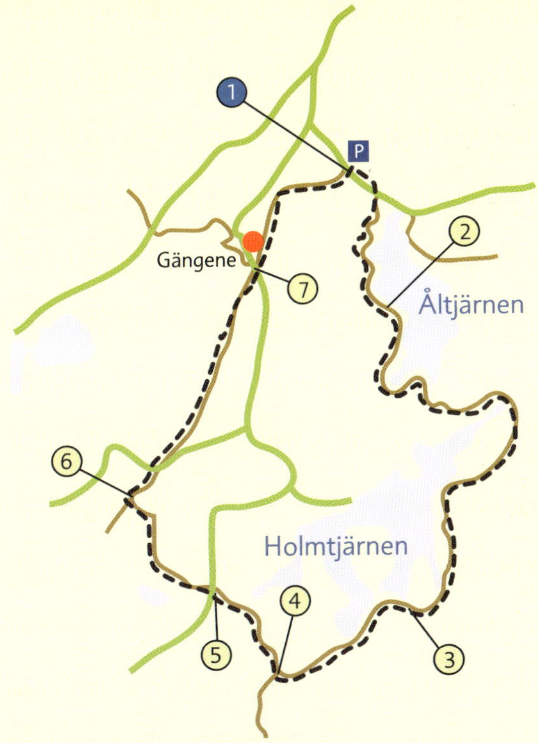
1
P
2
Gängene
7
Åltjärnen
6
Holmtjärnen
4
5
3

orangefarbenen Markierung. Nach einem steilen Anstieg kommen Sie zu einer Weggabelung: Tithöjden (GPS4).

Hier gehen Sie nach rechts in Richtung 'Gängene 3'. Der Weg schlängelt sich nach unten und Sie überqueren über einen Brettersteg ein Bächlein. Folgen Sie dem Weg bis zu einer Schotterstraße (GPS5).

Überqueren Sie diese in gerader Richtung und folgen Sie dem Weg den Hügel hinauf. Auf diesem gewundenen Weg gehen Sie weiter, bis Sie zu einem See kommen. Dem orangefarben markierten Weg der am Ufer entlang führt folgen Sie und gehen danach wieder ins Gebüsch. An einer Kreuzung mit einem breiteren Weg (GPS6) gehen Sie rechts nach oben.

Über einen Brettersteg überqueren Sie einen Bachlauf und bleiben auf dem Weg. Sie kommen zu einer Abzweigung mit einer Schotterstraße. Hier gehen Sie rechts nach oben und nach 100 Metern links auf einen Waldweg. Folgen Sie diesem breiten Grasweg immer geradeaus. Kurz vor einem Haus, in einem abgeholzten Waldstück, nach rechts gehen und der orangefarbenen Markierung durch das Gelände folgen. Sie kommen zu einer Schotterstraße (GPS7) bei einer Infotafel.

Gehen Sie links von der Infotafel auf einen schmalen Weg in Richtung Stömne. Folgen Sie dem Weg und der Markierung. Sie gehen abwechselnd durch den Wald und über das Gelände mit den gerodeten Bäumen. Über einen Brettersteg passieren Sie ein Flüsschen. Folgen Sie dem Weg nach oben. Letztendlich kommen Sie zu einer Schotterstraße rechts gegenüber der Stelle, an der Sie Ihr Auto abgestellt haben (GPS1).

GPS KOÖRDINATEN GÄNGENE: DER SÜDOSTEN DES NATURSCHUTZGEBIETS GLASKOGENS

1. Parkplatz	N 59 26.204 E 12 33.803
2. Schutzhütte	N 59 25.755 E 12 34.151
3. Holtjärnskojan	N 59 24.955 E 12 34.181
4. Tithöjden	N 59 24.739 E 12 33.548
5. Schotterstraße	N 59 24.967 E 12 33.163
6. Kreuzung mit einem breiteren Weg	N 59 25.185 E 12 32.678
7. Schotterstraße	N 59 25.886 E 12 33.324

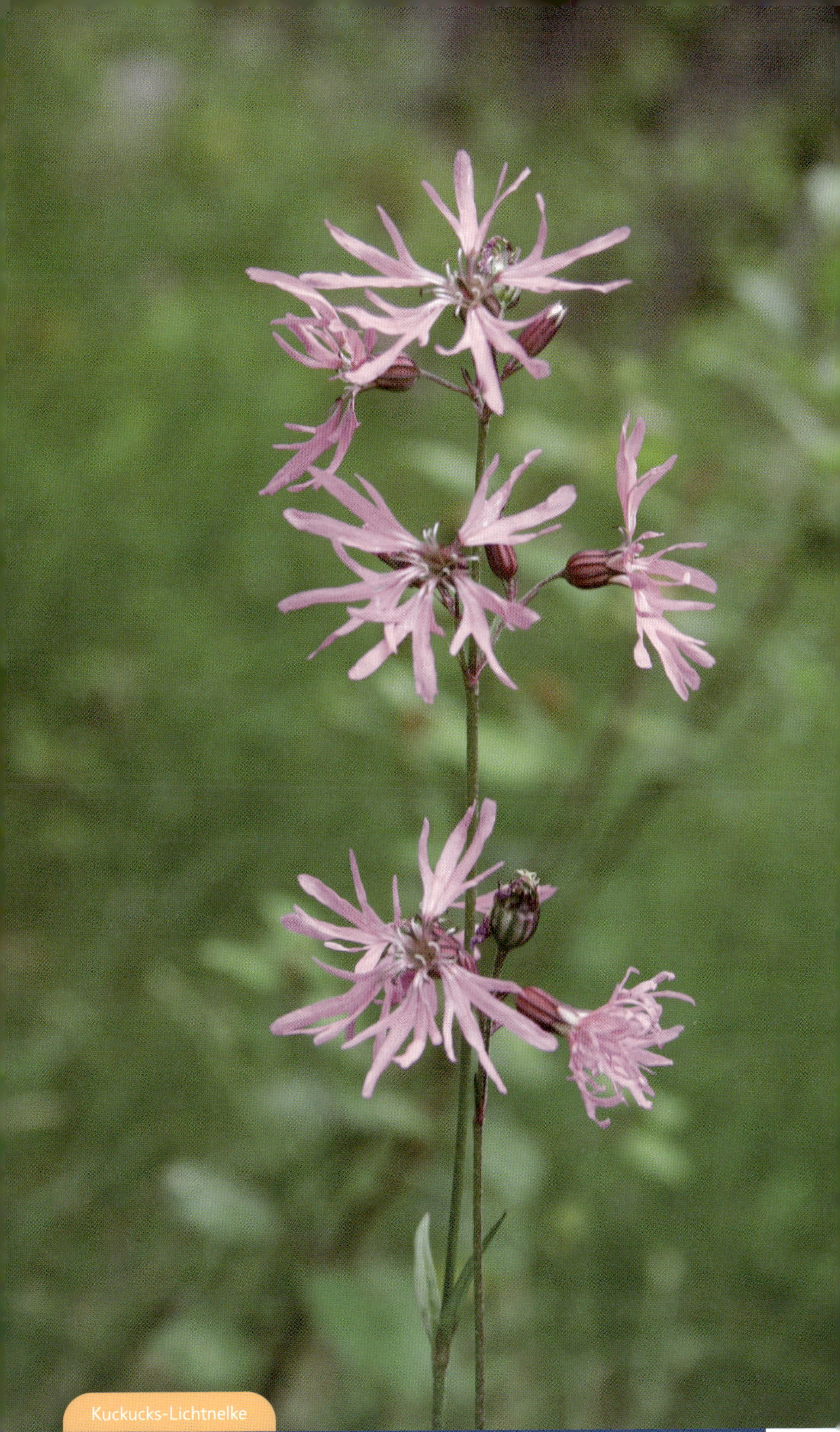

Kuckucks-Lichtnelke

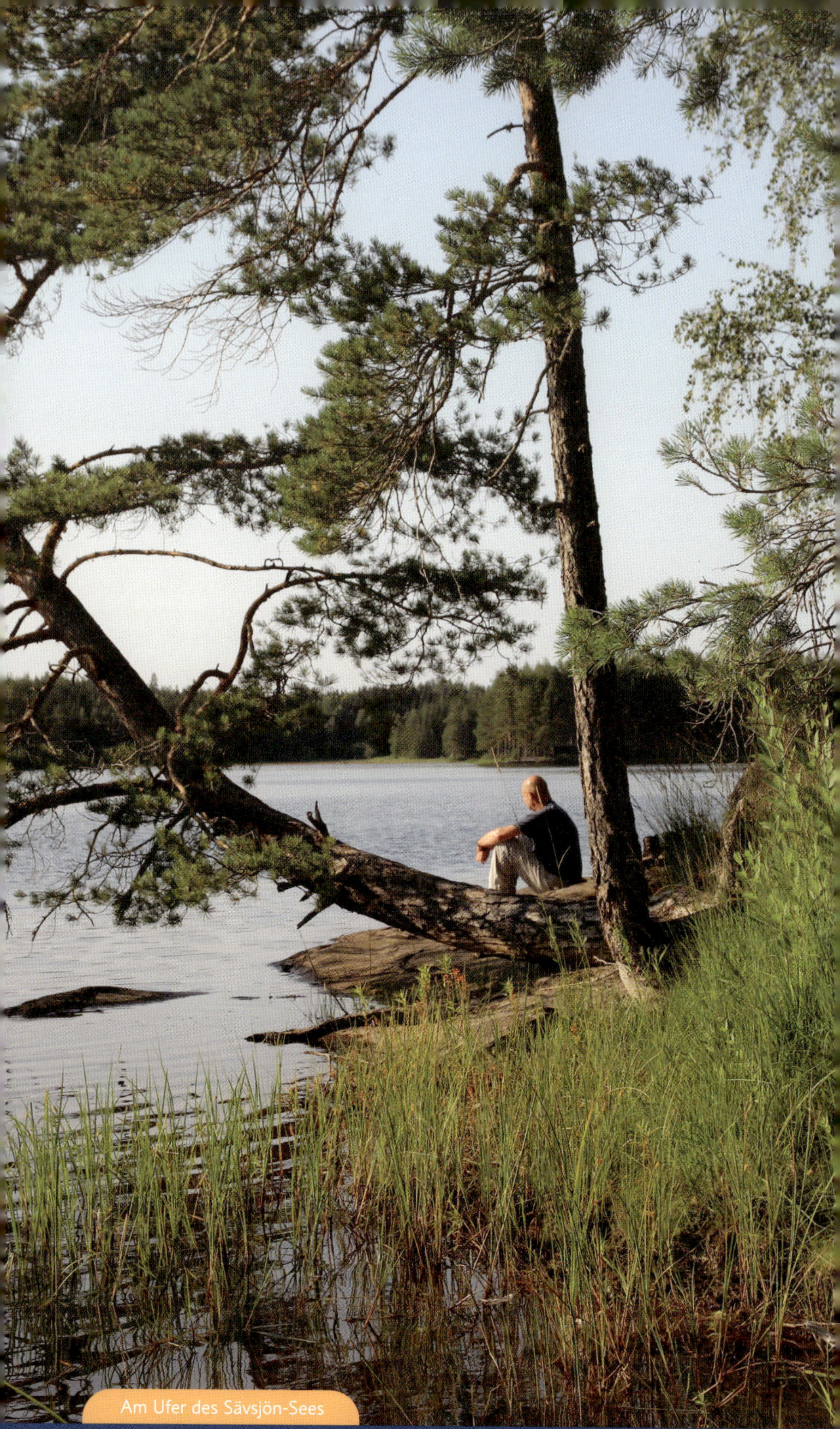

Am Ufer des Sävsjön-Sees

8		
	STRECKE:	8,0 KM
	DAUER:	ETWA 3 STUNDEN
	SCHWIERIGKEITSGRAD:	2 (UNTERGRUND)
	NIEDRIGSTER PUNKT:	54 M, HÖCHSTER PUNKT: 104 M
	GESAMTANSTIEG:	145 M

GRUMS

Rund um den See Sävsjön wandern

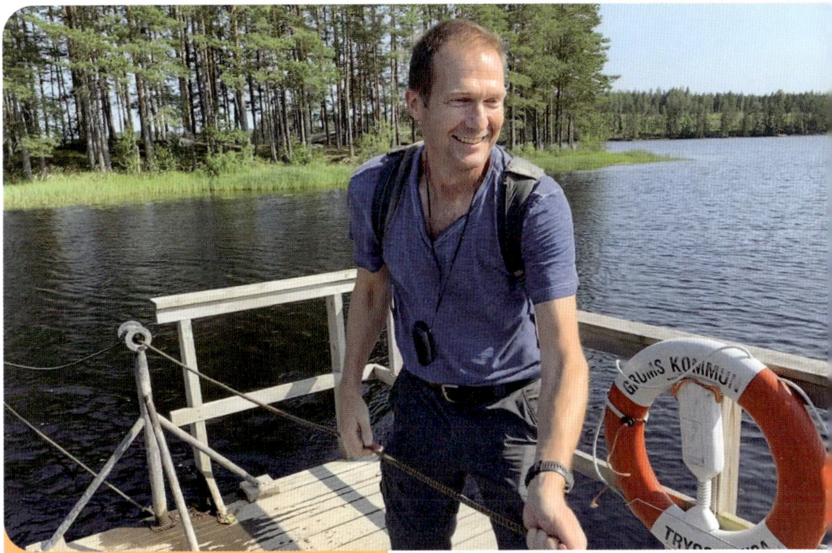

Mit der Ziehfähre auf die andere Seite

WARUM IST DIESE WANDERUNG INTERESSANT?

Im wasserreichen Värmland sind überall Flüsse, Bäche und Seen zu finden. Was ist dann schöner, als eine Rundwanderung um einen solchen See herum zu machen? Doch ist es in der Praxis nicht so einfach, wie es scheint, da die Ufer fast nie überall zugänglich sind. In Grums hat man einen guten Versuch gemacht, eine solche Rundwanderung um den schönen Sävsjön-See anzulegen, auch wenn man auch hier ein kleines Stück durchs 'Inland' läuft. Die Wanderung beginnt bei einem am Ufer liegenden Campingplatz und bringt Sie schon schnell zu einer 100 Meter breiten offenen Stelle am See, wo Sie diesen mit einer Ziehfähre überqueren können. Danach bleiben Sie stets auf dem schmalen Uferweg. Auf der gegenüberliegenden Seite geht es kurz nach oben und landeinwärts, um dann über einen gut markierten Spazierweg zum Ufer zurückzukehren. Während der Wanderung gibt es mehrere Badestellen. Also Schwimmsachen mitnehmen, auch wenn Nacktbaden eine prima Option ist; man trifft sowieso kaum jemanden!

WIE KOMMT MAN DORTHIN?

Grums liegt im Südwesten der Provinz. Nehmen Sie ab der E 45 ungefähr 13 km südlich von Grums die Ausfahrt Borgvik/Segmon. Fahren Sie am Ende der Ausfahrt nach rechts in Richtung Borgvik. Nach 2 km sehen Sie links neben der Straße den Eingang des Campingplatzes Sävsjön Fish 'n Camp. Rechts neben der Straße ist ein Parkplatz.

DIE WANDERUNG

Gehen Sie zum Kiosk/der Rezeption des Campingplatzes (GPS1).

Folgen Sie von dort aus der tiefgelegenen Schotterstraße am Wasser entlang. Bei der Abzweigung nach links gehen, dann der Kurve nach rechts folgen. Nach 200 Metern gehen Sie nach links zu einer kleinen Holzbrücke (GPS2) über einen Bach: Sävsjöleden.

Halten Sie sich nach der Brücke links. An den Bäumen sieht man eine gelbe, rote und orangefarbene Markierung. Der Weg verläuft am Seeufer entlang. Nach 700 Metern kommt man zu einer Weggabelung (GPS3).

Gelb führt nach rechts, aber Sie gehen geradeaus und folgen der rot-orangefarbenen Markierung. Nach gut 150 Metern kommt man zum Seeufer. Hier liegt eine Ziehfähre, die mit Seilen bedient werden kann. Fahren Sie so übers Wasser zum anderen Ufer (GPS4).

Gehen Sie auf der anderen Seite direkt links und folgen Sie dem schmalen Weg am Wasser entlang. Folgen Sie stets der Markierung. Meistens gehen Sie dicht am Wasser, manchmal etwas höher am Hang entlang. Nach fast 2 km kommen Sie in der entferntesten Ecke des Sees zu einer am Wasser gelegenen Schutzhütte (GPS5).

Folgen Sie von hier aus der orangefarbenen Markierung entlang des Weges in den Wald. Nach 70 Metern schickt Sie die Markierung nach links über einen Bach. Folgen Sie dem Weg, der den Hang hinauf geht. Weiter oben flacht der Weg ein wenig ab und man läuft durch felsiges Gelände mit Heide und Kiefern. Nach gut 400 Metern erreichen Sie eine Abzweigung mit Wegweiser (GPS6).

Hier gehen Sie nach links und folgen jetzt dem 'Älgstigen'. Der Weg schlängelt sich durch den Wald und ist nicht immer gut sichtbar. Die

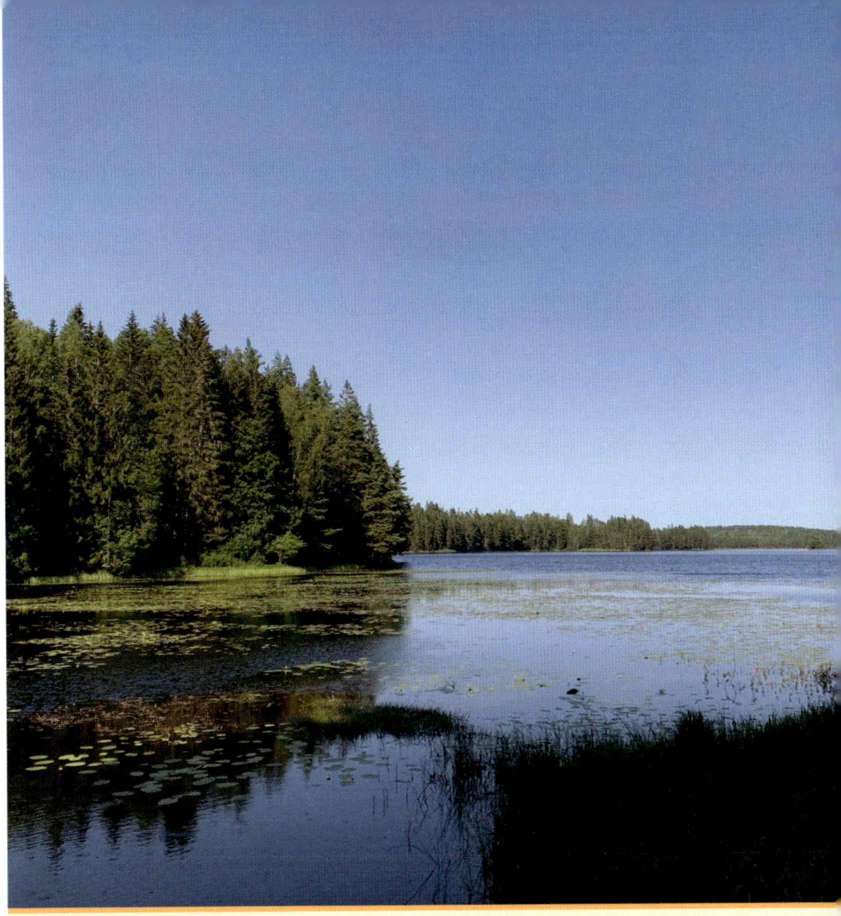

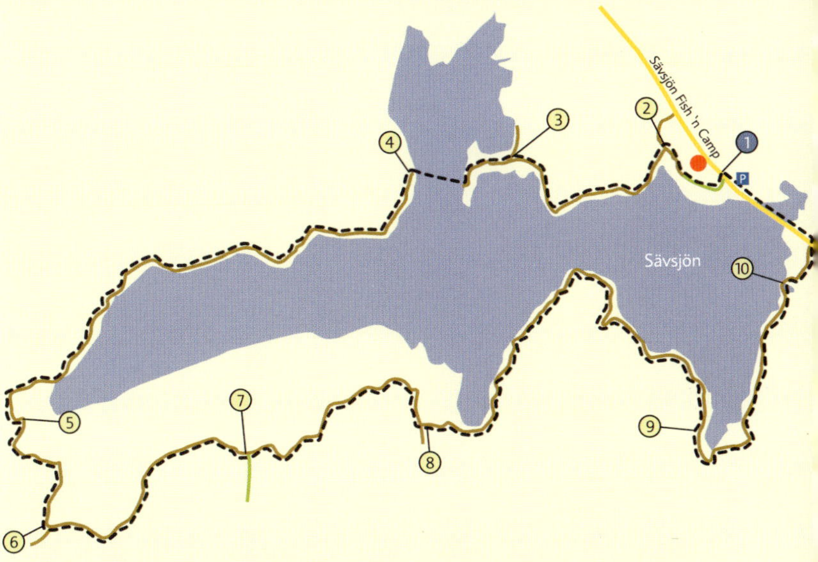
Sävsjön Fish 'n Camp
Sävsjön
P
1
2
3
4
5
6
7
8
9
10

orangefarbene Markierung an den Bäumen schon und diese ist Ihre Orientierung. Nach 800 Metern kommen Sie zur Wendeplatte einer Schotterstraße (GPS7).

Hier gehen Sie schräg nach links und folgen der orangefarbenen Markierung wieder in den Wald hinein. Nach ungefähr 1 km kommen Sie zu einem kleinen hölzernen Wegweiser 'Älgstigen'(GPS8).

Hier halten Sie sich links und gehen auf einen abwärts führenden schmaleren Weg. (Die orangefarbene Markierung nach rechts missachten.) Sie werden eine Zeit lang keine Markierungen entlang des absteigenden Weges sehen, aber wenn Sie diesem rund 50 Meter durchs Gebüsch folgen, sehen Sie, dass die Markierung wieder erscheint. Schließlich steigen Sie zum Seeufer hinunter. Folgen Sie dem Weg am Ufer entlang, nach 1,8 km kommen Sie zu einem Bretter-steg/einer kleinen Brücke über einen Bach/Wassergraben (GPS9).

Folgen Sie danach auch stets dem schmalen markierten Weg. Ein paar Mal biegt dieser etwas vom Ufer ab, kehrt aber immer wieder zum Wasser zurück. Nach 700 Metern kommen Sie am Seeufer zu einem Betondamm (GPS10).

Folgen Sie dem Weg über den Damm am See entlang und halten Sie sich auf der gegenüber liegenden Seite auf einem breiten Weg rechts. Nach 50 Metern gehen Sie bei einer Abzweigung nach links und kommen nach 60 Metern zu einer Asphaltstraße. Gehen Sie nach links. Nach 300 Metern kehren Sie zum Eingang des Campingplatzes (GPS1) zurück. Auf der gegenüberliegenden Seite ist der Parkplatz.

GPS KOÖRDINATEN GRUMS: RUND UM DEN SEE SÄVSJÖN WANDERN

1. Rezeption/Kiosk Campingplatz	N 59 17.640 E 13 00.820
2. Kleine Holzbrücke	N 59 17.713 E 13 00.676
3. Weggabelung	N 59 17.699 E 13 00.169
4. Anderes Ufer	N 59 17.673 E 12 59.881
5. Schutzhütte am Ufer	N 59 17.298 E 12 58.664
6. Abzweigung mit Wegweiser	N 59 17.124 E 12 58.732
7. Wendeplatte Schotterstraße	N 59 17.238 E 12 59.362
8. Wegweiser Älgstigen	N 59 17.280 E 12 59.917
9. Kleine Brücke Wassergraben	N 59 17.254 E 13 00.760
10. Betondamm	N 59 17.489 E 13 01.029

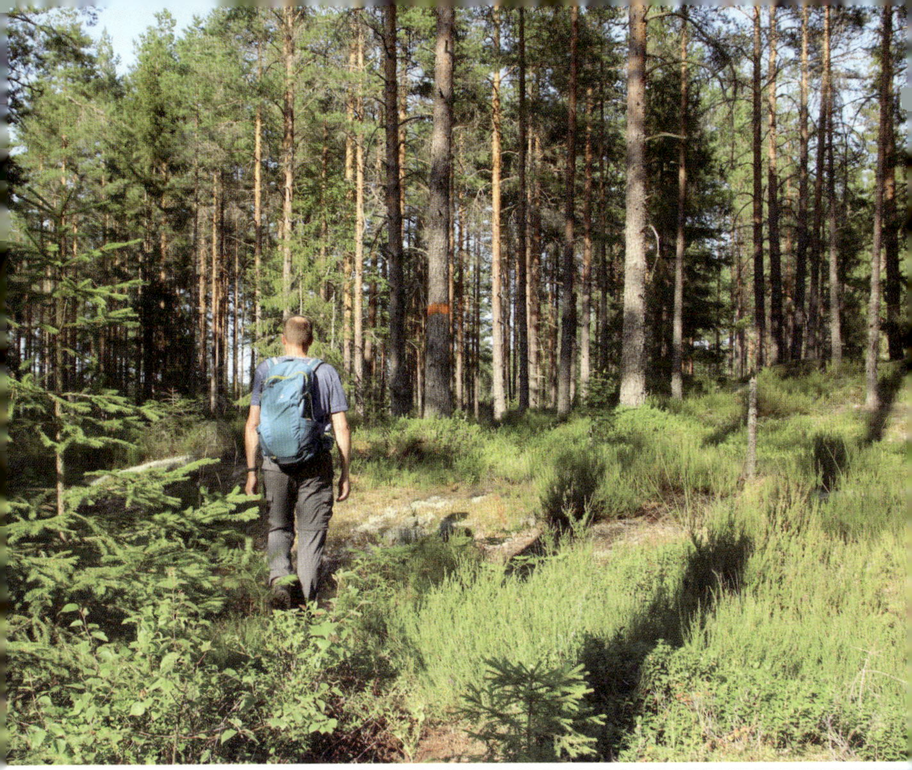

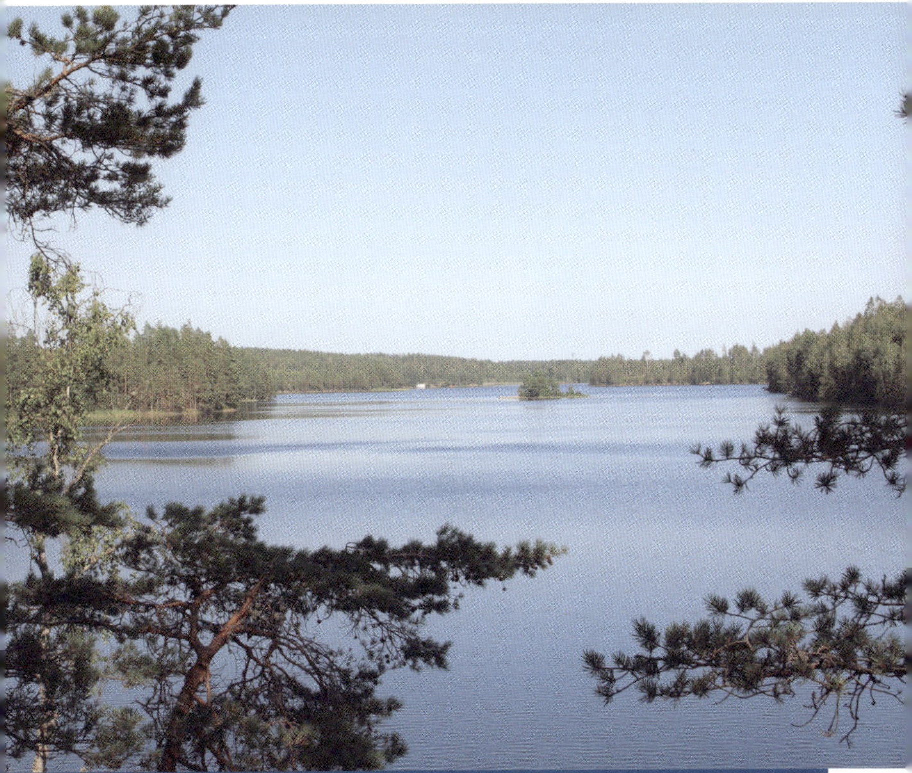

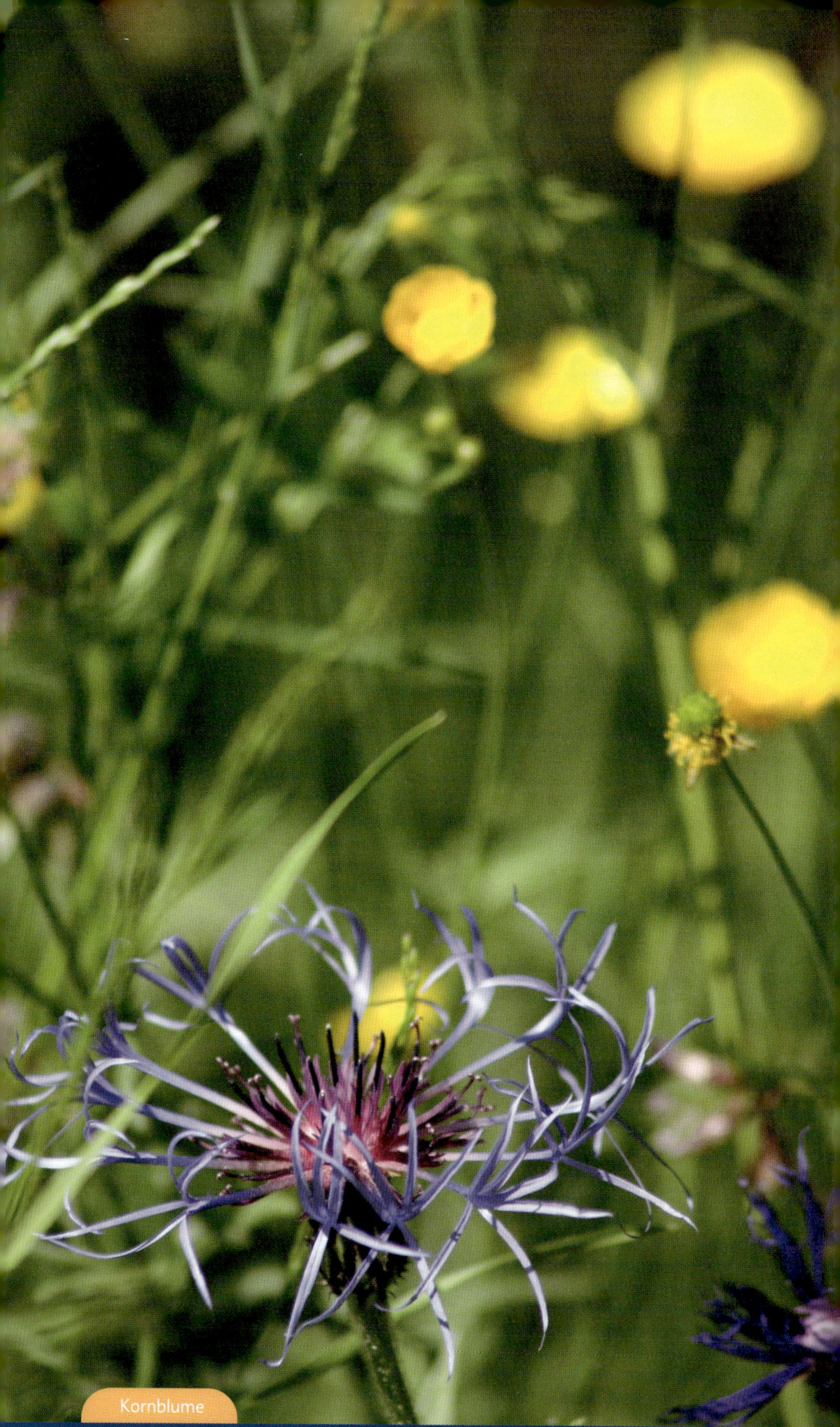

Kornblume

9

STRECKE:	13,3 KM
DAUER:	ETWA 4,5 STUNDEN
SCHWIERIGKEITSGRAD:	2 (DISTANZ, AUFSTIEG)
NIEDRIGSTER PUNKT:	141 M, HÖCHSTER PUNKT: 276 M
GESAMTANSTIEG:	348 M

GLAVA GLASBRUK

Die Nordseite des Naturschutzgebietes Glaskogens

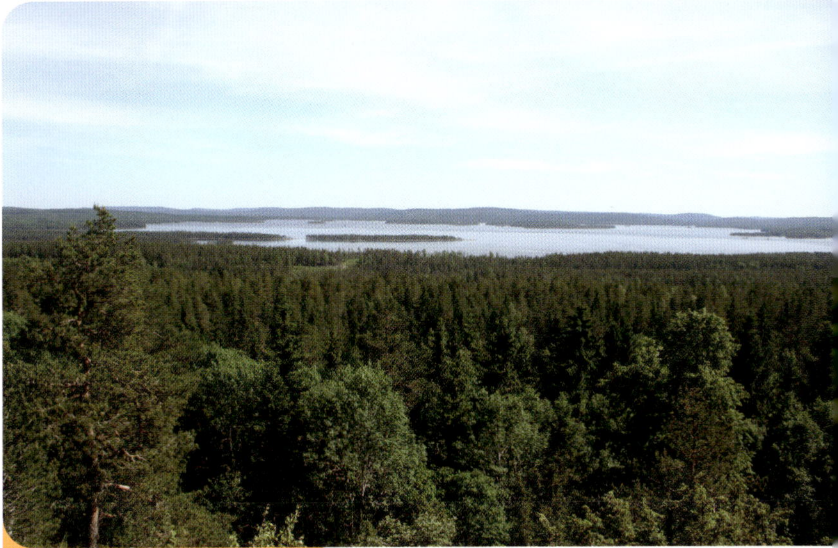

Aussicht auf den Stora-Gla-See

WARUM IST DIESE WANDERUNG INTERESSANT?

Im Naturschutzgebiet Glaskogens haben wir zwei Routen beschrieben: diese lange und eine kürzere Wanderung (Route 7). Diese Wanderung führt Sie an zwei kleinen Waldseen vorbei zu einem Aussichtspunkt über den Stora Gla-See, den größten See von Glaskogen. Auf halbem Wege kommt man zur Anlage einer alten Glasfabrik. Bis 1940 war dies eine der größten Glasfabriken Schwedens, wo etwa 500 Leute arbeiteten. Jetzt ist es ein Museum und es gibt eine Galerie und ein Sommercafé. Man läuft durch das Dorf Glava Glasbruk an einigen schönen historischen Gebäuden vorbei. Kaufen Sie eine Tageskarte für das Naturschutzgebiet Glaskogens online auf www.glaskogen.se oder beim Informationszentrum in Lenungshammar oder Fremdenverkehrsbüro in Arvika. Das Geld ist für die Instandhaltung von Wegen und Anlagen, wie Hütten und Badeplätzen, bestimmt.

WIE KOMMT MAN DORTHIN?

Nehmen Sie von der 172, der Straße von Arvika nach Bengtsfors aus, die Ausfahrt Glava. Missachten Sie in Glava die Ausfahrt nach Lenungshammar und nehmen Sie 600 m weiter die Ausfahrt nach Glava glasbruk. Fahren Sie durch Glava glasbruk. Die Straße ist nach 800 Metern unbefestigt. Missachten Sie die erste Ausfahrt nach Halvarsnäs. Bleiben Sie noch 3,5 km auf dem Weg. Dann kommen Sie noch an einem Wegweiser nach Halvarsnäs vorbei. 100 Meter weiter biegen Sie rechts ab und stellen Ihr Auto beim Gebäude des Schützenvereins ab.

DIE WANDERUNG

Gehen Sie an den Gebäuden des Schützenvereins (GPS1) vorbei weiter auf die Schotterstraße.

Folgen Sie stets der orangefarbenen Markierung. Nehmen Sie nach 250 Metern auf einer Y-Gabelung den rechten Weg. Nach einer Holzscheune biegt der Feldweg nach links zu einem Haus ab. Kurz davor folgen Sie der orangefarbenen Markierung nach rechts und gehen auf einen schmalen Waldweg. Sie kommen zu einem Wegweiser (GPS2).

Folgen Sie der orangefarbenen Markierung in Richtung 'Glava Glasbruk 5 km' nach rechts. Sie bleiben etwa 1 km auf diesem Weg und kommen dann zu einem Schotterfeldweg (GPS3).
Hier gehen Sie nach rechts und sofort wieder nach links. Missachten Sie direkt einen Weg nach links und folgen Sie etwa 300 Meter der orangefarbenen Markierung. Dann schickt die Markierung Sie schräg nach links auf einen schmalen Weg.

Folgen Sie dem Weg weiterhin, Sie kommen zweimal an einem Bächlein vorbei. Nach 1,7 km passieren Sie die Überreste des Töresbolsätern (GPS4).

Folgen Sie dem auf- und abwärts gehenden Weg bis Sie nach 900 Metern zu einem Wegweiser (GPS5) und einem Bach kommen.

Gehen Sie nach rechts und überqueren Sie den Bach in Richtung Glava Glasbruk. Der Weg führt hinunter zum Seeufer des Skottjärnet. Sie gehen kurz am Ufer entlang, ein Stück weiter steht eine

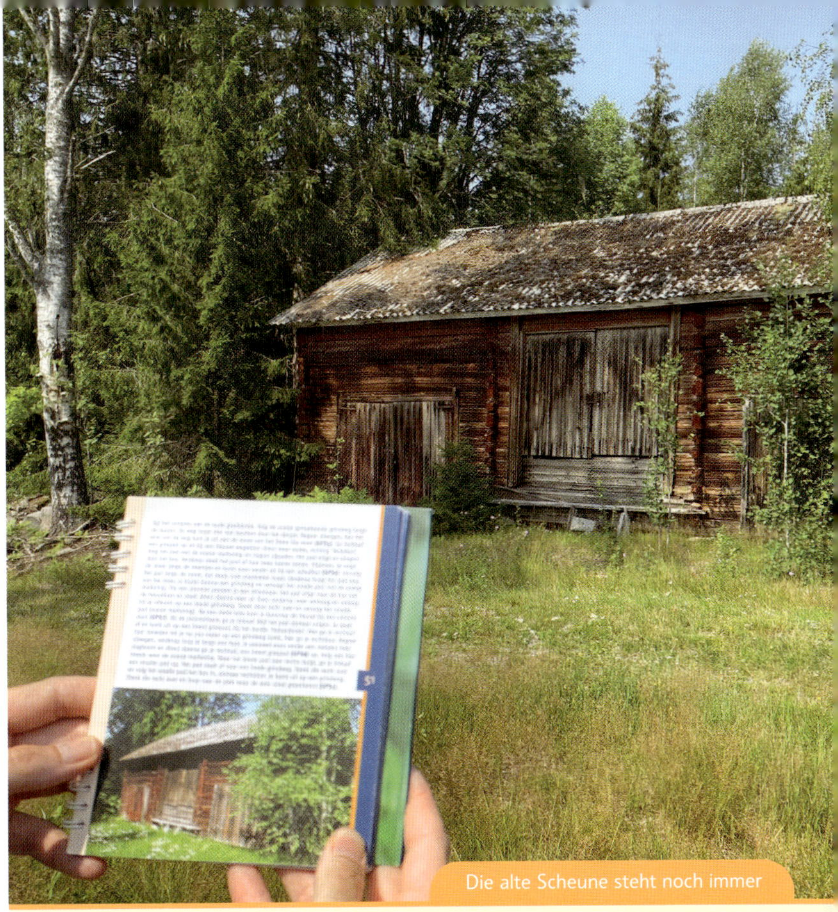

Die alte Scheune steht noch immer

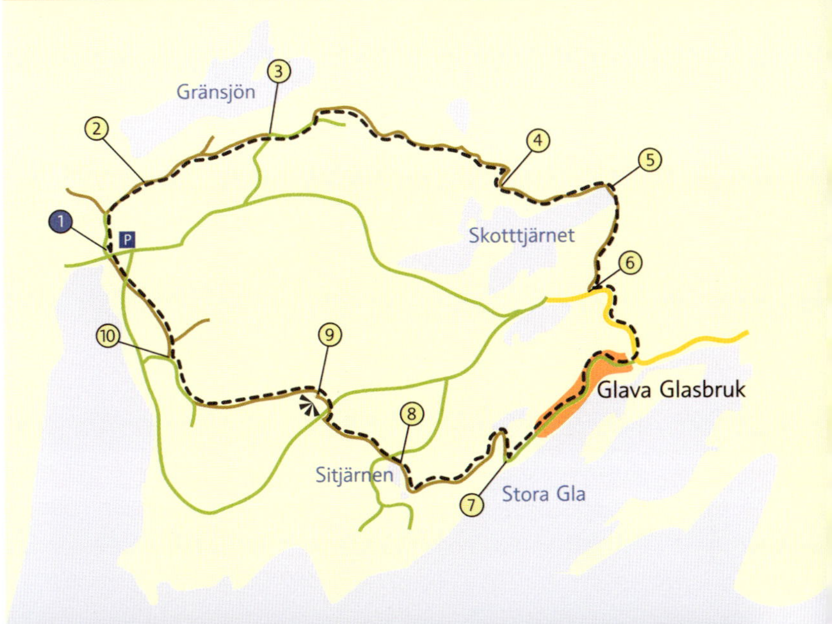

Schutzhütte. Daneben führt der Weg nach oben, weg vom See. Nach 100 Metern gehen Sie bei einem Wegweiser geradeaus. Bleiben Sie der orangefarbenen Markierung folgen, bis Sie nach 550 Metern zu einem Feldweg kommen. Gehen Sie nach rechts. Nach gut 100 Metern kommen Sie zu einer Asphaltstraße (GPS6).

Gehen Sie nach links und bleiben Sie 800 Meter auf dem Weg. Dann gehen Sie bei einer großen Infotafel und einem Wegweiser nach rechts in Richtung Museum. Sie laufen über eine Schotterstraße. Die alte Anlage der Glasfabrik liegt links. Folgen Sie der orangefarbenen Markierung durchs Dorf. Der Weg biegt nach rechts und nach links ab und führt aufwärts. Missachten Sie Seitenwege. Nach gut 1,3 km führt der Weg hinunter zum Ufer des Stora Gla-Sees (GPS7).

Gehen Sie nach rechts auf einen Grasweg und direkt bei einem blauen Wegweiser wieder rechts in Richtung 'Vedviken'. Folgen Sie nach 200 Metern bei einer Abzweigung dem Weg mit der orangefarbenen Markierung nach links. Der Weg steigt an und schlängelt sich durch den Wald. Ein Stück weiter führt der Weg nach unten zu zwei kleinen Seen: Sitjärnen. Sie bleiben am Ufer der zwei kleinen Seen und kommen zu einer Schutzhütte (GPS8).

Bleiben Sie auf dem Uferweg, der teilweise über Bohlenwege führt. Im weiteren Verlauf biegt der Weg vom See weg. Sie kreuzen nach 180 Metern eine Schotterstraße und folgen dem schmalen Weg mit der orangefarbenen Markierung. Über einen Brettersteg passieren Sie einen Bachlauf. Der Weg führt aufwärts zum Gipfel des Hügelkamms und danach direkt wieder abwärts. Ein Stück weiter geht es wieder hinauf und hinab, bis Sie zu einer breiten Schotterstraße

GPS KOÖRDINATEN GLAVA GLASBRUK: DIE NORDSEITE DES NATURSCHUTZGEBIETES GLASKOGENS

1. Gebäude des Schützenvereins	N 59 32.254 E 12 24.563
2. Wegweiser	N 59 32.555 E 12 24.897
3. Schotterfeldweg	N 59 32.742 E 12 25.827
4. Töresbolsätern	N 59 32.623 E 12 27.701
5. Wegweiser	N 59 32.614 E 12 28.464
6. Asphaltstraße	N 59 32.162 E 12 28.388
7. Ufer des Stora Gla-Sees	N 59 31.463 E 12 27.822
8. Schutzhütte	N 59 31.428 E 12 26.978
9. Aussichtspunkt	N 59 31.725 E 12 26.313
10. Breiter Feldweg	N 59 31.826 E 12 25.077

kommen. Überqueren Sie diese in gerader Richtung und folgen Sie dem schmalen Weg (orangefarbene Markierung). Nach einem steilen Aufstieg kommen Sie oben auf dem Hügel zu einem Aussichtspunkt (GPS9).

Bei der Picknickbank gehen Sie nach links. Sie steigen hinab und kommen nach 300 Metern beim Schild 'Halvardsnäs' auf einen Feldweg. Gehen Sie hier rechts nach unten bis Sie nach 700 Metern zu einer Schotterstraße kommen. Gehen Sie hier geradeaus und missachten Sie Seitenwege. Nach 400 Metern gehen Sie an einem Haus vorbei. Sie passieren eine Metallschranke und gehen direkt danach rechts auf einen breiten Feldweg (GPS10).

Folgen Sie auch hier wieder der orangefarbenen Markierung. Nach 100 Metern biegt der Feldweg rechts ab, Sie gehen nach links auf einen schmaleren Weg. Der Weg führt 700 Meter hinunter zu einer Schotterstraße. Überqueren Sie diese in gerader Richtung und folgen Sie dem schmalen Weg noch 200 Meter durch den Wald. Sie kreuzen einen Feldweg und kommen dann zu einer breiten Schotterstraße. Wenn Sie diese in gerader Richtung überqueren, kommen Sie zum Parkplatz (GPS1).

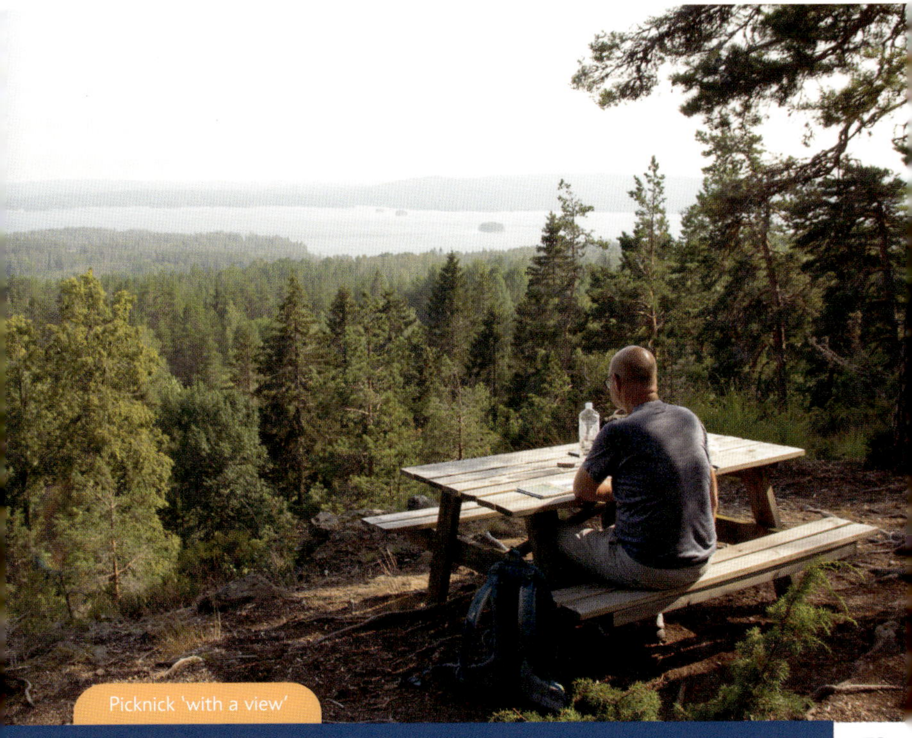

Picknick 'with a view'

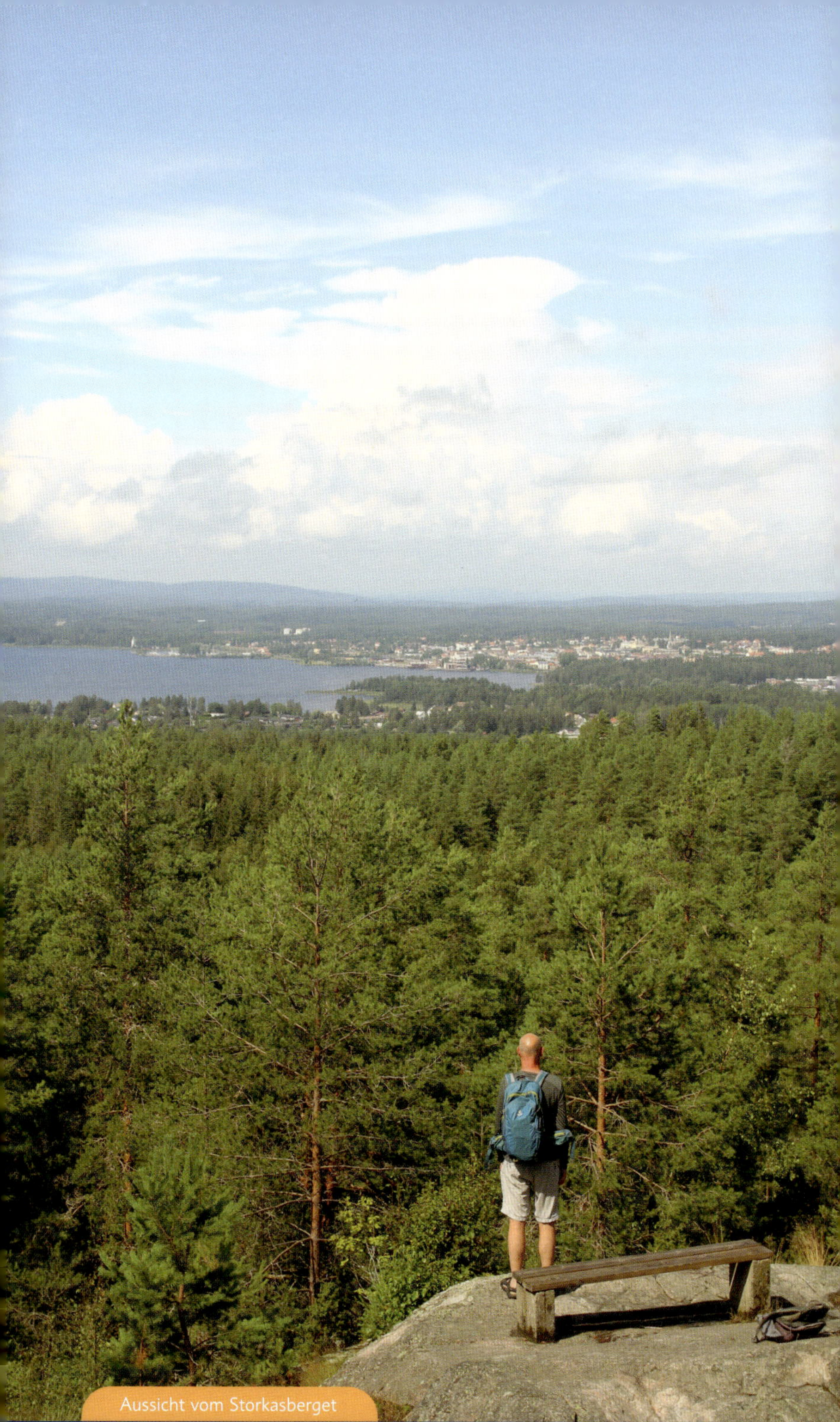

Aussicht vom Storkasberget

10		
	STRECKE:	11,5 KM
	DAUER:	ETWA 3,5 STUNDEN
	SCHWIERIGKEITSGRAD:	1
	NIEDRIGSTER PUNKT: 5	7 M, HÖCHSTER PUNKT: 217 M
	GESAMTANSTIEG:	273 M

ARVIKA

Um den Storkasberget herum wandern

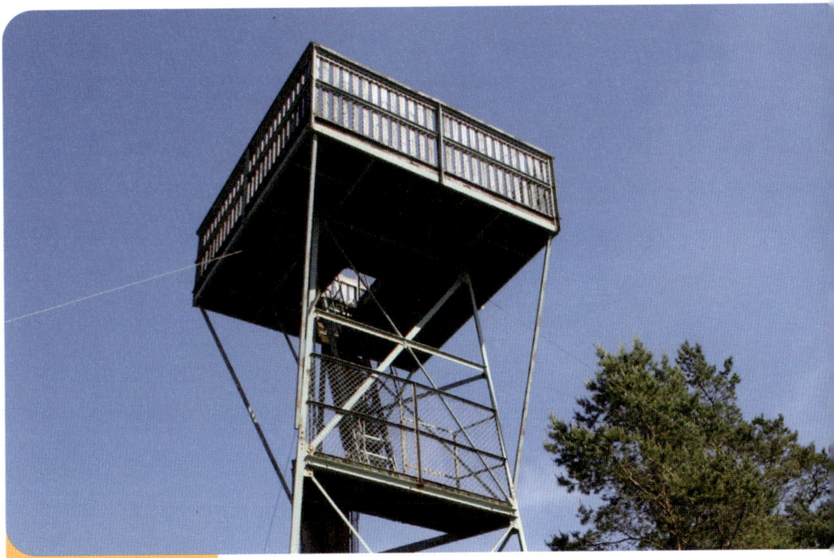

Der Aussichtsturm

WARUM IST DIESE WANDERUNG INTERESSANT?

Vom Berg Storkasberget aus hat man einen wunderbaren Ausblick auf Arvika und den See, an dem das Städtchen liegt. Die Bergregion befindet sich in Stadtnähe und ist für deren Bewohner ein Erholungsgebiet. Wanderer und Mountainbike-Fahrer benutzen die Wege, die sich an den Hängen des Berges entlang schlängeln. Dennoch ist es ruhig genug, um sich vorzustellen, dass man sich weit weg von der bewohnten Welt befindet. Besondere Pflanzen, viele Schmetterlinge und ausgedehnte Wälder geben einem das Gefühl, wirklich mitten in der Natur zu sein. Und auch größere Waldbewohner, wie der Elch, streifen hier umher. Man läuft größtenteils über begehbare, breite und manchmal schmale Wege durch den Wald. Unterwegs sieht man einige schöne hölzerne (Ferien-)Häuser. Die Route verläuft bis auf einen steilen Anstieg am Ende relativ flach. Die Wanderung kann gut mit einem Besuch des Städtchens, oder an einem sonnigen Nachmittag, mit einem Strandbesuch des nahegelegenen Ingestrands kombiniert werden.

WIE KOMMT MAN DORTHIN?

Nehmen Sie von Arvika aus die Straße 175 in Richtung Säffle. Nachdem Sie unter den Bahngleisen hindurch gefahren sind, biegen Sie nach 300 Metern beim Schild 'Utsiktstorn' links ab. Nach 1,3 km biegen Sie rechts ab in Richtung 'Utsiktplats'. Missachten Sie Seitenwege und bleiben Sie auf dem Weg, der nach oben geht. Stellen Sie Ihr Auto auf dem Parkplatz beim Aussichtsturm ab.

DIE WANDERUNG

Vom Parkplatz (GPS1) beim Aussichtsturm aus gehen Sie ein kleines Stück auf der Schotterstraße zurück.

Nach 250 Metern gehen Sie auf einem Schotterfeldweg (GPS2) nach rechts.

Sie kommen an einer Schranke vorbei und bleiben gut 900 Meter auf dem Feldweg. Dann sehen Sie gleich nach einer Linkskurve auf der rechten Seite des Weges einen Wegweiser (GPS3).

Hier gehen Sie nach rechts in Richtung Örshulta/Björnmyra. Der Weg steigt an und biegt nach links ab. Nach 300 Metern halten Sie sich rechts und missachten einen breiten Weg, der links hinauf führt. Nach 700 Metern missachten Sie bei einem Wegweiser einen Weg nach links. Gehen Sie geradeaus in Richtung Örshulta. Nach nochmals 200 Metern kommen Sie zu einem schmalen Schotterweg. Hier gehen Sie nach links und nach 20 Metern rechts auf einen schmalen Waldweg (GPS4).

Auf diesem Weg gehen Sie 500 Meter bis zu einer Y-Gabelung schmaler Wege (GPS5).

Halten Sie sich hier links. Missachten Sie Seitenwege und folgen Sie diesem Weg, bis Sie nach 550 Metern zu einem Schotterfeldweg kommen. Hier gehen Sie nach rechts. Nach nochmals 550 Metern kommen Sie zu einer Abzweigung mit einer breiteren Schotterstraße (GPS6).

Hier gehen Sie nach rechts. Missachten Sie nach 20 Metern einen Pfad nach rechts und bleiben Sie auf dem Weg, bis Sie nach unge-

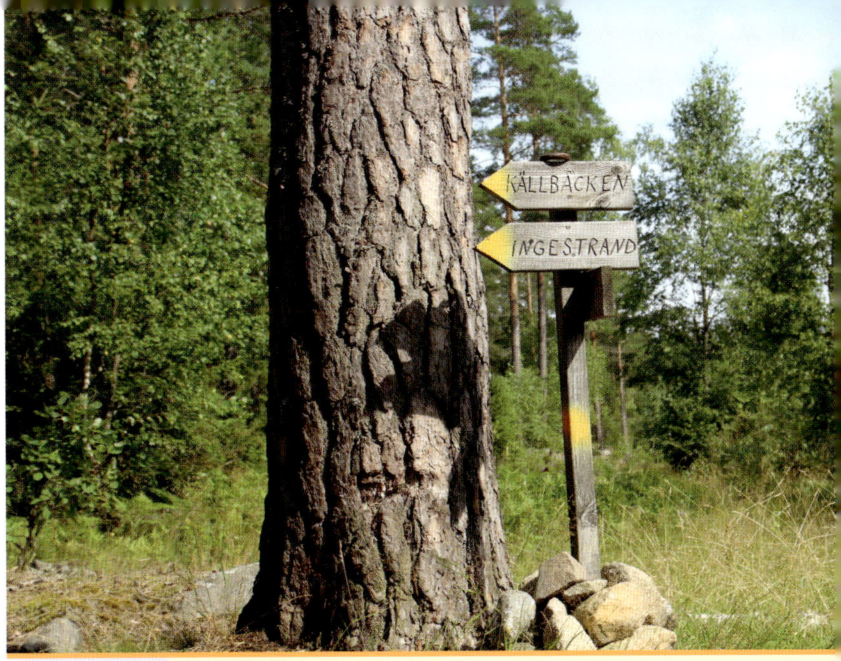
KÄLLBÄCKEN
INGESTRAND

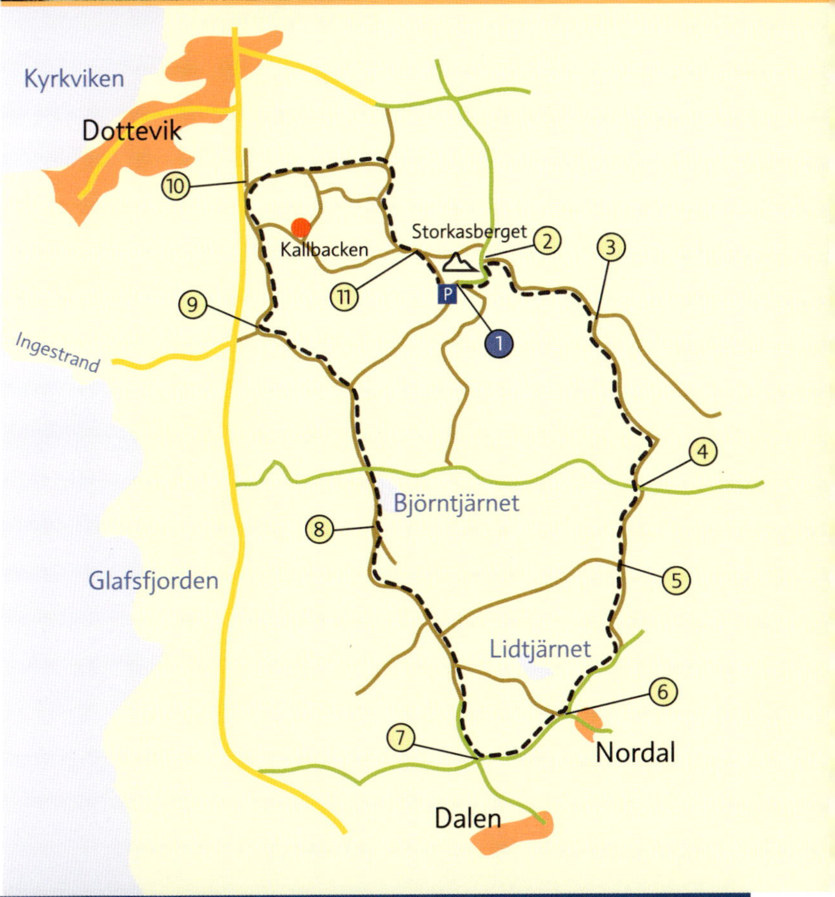
Kyrkviken
Dottevik
10
Källbacken
Storkasberget
2
3
11
P
1
9
Ingestrand
4
Björntjärnet
8
Glafsfjorden
5
Lidtjärnet
6
7
Nordal
Dalen

fähr 700 Metern bei Häusern zu einer Kreuzung (GPS7) von Schotterstraßen kommen.

Hier gehen Sie nach rechts und halten sich sofort rechts. Sie laufen in Richtung eines Hauses. Auf Höhe der Scheune führt der Weg geradeaus. Missachten Sie Seitenwege. Sie passieren nach 200 Metern noch zwei Häuser und Scheunen. Folgen Sie dem breiten Weg insgesamt 1,5 km und missachten Sie alle Seitenwege. Sie erreichen eine T-Gabelung (GPS8) mit einem Schotterfeldweg.

Hier gehen Sie nach links. Rechts neben dem Weg sehen Sie den Björntjärnet-See. Nach 300 Metern gehen Sie an einer Kreuzung mit einer Schotterstraße geradeaus. Der Weg wird danach etwas schmaler und dann wieder breiter. Nach 450 Metern kommen Sie an einem Bächlein vorbei. Missachten Sie 50 Meter danach die Abzweigung nach Storkasberget und gehen Sie geradeaus in Richtung Ingestrand. Nach 700 Metern kommen Sie zu einer Y-Gabelung (GPS9) mit Wegweiser.

Hier halten Sie sich rechts und folgen dem leicht ansteigenden Grasweg. Ein Stück weiter laufen Sie durch offeneres Gelände. Nach 750 Metern sehen Sie rechts am Hang ein Haus und kommen auf den Schotterweg, der dorthin führt. Hier gehen Sie nach links. Nach 100 Metern gehen Sie kurz vor der Asphaltstraße rechts auf einen Feldweg. Nach gut 100 Metern mit den Gesicht zur Asphaltstraße gehen Sie schräg nach rechts auf einen absteigenden Waldweg (GPS10).

GPS KOÖRDINATEN ARVIKA: UM DEN STORKASBERGET HERUM WANDERN

1. Parkplatz	N 59 37.766 E 12 38.555
2. Schotterfeldweg	N 59 37.837 E 12 38.699
3. Wegweiser rechts am Weg	N 59 37.674 E 12 39.496
4. Schmaler Waldweg rechts	N 59 37.104 E 12 39.775
5. Y-Gabelung schmaler Wege	N 59 36.829 E 12 39.731
6. Breiter Schotterweg	N 59 36.335 E 12 39.401
7. Kreuzung von Schotterwegen	N 59 36.166 E 12 38.790
8. T-Gabelung	N 59 36.968 E 12 38.057
9. Y-Gabelung + Wegweiser	N 59 37.559 E 12 37.248
10. Absteigender Waldweg rechts	N 59 38.020 E 12 37.083
11. Y-Gabelung	N 59 37.844 E 12 38.310

Missachten Sie Seitenwege, der Weg steigt an. Nach 450 Metern gehen Sie auf einer Kreuzung von Waldwegen mit Wegweiser geradeaus nach Storkasberget. Der Weg wird breiter und biegt nach 500 Metern rechts ab. Er steigt allmählich an. Nach knapp 300 Metern folgen Sie dem Weg nach links. Der Weg steigt an und wird weiter oben etwas flacher. Nach 600 Metern gelangen Sie zu einer Y-Gabelung (GPS11).

Hier nehmen Sie einen schmaleren Waldweg, der nach rechts und weiter nach oben führt. Nach 350 Metern und einem letzten Anstieg kehren Sie zum Fuße des Aussichtsturms oben auf dem Storkasberget und dem Parkplatz (GPS1) zurück.

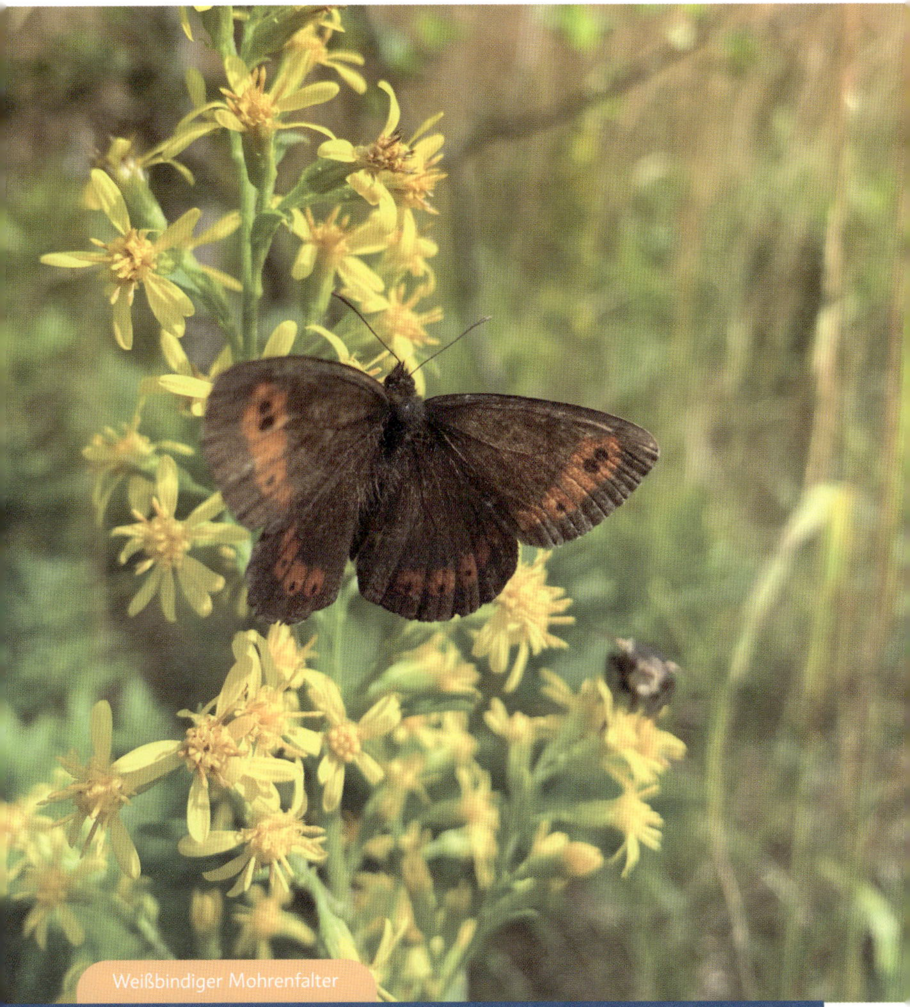

Weißbindiger Mohrenfalter

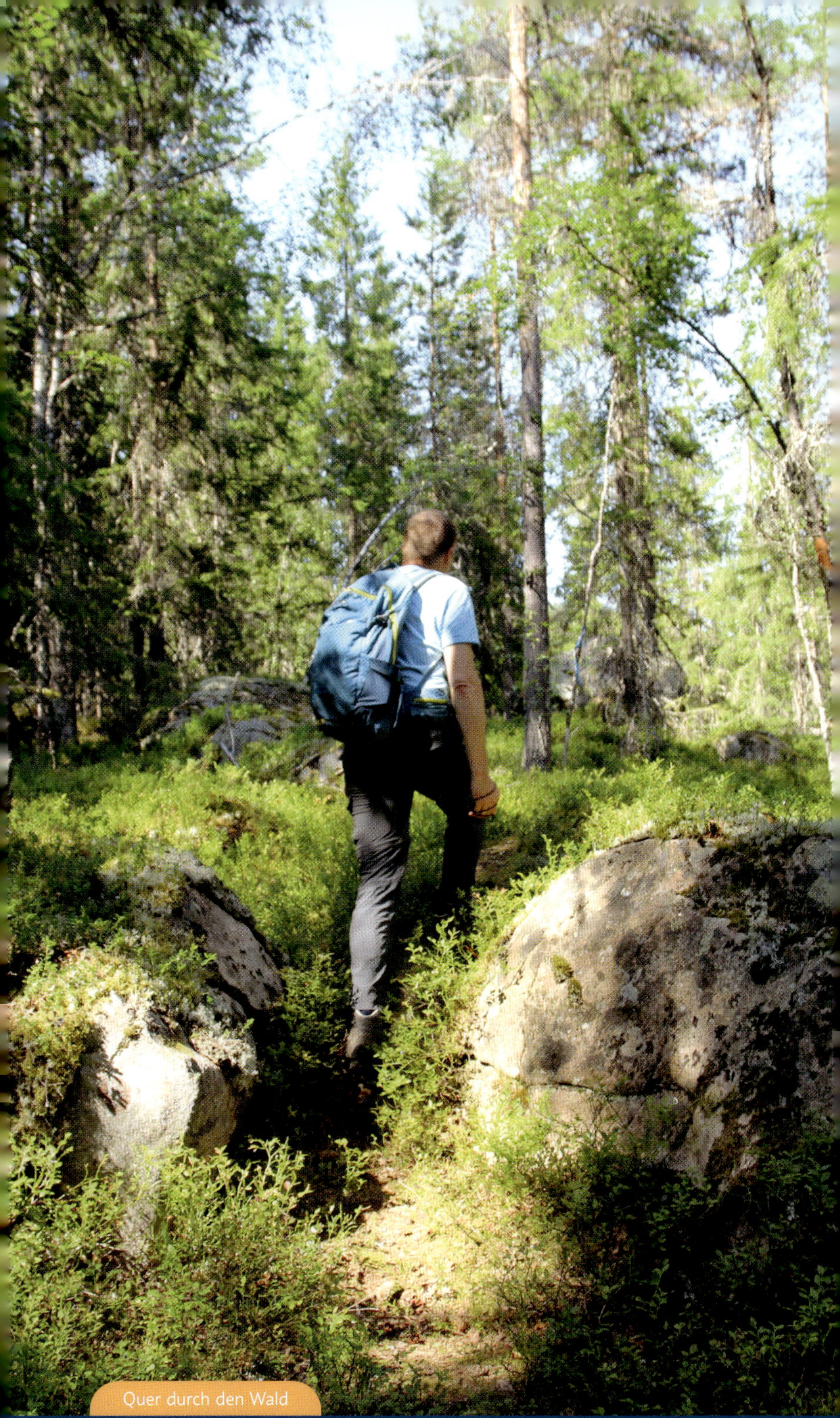

Quer durch den Wald

11	STRECKE:	8,5 KM
	DAUER:	ETWA 3 STUNDEN
	SCHWIERIGKEITSGRAD:	1+ (UNTERGRUND)
	NIEDRIGSTER PUNKT:	347 M, HÖCHSTER PUNKT: 468 M
	GESAMTANSTIEG:	236 M

ÖSTMARK

Rund um Mattila Finngård

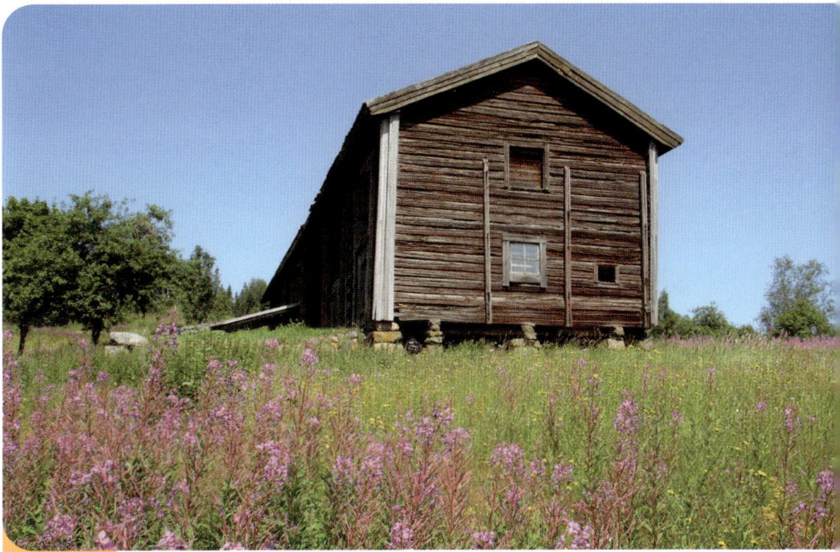

Mattila

WARUM IST DIESE WANDERUNG INTERESSANT?

Das finnische Nomadenvolk zog im 17. Jahrhundert auf den zwischen dem heutigen Schweden und Norwegen liegenden Gebirgsrücken, weil dieser unbewohnt war. Sie siedelten sich dort an und einige von ihnen bauten ihre kleinen Häuser zu „gården", richtigen Bauernhöfen mit Scheunen, aus. Einige dieser Wohnkomplexe sind bewahrt geblieben. Bei der Mattila finngård herrscht bescheidene Betriebsamkeit. Es gibt einige Ferienhäuser, eine Langlaufstrecke und ein paar Wanderrouten. Wir entschieden uns für die Wanderung über den Hultberg. Hierbei besucht man auch den Juhola finngård, wo es noch einige authentische Scheunen gibt. Als wir die Route liefen, war das Stück über den Gipfel des Hultberg nicht begehbar. Wir haben uns für eine alternative Route über schmale Feldwege entschieden, wo man ebenfalls das Gefühl hat, allein auf der Welt zu sein. Sollte die Gipfelroute schon begehbar sein, dann ist sie, was die Entfernung betrifft, nicht viel länger. Rechnen Sie dann allerdings wegen der schmalen Waldwege mit einer zusätzlichen Stunde. Tipp: Baden Sie im Multtjärn-See.

WIE KOMMT MAN DORTHIN?

Östmark liegt im Nordwesten von Torsby. Von Östmark aus folgen Sie der Straße in Richtung Röjdåfors. In Röjdåfors die Ausfahrt nach Bograngen und Mattila nehmen. Nach 500 Metern geht die Asphaltstraße in einen Schotterweg über. Wenn Sie der Straße noch 3,5 km folgen, sind Sie in Mattila. Auf der linken Straßenseite weist ein Schild auf einen großen Parkplatz hin. Stellen Sie dort Ihr Auto ab.

DIE WANDERUNG

Laufen Sie vom Parkplatz (GPS1) aus zum Schotterweg, überqueren Sie diesen in gerader Richtung und gehen Sie auf den Schotterweg in Richtung Juhola finngård.

Missachten Sie nach 50 Metern Nebenwege und gehen Sie geradeaus. Ab und zu sehen Sie eine orangefarbene Markierung. Nach gut 100 Metern halten Sie sich an einer Y-Gabelung rechts. (Links am Weg liegt finngård Mattila). Missachten Sie nach 30 Metern einen Weg nach rechts. Folgen Sie dem Weg in Richtung Juhola. Achten Sie auf die orangefarbene Markierung. Diese schickt Sie nach 200 Metern scharf nach rechts auf einen schmalen Waldweg (GPS2).

Dieser Waldweg ist spärlich mit orangener Farbe markiert. Nach 250 Metern kommen Sie zum Ufer des Multtjärn-Sees. Hier gehen Sie nach rechts und folgen dem Weg, der am Ufer entlang verläuft. Nach 450 Metern gelangen Sie zu einem schmalen Schotterweg. Hier gehen Sie nach links. Nach 150 Metern erreichen Sie eine Schutzhütte und eine Picknickbank (GPS3) am See.

Folgen Sie dem Schotterweg, der sich als Feldweg fortsetzt. Missachten Sie Seitenpfade und –wege und folgen Sie diesem Feldweg 1 km lang, bis zu einer T-Abzweigung (GPS4).

Der Hauptweg biegt hier links ab, Sie aber gehen nach rechts auf einen überwucherten Feldweg. Dieser endet nach knapp 300 Metern. Nehmen Sie am Ende der Straße den Weg, der nach links bergauf führt. Die orangefarbene Markierung finden Sie an den Bäumen. Folgen Sie dem ansteigenden Weg, der nach 200 Metern nach links abbiegt. Der Weg schlängelt sich durch den Wald, gelegentlich überqueren Sie über Bohlenwege sumpfige Stücke. Nach etwa 900 Metern sehen Sie rechts ein kleines Moor (GPS5).

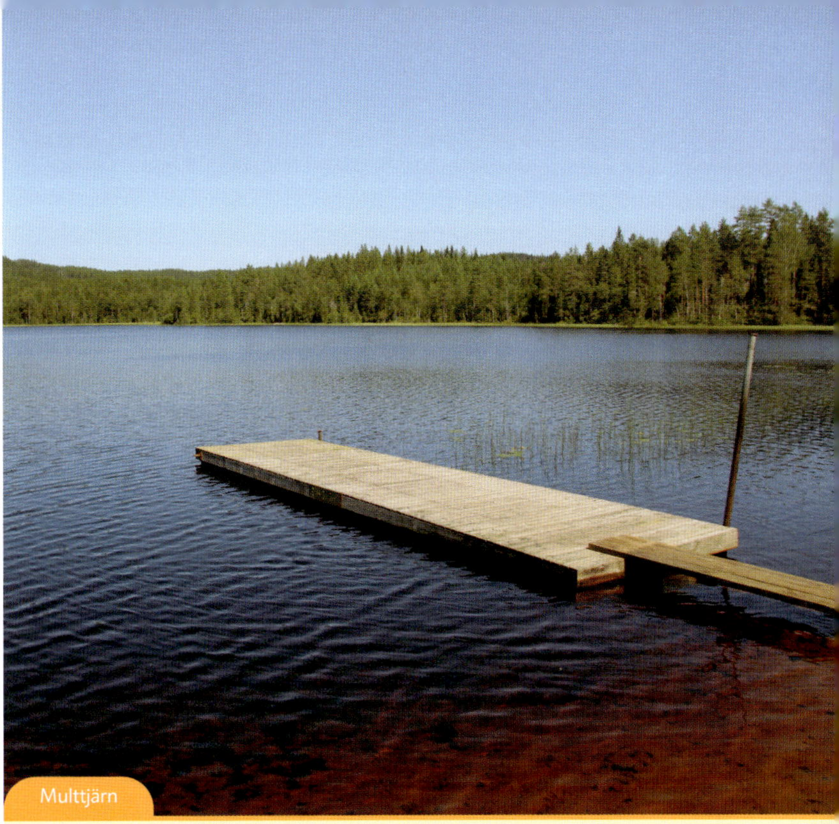
Multtjärn

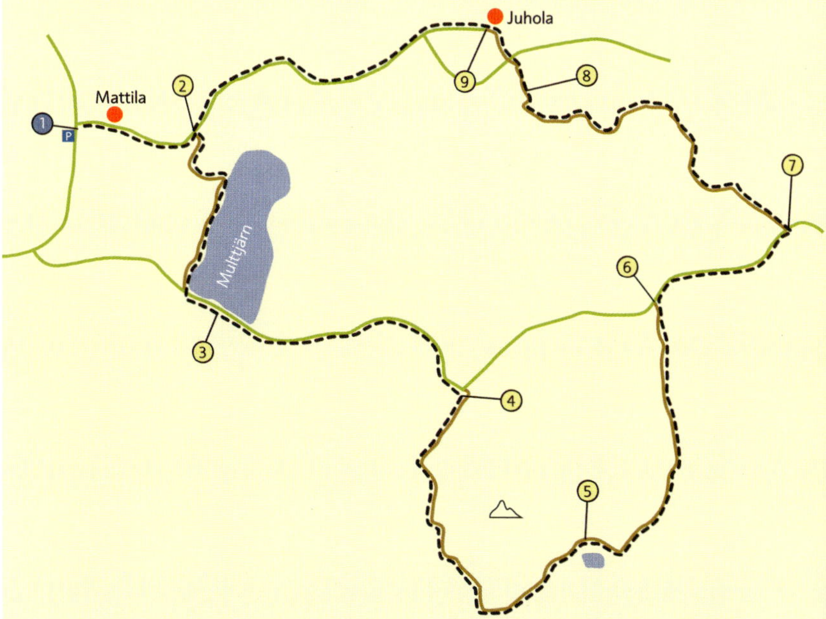
Juhola
Mattila
Multtjärn
1
2
3
4
5
6
7
8
9
P

Folgen Sie dem orangefarben markierten Weg, bis Sie nach 150 Metern links den Anfang eines Schotterfeldwegs sehen. Gehen Sie dorthin und folgen Sie ab hier diesem Feldweg. (Sie verlassen den orangefarben markierten Weg.) Missachten Sie nach 300 Metern einen Feldweg nach rechts und bleiben Sie auf dem abwärts führenden Weg. Nach 600 Metern kommen Sie zu einer T-Gabelung (GPS6).

Der Hauptweg führt hier nach links, aber Sie gehen nach rechts auf einen überwucherten Feldweg. Missachten Sie nach 100 Metern einen Weg nach links und folgen Sie dem Feldweg noch 450 Meter. Wo dieser nach rechts abbiegt, sehen Sie links die orangefarbene Markierung. Gehen Sie hier links auf einen schmalen bergab führenden Waldweg (GPS7).

Der Weg geht steil bergab, folgen Sie stets der orangefarbenen Markierung. Nach etwa 700 Metern führt dieser wieder bergauf. Danach fällt der Weg leicht ab. Nach nochmals 700 Metern überqueren Sie über eine schmale Holzbrücke (GPS8) einen Bach.

Nach 100 Metern und einem letzten kleinen Anstieg erreichen Sie einen Feldweg. Überqueren Sie diesen und folgen Sie dort dem schmalen Weg nach oben. Dieser biegt links ab und Sie laufen an einigen Birken vorbei nach oben zu den Scheunen und dem Haus der finngård Juhola (GPS9).

Gehen Sie zwischen dem Haus (rechts) und der langen Scheune (links) hindurch zum Schotterfeldweg. Folgen Sie diesem an einem Parkplatz vorbei geradeaus. Folgen Sie diesem schmalen Schotter-

GPS KOÖRDINATEN ÖSTMARK: RUND UM MATTILA FINNGÅRD

1. Parkplatz	N 60 24.941 E 12 41.605
2. Waldweg scharf rechts	N 60 24.922 E 12 42.037
3. Schutzhütte + Picknickbank	N 60 24.615 E 12 42.138
4. T-Gabelung	N 60 24.465 E 12 43.064
5. Aussicht auf kleines Moor	N 60 24.202 E 12 43.502
6. T-Gabelung	N 60 24.607 E 12 43.778
7. bergab führender Waldweg links	N 60 24.754 E 12 44.277
8. Holzbrücke über Bach	N 60 25.011 E 12 43.280
9. Finngård Juhola	N 60 25.120 E 12 43.135

weg stets und missachten Sie Nebenwege. Nach 1,4 km sind Sie zur Mattila zurückgekehrt. Gehen Sie den Schotterweg noch 200 Meter zur Abzweigung und dem Parkplatz zurück (GPS1).

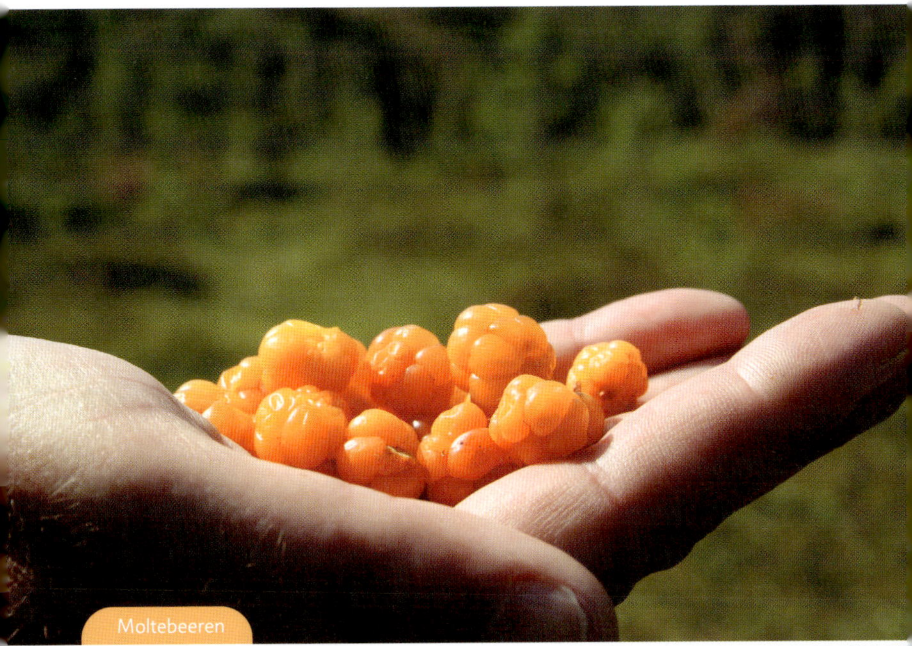

Moltebeeren

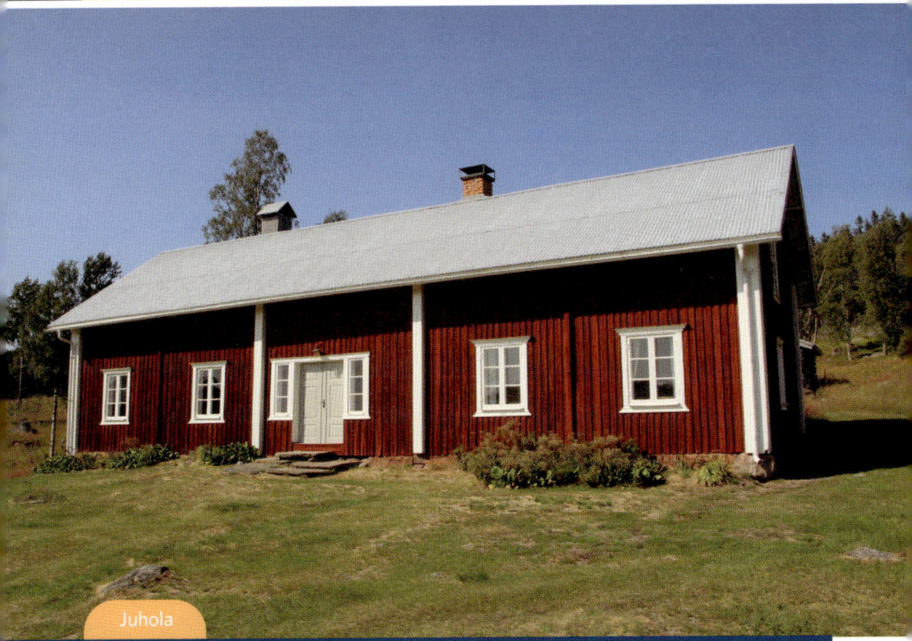

Juhola

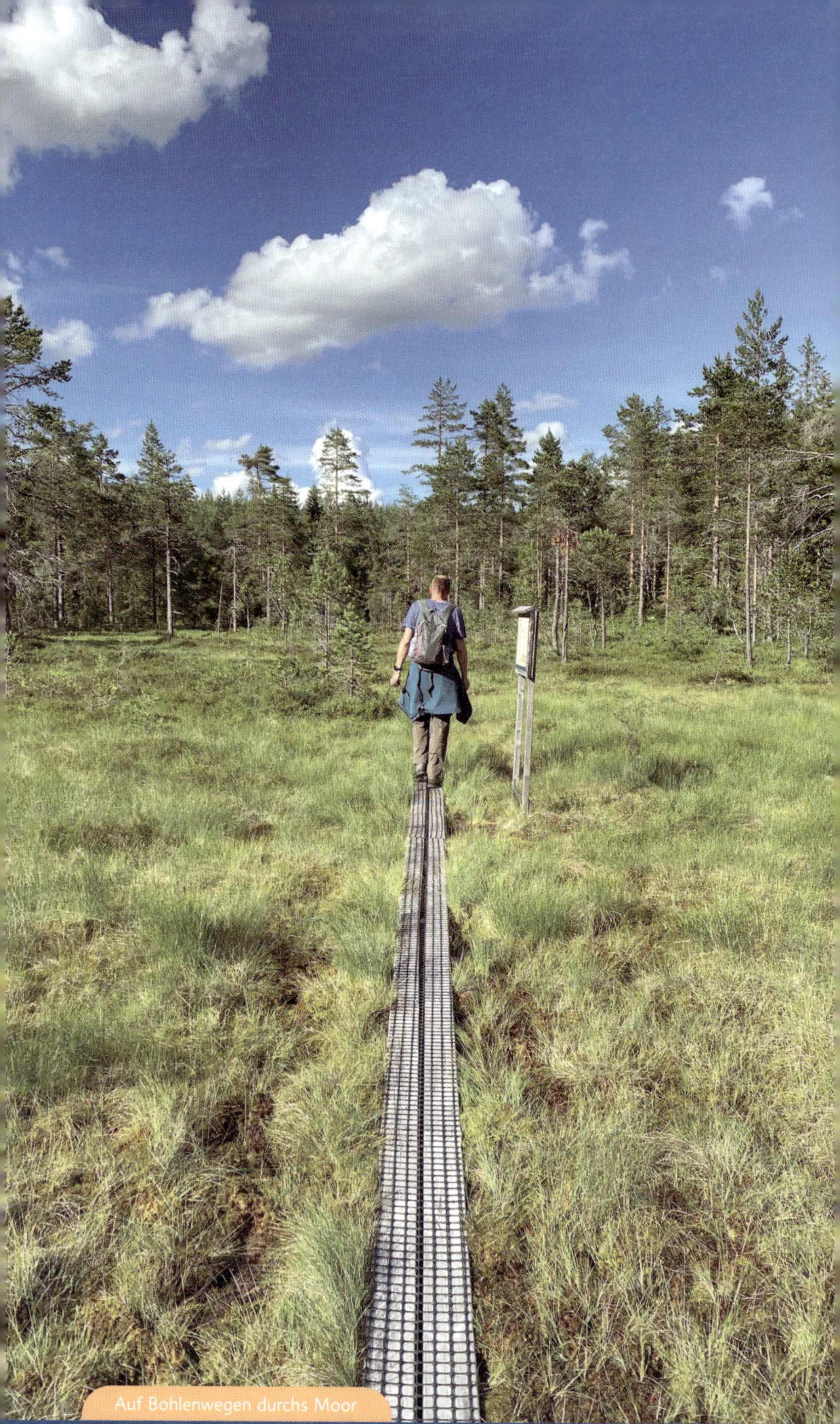

Auf Bohlenwegen durchs Moor

12		
	STRECKE:	12,8 KM
	DAUER:	ETWA 5 STUNDEN
	SCHWIERIGKEITSGRAD:	2+ (DISTANZ/UNTERGRUND /ANSTIEG)
	NIEDRIGSTER PUNKT:	307 M, HÖCHSTER PUNKT: 526 M
	GESAMTANSTIEG:	436 M

TORSBY

Die Berge des Naturschutzgebiets Hovfjället

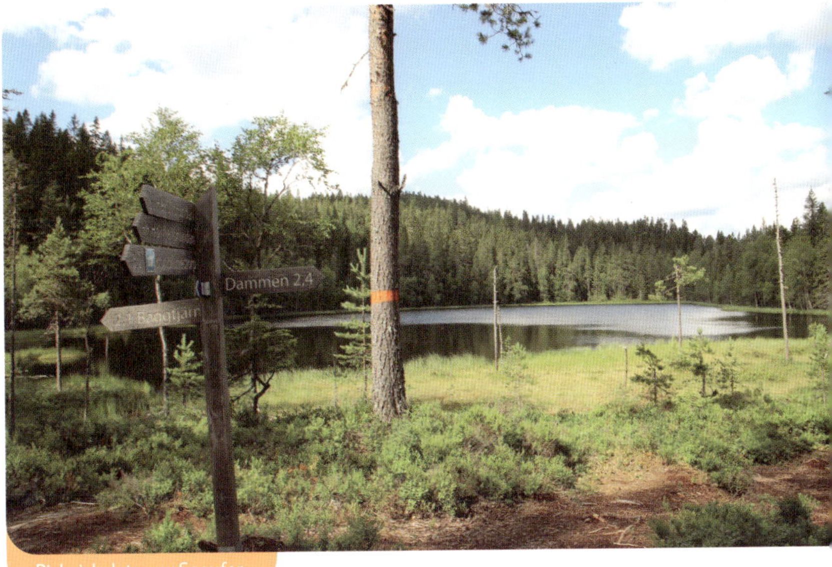

Picknickplatz am Seeufer

WARUM IST DIESE WANDERUNG INTERESSANT?

Der Bergrücken, der Norwegen und Schweden voneinander trennt, "beginnt" mehr oder weniger in Värmland. Der Gipfel des Hovfjället ist zwar nur 543 Meter hoch, dennoch können Sie bereits hier die Atmosphäre der Berge mit den erforderlichen Auf- und Abstiegen erleben. Als Gegenleistung für diese Anstrengung erhalten Sie eine wunderschöne Wanderung auf gut markierten Wegen mit Aussicht, ruhigen Wegen, weiten Mooren, zahllosen Bächlein und sogar einem Wasserfall. Im Naturschutzgebiet wird im Winter Ski gefahren und Skilanglauf betrieben, aber im Sommer ist es still und man kann die schöne Natur optimal genießen. Grund für das + des Schwierigkeitsgrads ist der steile und anstrengende Aufstieg entlang des Hangs des Råkullsberget (zwischen GPS5 und 6). Sollten Sie dies zu viel des Guten finden, dann können Sie auch eine der drei kürzeren Wanderungen, die hier markiert sind, machen. Informationen dazu finden Sie auf der Litfaßsäule am Startpunkt. Tipp: Baden Sie nach oder schon während der Wanderung im Multtjärn-See.

WIE KOMMT MAN DORTHIN?

Das Naturschutzgebiet Hovfjället liegt im Norden Värmlands. Nehmen Sie ab der E45 etwa 15 km nördlich von Torsby die Ausfahrt 'Hovfjället Naturreservat'. Fahren Sie diese ansteigende Asphaltstraße etwa 7 km lang ganz bis zum Ende. Stellen Sie Ihr Auto auf dem großen Schotterparkplatz rechts neben dem Empfangs- und Toilettengebäude ab.

DIE WANDERUNG

Gehen Sie zu der großen hölzernen Litfaßsäule (GPS1) mit Informationstafeln darauf zu den Wanderwegen.

Direkt dahinter gehen Sie bei den Wegweisern nach rechts: Hovfjällsrundan. Folgen Sie dem schmalen Weg mit der orangefarbenen Markierung. Nach 750 Metern überkreuzen Sie die Asphaltstraße. Auf der anderen Seite steht ein Wegweiser (GPS2).

Hier gehen Sie nach links: Hovfjällsrundan. Nach 40 Metern schickt der Wegweiser Sie nach rechts. Folgen Sie dem schmalen Weg, der hier mit Felsbrocken und Baumwurzeln übersät ist und allmählich abfällt. Nach 350 Metern gehen Sie an einer Gabelung von Bohlenwegen bei einem Wegweiser geradeaus. Über eine kleine Brücke überqueren Sie einen Bach. Danach steigt der Weg an. Oben angekommen laufen Sie über Bohlenwege am Kotjärnsmyren entlang. Nach gut 1 km führt der Weg abwärts zu einem Wegweiser (GPS3).

Hier gehen Sie nach rechts: Hovfjällsrundan. Nach etwa 1 km gehen Sie am Rande des Hügels entlang und sehen links unten Seen liegen. Der Weg steigt noch etwas an und Sie kommen zu einem Aussichtspunkt mit Picknickbank (GPS4).

Direkt danach gehen Sie bei einem Wegweiser geradeaus. Der Weg führt mehrmals bergauf und bergab. Ab und zu laufen Sie noch ein Stück über Bohlenwege. Nach 1,4 km kommen Sie bei einer Wegkreuzung (GPS5) zu einer Infotafel des Naturschutzgebiets und zu einem Wegweiser.

Gehen Sie nach rechts über ein Bächlein und direkt wieder nach links: Hovfjällsrundan. Nach 250 Metern erreichen Sie einen Wasserfall, den Sie etwas weiter oben über eine kleine Brücke überqueren. Folgen Sie dem markierten Weg stets. Der Weg führt steil

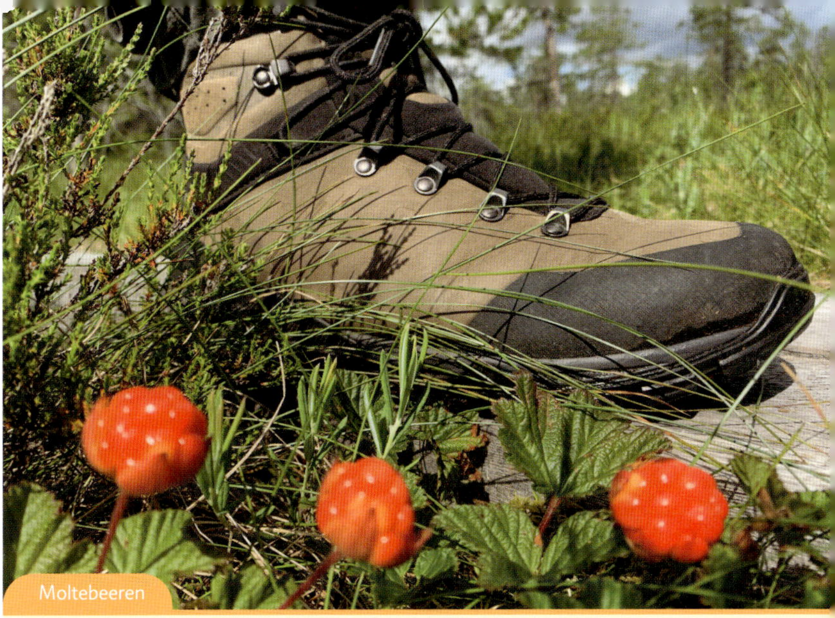

Moltebeeren

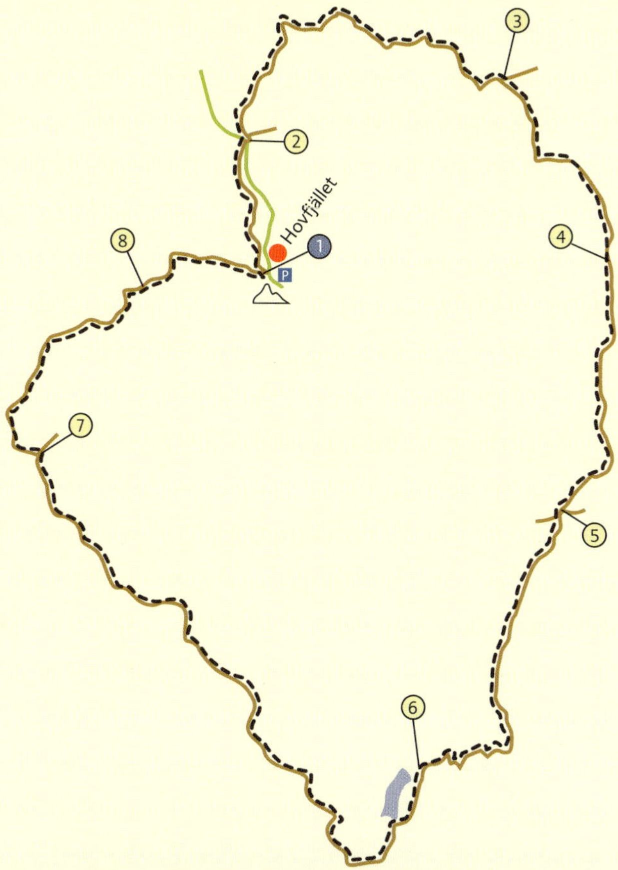

bergab und steigt dann steil den Hang hinauf an. Weiter oben wird der Weg kurz etwas flacher und Sie gehen über einen Bohlenweg. Dann folgt wieder ein steiler Anstieg. Oben angekommen sind es nur noch 200 Meter bis zum Seeufer (GPS6).

Dort gehen Sie nach links und kommen nach 300 Metern zu einer Schutzhütte. Direkt danach gehen Sie beim Wegweiser nach links. Schon bald laufen Sie über einen langen Bohlenweg. Folgen Sie dem Weg und der Markierung stets. Ab und zu gehen Sie über Bohlenwege. Nach gut 1 km laufen Sie wiederum über einen langen Bohlenweg durchs Moor: Ruskbergsmyren. Kurz danach überqueren Sie über einen Steg einen Bach. Folgen Sie der Markierung immerzu bis Sie zu einer Abzweigung mit Wegweiser (GPS7) kommen.

Gehen Sie nach links: Hovfjällsrundan. Nach 100 Metern kommen Sie bei Bondfugestorp an Picknickbänken vorbei. Gehen Sie sofort nach dem Haus nach rechts. Folgen Sie der Markierung wieder in den Wald hinein und folgen Sie dem schmalen Weg einschließlich Bohlenwegen weiter. Nach gut 1 km kommen Sie an einem Wegweiser (GPS8) vorbei.

Hier gehen Sie geradeaus in Richtung Hovfjällstoppen. Nach nochmals 750 Metern kehren Sie zum Wegweiser neben der hölzernen Litfaßsäule (GPS1) zurück.

GPS KOÖRDINATEN TORSBY: DIE BERGE DES NATURSCHUTZGEBIETS HOVFJÄLLET

1. Hölzerne Litfaßsäule	N 60 17.665 E 12 57.920
2. Wegweiser	N 60 17.997 E 12 57.802
3. Wegweiser	N 60 18.139 E 12 59.138
4. Aussichtspunkt Picknickbank	N 60 17.673 E 12 59.699
5. Wegkreuzung	N 60 17.048 E 12 59.451
6. Seeufer	N 60 16.386 E 12 58.699
7. Abzweigung mit Wegweiser	N 60 17.192 E 12 56.697
8. Wegweiser	N 60 17.622 E 12 57.228

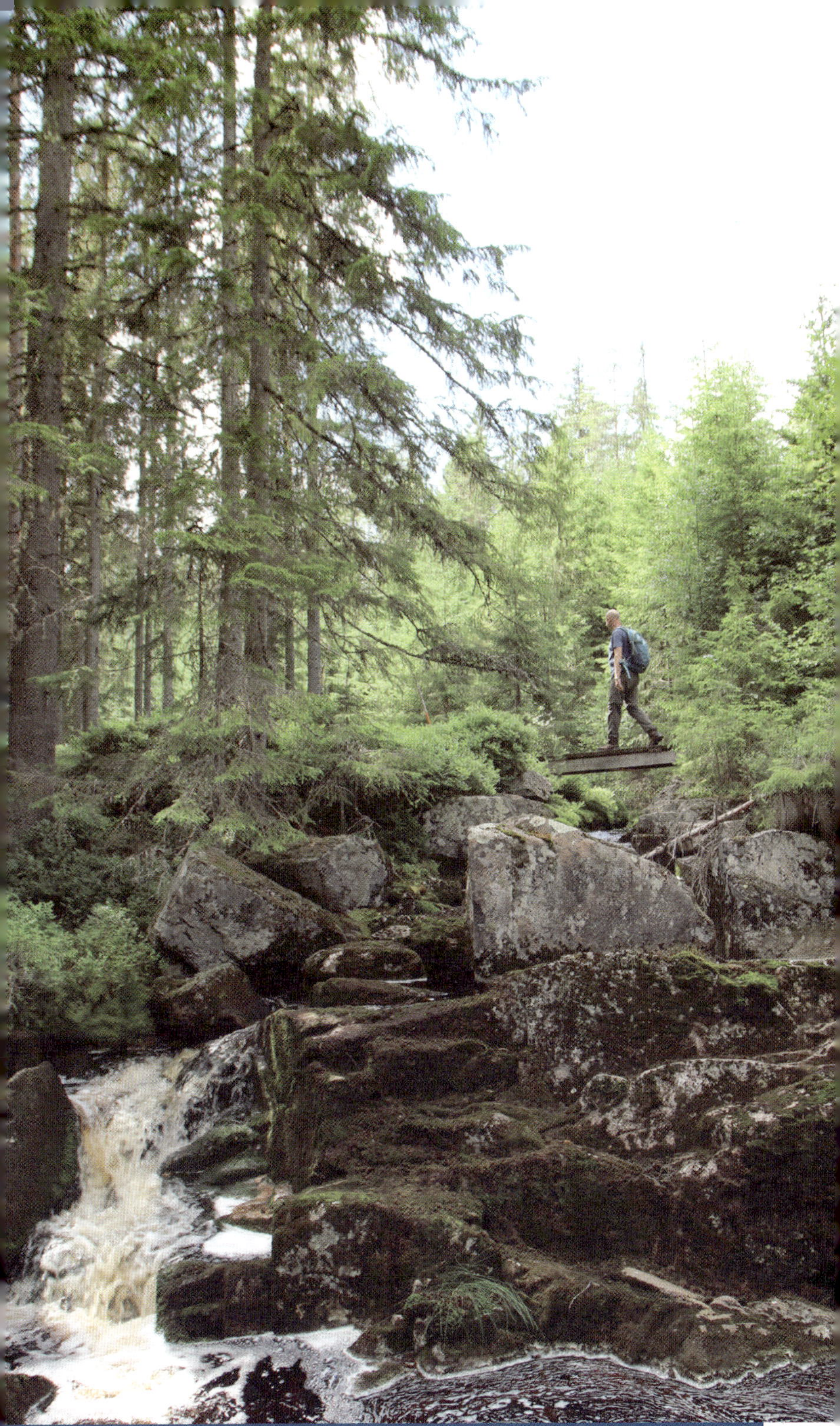

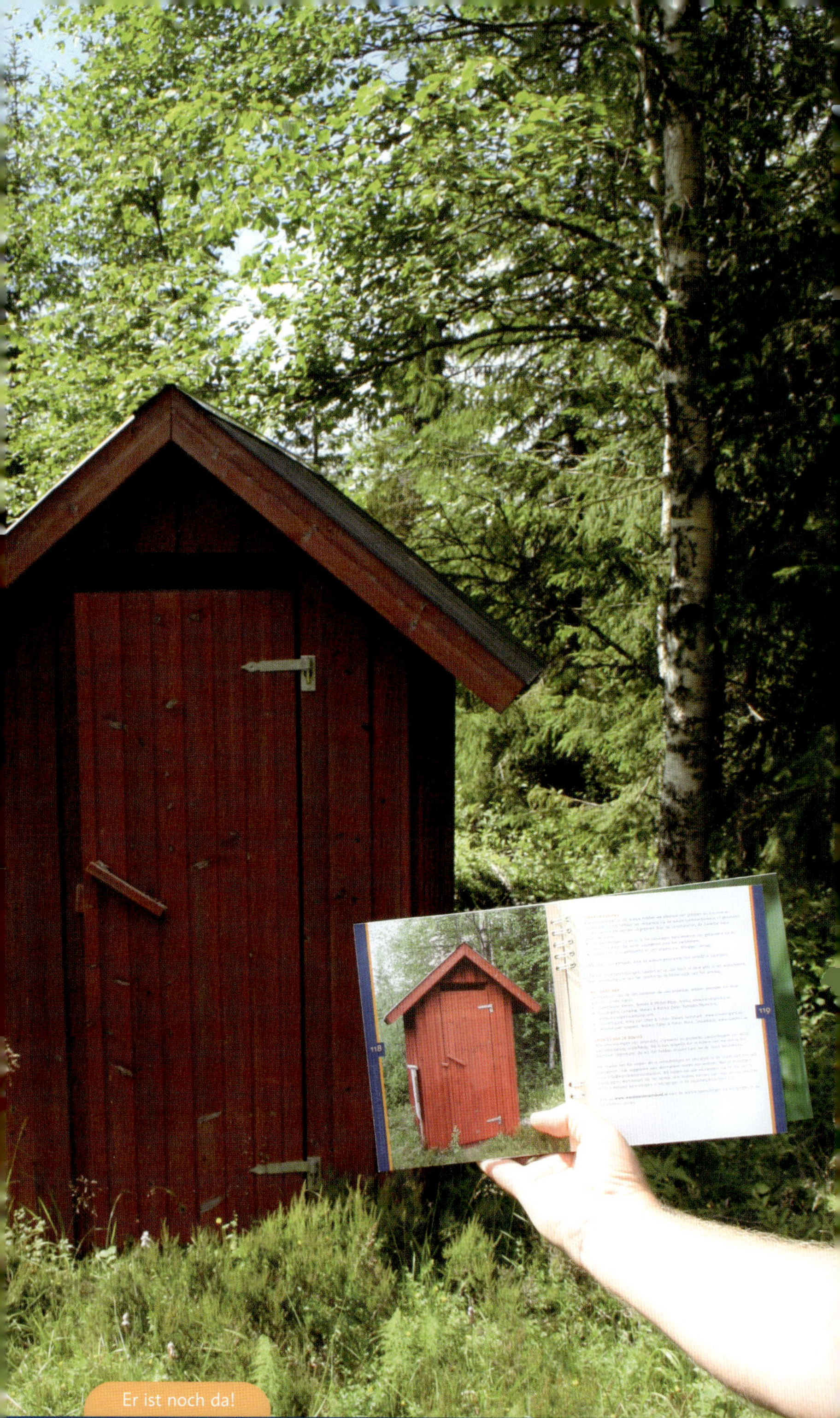

Er ist noch da!

13	
STRECKE:	21,0 KM
DAUER:	ETWA 7 STUNDEN
SCHWIERIGKEITSGRAD:	3 (DISTANZ/AUFSTIEG +ABSTIEG/UNTERGRUND)
NIEDRIGSTER PUNKT:	156 M, HÖCHSTER PUNKT: 508 M
GESAMTANSTIEG:	634 M

SYSSLEBÄCK

Die Berge entlang des Flusses Klarälven

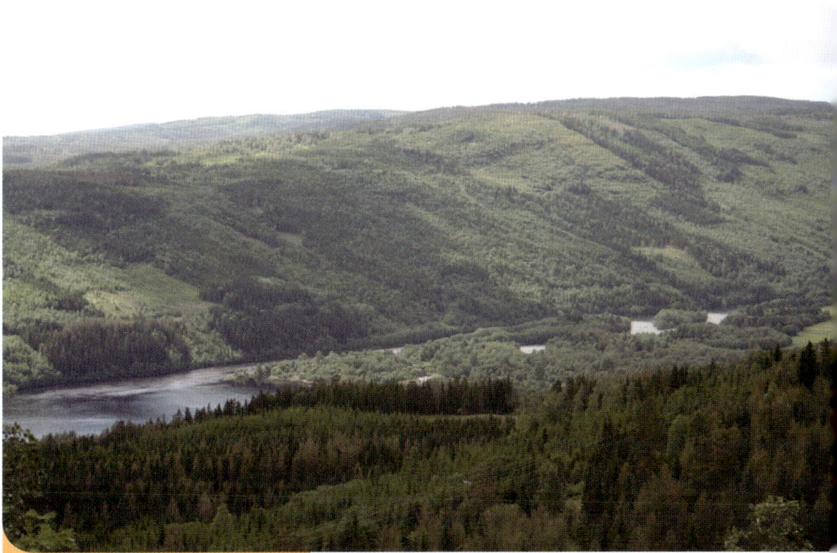

Das Tal des Klarälven-Flusses

WARUM IST DIESE WANDERUNG INTERESSANT?

Eine ganztägige anspruchsvolle Bergwanderung, für die sich die Mühe sehr lohnt! Sie steigen dreimal auf einen Berggipfel und überwinden dabei insgesamt einen Höhenunterschied von gut 350 Metern. Auf dem Weg nach oben und von den Gipfeln aus hat man eine wunderschöne Aussicht auf das Tal des Klarälven und die umliegenden Berggipfel. Sie gehen ein Stück auf dem regionalen Fernwanderweg Nordvärmlandsleden. Die unberührte Natur mit allerlei Wildblumen, einschließlich Orchideen, blüht hier im Frühjahr überschwänglich. In der Hauptsaison gibt es bei Ransbysätern ein Sommercafé. Die Berggipfel sind Teil eines großen zusammenhängenden Gebiets, das sich bis in die Nachbarprovinz Dalarna erstreckt, wo es kaum Menschen gibt. Hierdurch bietet es einen guten Lebensraum für Elche, Bären, Luchse und Wölfe. Den Elchen könnten Sie einfach so mal begegnen. Die anderen Drei werden Sie nicht zu Gesicht bekommen, da sie sehr scheu sind.

WIE KOMMT MAN DORTHIN?

Sysslebäck liegt an der Fernverkehrsstraße von Torsby nach Trysil. Sie fahren über die 62 ins Dorf. Achten Sie auf die Wegweiser, die nach links, zur Simhall/ Sporthall und Touristinformation auf der linken Seite weisen. Biegen Sie dort ab und stellen Sie Ihr Auto vor der Sporthalle ab. Der Startpunkt dieser Wanderung ist auch mit dem Bus zu erreichen.

DIE WANDERUNG

Von der Sporthalle (GPS1) aus gehen Sie zurück zur Fernverkehrsstraße und überqueren diese in gerader Richtung.

Ab hier folgen Sie der Markierung des Nord-Värmlandsleden in Richtung Branäsberget. Die Route ist hier mit orangener Farbe markiert. Am Ende des Weges gehen Sie nach links auf den Kvistbergsvägen. Nach 150 Metern schräg rechts gehen und der orangefarbenen Markierung in Richtung der Strommasten über einen schmalen Weg zwischen den Bäumen hindurch folgen. Der Weg führt hinauf und Sie kommen zu einer Abzweigung. Hier gehen Sie nach rechts über eine Asphaltstraße nach oben. Folgen Sie dieser mit einer Kurve nach rechts. Nach gut 150 Metern gehen Sie scharf nach links auf einen Grasweg, der sich nach oben windet. Auf einer Y-Gabelung bei einem Holzpfahl (GPS2) nach links gehen.

Folgen Sie der orangefarbenen Markierung nach oben. Bei der Abzweigung am Ende des Weges gehen Sie links. An einer Kreuzung mit dem Schild 'Kompisled' geradeaus gehen. Sie laufen jetzt parallel zu einem Schotterweg. Über eine Holzbrücke überqueren Sie einen Bach. Sofort danach kommen Sie zu einer Weggabelung (GPS3).

Hier gehen Sie geradeaus über einen schmalen Weg nach oben. Achtung: Ab hier folgen Sie nicht mehr dem ■ der Langlaufstrecke. Der Weg biegt nach links ab. Missachten Sie einen schmalen Weg nach rechts. Folgen Sie stets der orangefarbenen Markierung entlang der Stromkabel, durchs offene Feld und etwas weiter wieder in den Wald hinein. Über Bohlenwege durchqueren Sie sumpfiges Gelände. Über eine kleine Brücke passieren Sie ein Bächlein: Helsikebäcken. Folgen Sie dem Weg bis Sie zu einem Schotterweg bei einem kleinen Toilettengebäude (GPS4) kommen.

Hier gehen Sie nach rechts in Richtung Branäsberget. Nach 250 Metern schickt die orangefarbene Markierung Sie nach links auf einen

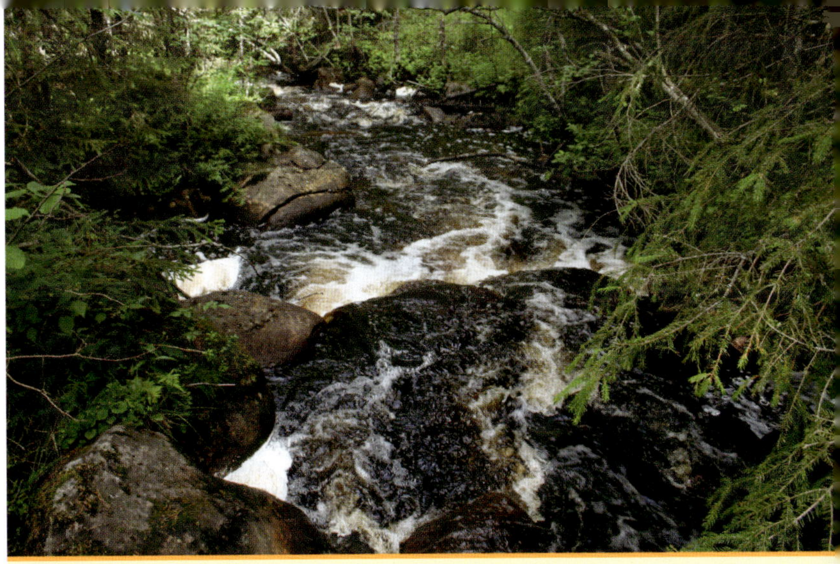

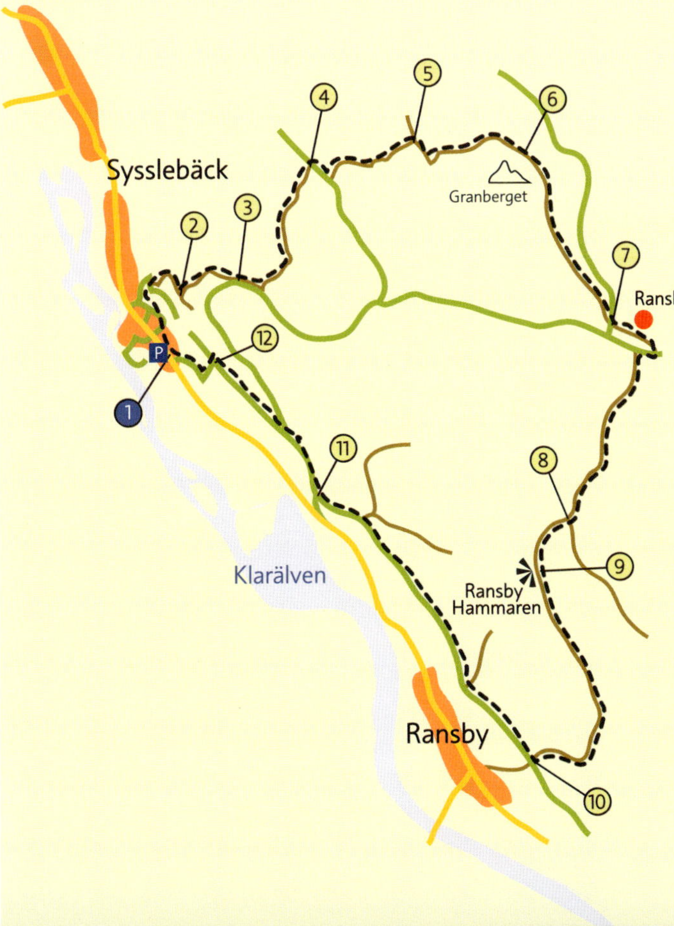
Sysslebäck
Granberget
Ransbysätern
Ransby
Hammaren
Klarälven
Ransby
P
1
2
3
4
5
6
7
8
9
10
11
12

breiten Waldweg, der nach oben führt. Danach geht es durch offeneres Gelände weiter. Folgen Sie dem Weg und gehen Sie dann wieder in den Wald. Sie wandern jetzt ab und zu über Bohlenwege durch ein sumpfiges Gebiet. Sie kommen zu einer Weggabelung zu einem Pfahl mit kleinen blauen Schildern 'Biotop-skydd', (GPS5).

Gehen Sie nach rechts und folgen Sie der orangefarbenen Markierung. Ein Stück weiter biegt der Weg nach links ab und geht kurz hinunter in ein kleines Tal. Folgen Sie dem schmalen überwucherten Weg. Durch ein Torfmoor gehen Sie geradeaus in den Wald hinein. Sie passieren einen kleinen Bach und der Weg steigt an. Folgen Sie stets der orangefarbenen Markierung – manchmal muss man sie kurz suchen – und Sie erreichen eine Höhe von etwa 500 Metern über dem Amsterdamer Pegel. Am höchsten Punkt des Berges (GPS6) ist der Wald abgeholzt.

Ein Stück weiter gehen Sie wieder in den Wald hinein. Danach laufen Sie wieder durch offeneres Gelände und sehen rechts einen kleinen See liegen. Folgen Sie der Markierung wieder in den Wald hinein. Der Weg führt abwärts und Sie kommen schließlich zu einer Schotterstraße (GPS7).

Hier gehen Sie nach rechts und 50 Meter weiter nach links über einen schmalen Weg nach oben. Über Bohlenwege überqueren Sie einen Bach und ein sumpfiges Gebiet und laufen weiter, bis Sie zu einer Schotterstraße mit Wegweisern kommen. Hier links nach Ransby Sätern gehen. Nach Ihrem Besuch des Sätern laufen Sie über die Schotterstraße zurück. Beim ersten Wegweiser für Langläufer links in Richtung Branäs laufen.
Etwas weiter sehen Sie auch wieder die orangefarbene Markierung des Wanderwegs. Über einen langen Bohlenweg kommen Sie auf offenes Gelände und eine Schotterstraße. Hier gehen Sie nach rechts auf die Schotterstraße. Sie folgen nicht länger der Markierung des Langlaufwegs. Nach 150 Metern gehen Sie nach links, einen breiten Schotterweg nach oben. In einer Rechtskurve nehmen Sie links einen schmalen Weg geradeaus in den Wald hinein. Sie gehen teilweise über Bohlenwege. Der Weg windet sich nach oben. Missachten Sie Seitenwege und folgen Sie stets der orangefarbenen Markierung. Sie erreichen einen Berggipfel. Folgen Sie dem schmalen Weg. Danach führt der Weg bergab und Sie laufen über einen Bohlenweg. Sie kommen in offeneres Gelände. Gehen Sie geradeaus und folgen Sie der orangefarbenen Markierung. Über zwei Bohlenwege laufen Sie

durch sumpfiges Gelände. Sie kommen bei einer Schutzhütte (GPS8) und einer Picknickbank an.

Folgen Sie dem geradeaus führenden Weg. Sie gehen wieder teilweise über Bohlenwege und Bretterstege. Der breite Weg wird schmaler, biegt nach links ab und verläuft neben einem breiteren Forstweg. Nach 100 Metern kreuzt der schmale diesen breiten Weg. Folgen Sie der orangefarbenen Markierung entlang des aufwärts führenden Weges, der zu einem Aussichtspunkt (GPS9): Ransby Hammaren (468 Meter über dem Amsterdamer Pegel) führt.

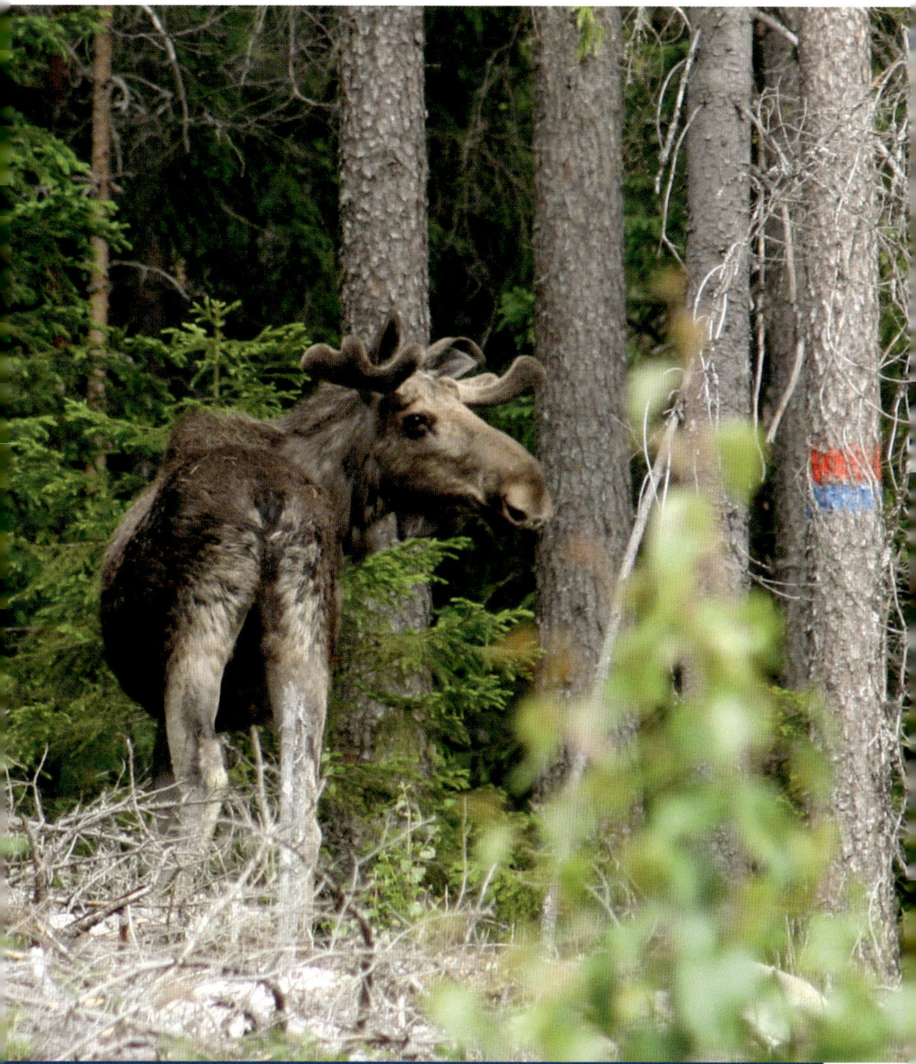

Unten sehen Sie den Fluss Klarälven. Folgen Sie dem Weg über den Hügelrücken. Ein Stück weiter führt der Weg kurz abwärts, wonach er wieder ansteigt und sich weiterwindet. Schließlich beginnt der Weg weiter abwärts zu führen und Sie laufen quer durch Jungwald nach unten. Unter Stromleitungen hindurch gehen Sie in den Wald hinein. Der Weg führt weiter bergab und ist manchmal ziemlich steil. Folgen Sie stets der orangefarbenen Markierung bis Sie zu einem Schotterweg kommen (GPS10).

Hier nach rechts gehen. Diesem Schotterweg folgen Sie etwa 3,5 km lang. Missachten Sie Seitenwege und gehen Sie bis zur T-Gabelung (GPS11) am Wegesende.

Hier gehen Sie nach rechts in Richtung Ransbysätern. An einer Y-Gabelung halten Sie sich links auf einem absteigenden Weg. Auf Höhe eines Holzhauses an Ihrer rechten Seite gehen Sie nach links vor einer Scheune (GPS12) entlang.

Dieser Schotterweg wird schon bald zu einer Asphaltstraße. Dieser schmale Weg windet sich nach unten und führt schließlich zur Fernverkehrsstraße nach Sysslebäck. Gehen Sie hier nach rechts und nehmen Sie den ersten Weg links: Badhusvägen. Wenn Sie diesen 100 Meter gehen, sind Sie wieder bei Ihrem Auto, das bei Sie der Sporthalle (GPS1) abgestellt haben.

GPS KOÖRDINATEN SYSSLEBÄCK: DIE BERGE ENTLANG DES FLUSSES KLARÄLVEN

1. Sporthalle	N 60 42.636 E 12 53.114
2. Y-Gabelung mit Pfahl	N 60 42.929 E 12 53.395
3. Weggabelung	N 60 42.932 E 12 54.309
4. Schotterweg + Toilettengebäude	N 60 43.581 E 12 54.771
5. Schilder 'Biotop-skydd'	N 60 43.734 E 12 55.874
6. Höchster Punkt	N 60 43.567 E 12 57.191
7. Schotterstraße	N 60 42.891 E 12 58.043
8. Schutzhütte	N 60 41.862 E 12 57.704
9. Ransby Hammaren	N 60 41.485 E 12 57.490
10. Schotterweg	N 60 40.596 E 12 57.470
11. T-Gabelung	N 60 41.911 E 12 54.988
12. Scheune	N 60 42.531 E 12 53.850

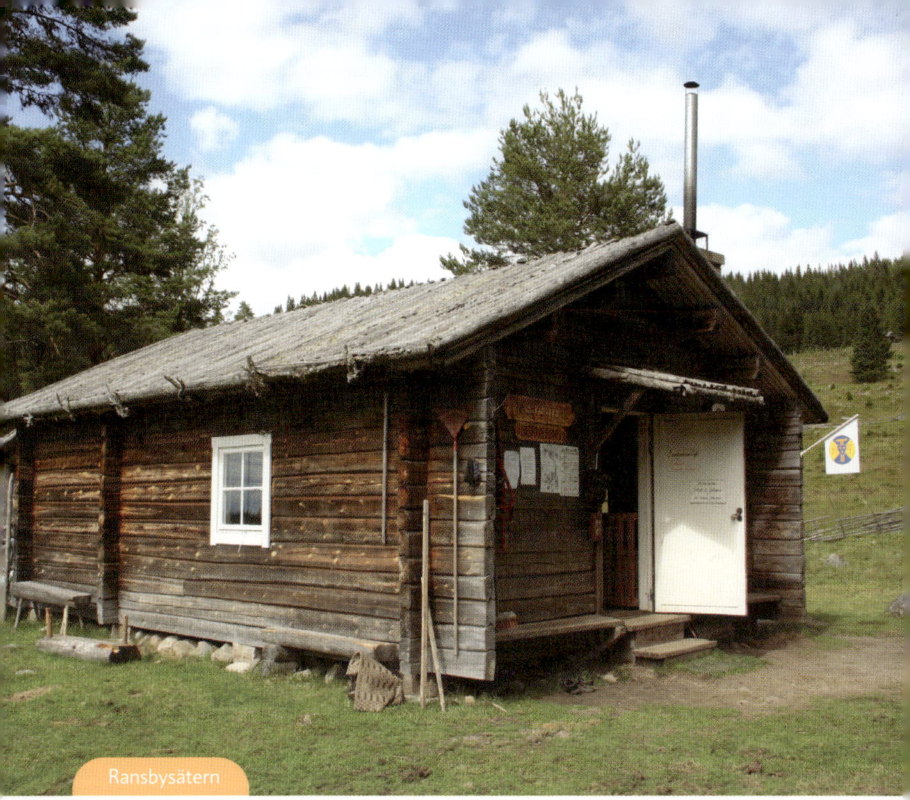

Ransbysätern

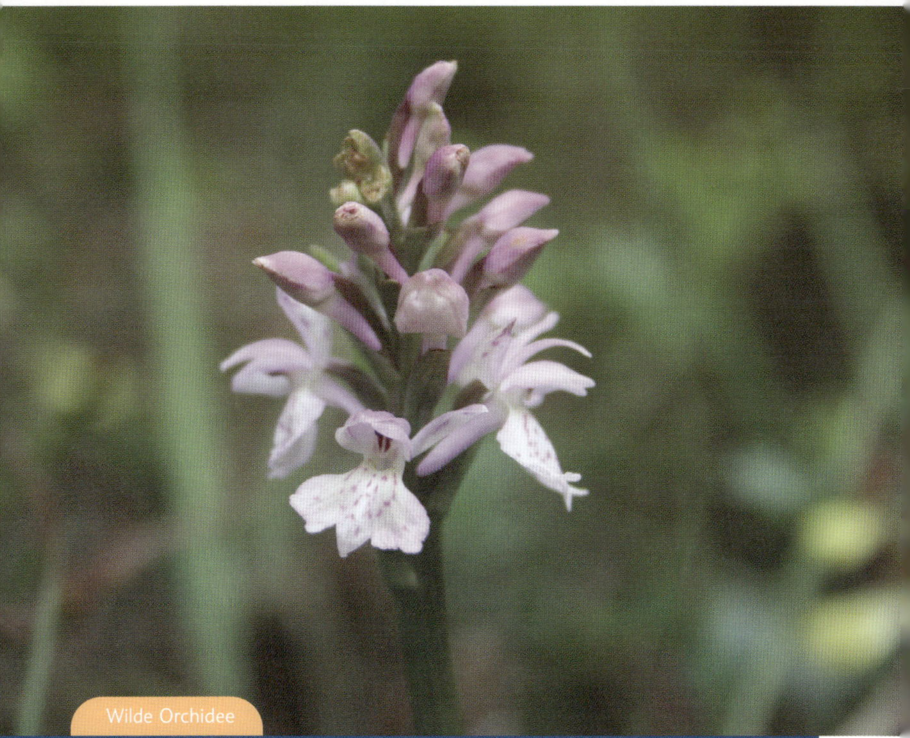

Wilde Orchidee

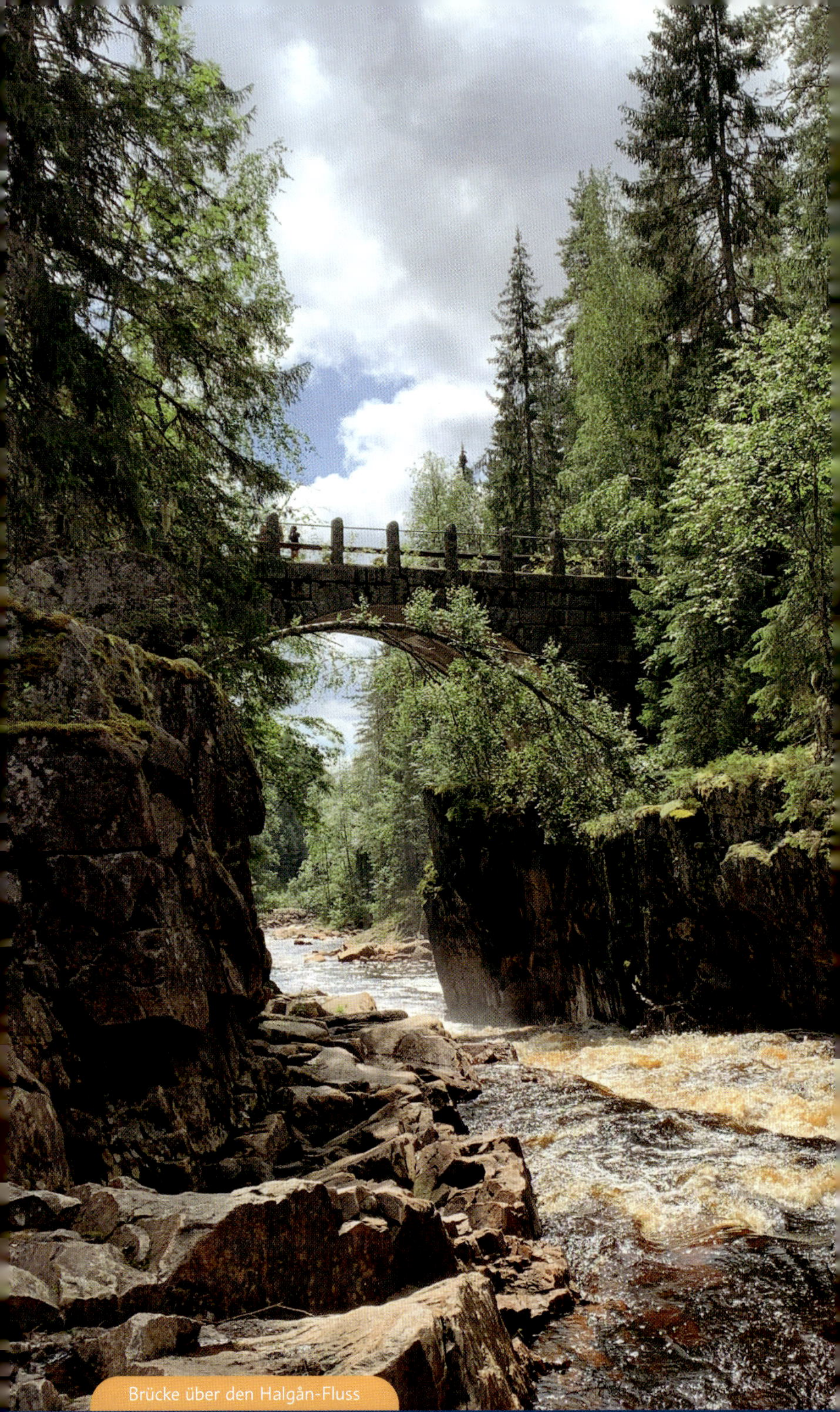

Brücke über den Halgån-Fluss

14	STRECKE:	6,8 KM
	DAUER:	ETWA 2,5 STUNDEN
	SCHWIERIGKEITSGRAD:	2 (UNTERGRUND)
	NIEDRIGSTER PUNKT:	102 M, HÖCHSTER PUNKT: 178 M
	GESAMTANSTIEG:	206 M

EKSHÄRAD

Drei Flüsse

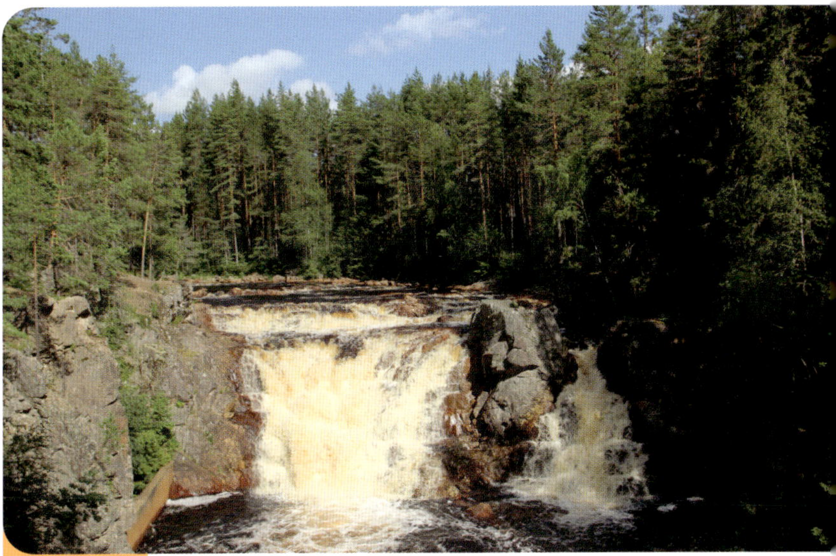

Brattfallet

WARUM IST DIESE WANDERUNG INTERESSANT?

Der Wasserfall Brattfallet ist zwar "nur" 10 Meter hoch, aber sehr breit und er rast überraschend schnell durch die darunter liegende schmale Schlucht. Er ist einen Besuch und eine Wanderung wert und liegt in einer der schönsten Gegenden der Provinz. Während dieser kurzen aber anspruchsvollen Wanderung gehen Sie von der alten Brücke über den Fluss Halgån zum schmalen, sich schlängelnden Fluss Vangån, der durch ein schmales, üppig begrüntes Tal fließt. Beide Flüsse münden in den Klarälven, dem großen Fluss, der von Norden nach Süden durch Värmland fließt. Während der Wanderung hat man an zwei Stellen Aussicht auf diesen breiten Fluss. Die Wanderung enthält einige anspruchsvolle Aufstiege und steile Treppen. Deshalb haben wir sie, was den Schwierigkeitsgrad betrifft, in Kategorie 2 eingestuft. Vergessen Sie am Ende nicht, vom Parkplatz aus auch noch kurz ein paar hundert Meter stromaufwärts am Fluss Halgån entlang zu laufen. Markierte Wege bringen Sie zur Oberkante des Wasserfalls, wo Sie die imposanten herabstürzenden Wassermassen genießen können.

WIE KOMMT MAN DORTHIN?

Ekshärad liegt an der Kreuzung der Wege 62 und 239, entlang des Flusses Klarälven. Nehmen Sie ab der 62 bei der Kirche die Ausfahrt nach Byn. Über die Brücke überqueren Sie den Fluss und erreichen nach 2 km in Byn die Abzweigung. Hier biegen Sie links ab (Sie sehen ein braunes Hinweisschild, das nach Brattfallet weist). Folgen sie dem Weg 14 km lang und überqueren Sie dann über eine Brücke den Fluss Halgån. 150 Meter danach biegen Sie rechts zum Parkplatz ab.

DIE WANDERUNG

Gehen Sie erst zur alten Brücke (GPS1) über den Fluss rechts vom Parkplatz, um das vorbeirasende Wasser des Halgån zu genießen.

Laufen Sie danach zurück in Richtung Parkplatz und gehen Sie nach 40 Metern nach links. Sie gehen neben einem Gedenkstein auf einen schmalen Weg. Sie steigen hinunter zur Asphaltstraße und überqueren diese schräg nach rechts. Gehen Sie danach auf den schmalen Weg beim Wegweiser Halgåleden. Nach 150 Metern biegt der Weg rechts ab und steigt an. Danach führt der Weg abwärts und Sie kommen nach gut 400 Metern zu einer Kreuzung mit einem breiten Weg und einem Wegweiser (GPS2).

Hier gehen Sie nach rechts: Halgåleden. Folgen Sie dem breiten Weg 250 Meter weit. Dieser biegt dann nach rechts ab und direkt nach der Kurve gehen Sie nach links auf einen schmalen Weg mit orangefarbener Markierung. Nach 200 Metern kommen Sie zu einer Kreuzung mit einem Schotterweg (GPS3).

Überqueren Sie diesen schräg und folgen Sie dem Schotterweg geradeaus: Halgåleden. Nach 80 Metern schickt die orangefarbene Markierung Sie nach links auf einen schmalen Waldweg. Der Weg führt bergab, Sie gehen über Bohlenwege. Kurz danach kommt eine Treppe, die Sie nach oben laufen. Folgen Sie danach dem Weg nach links und gehen Sie weiter stromaufwärts am Ufer des schmalen Flusses Vangån entlang. Der Weg führt kurzzeitig hinunter zum Wasser. (Wenn das Wasser zu hoch steht, wird eine alternative Route angegeben, die weiter oben am Hang verläuft. Folgen Sie der orangefarbenen Markierung stets, bis Sie zu einer Holztreppe (GPS4) kommen.

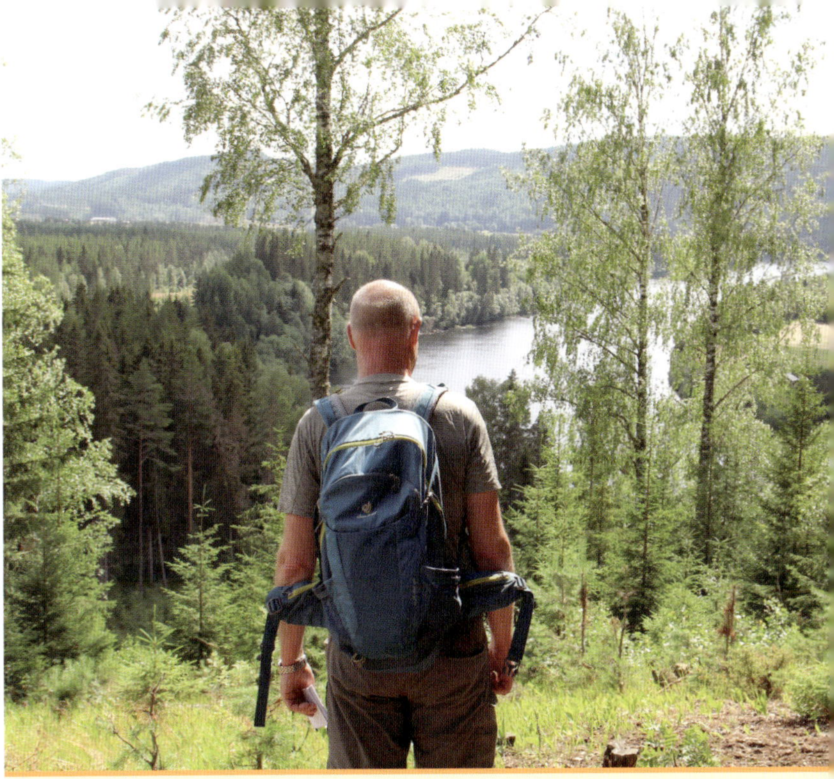

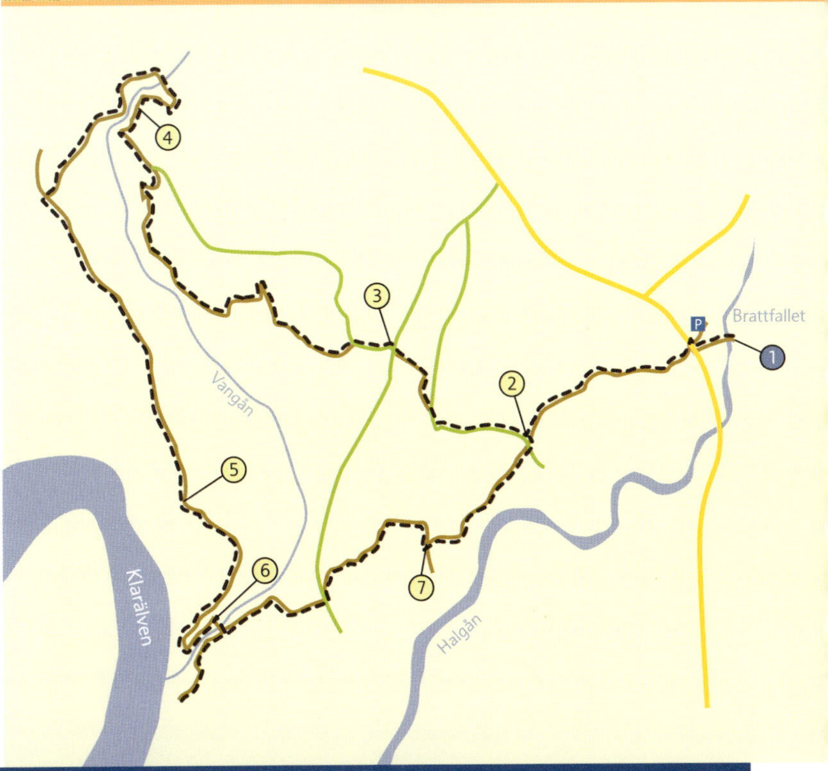
4
3
Brattfallet
P
1
2
Vangån
5
Klarälven
6
7
Halgån

Gehen Sie die Treppe hinunter und folgen Sie dem Weg durch die Wiese. Der Fluss liegt an Ihrer linken Seite und Sie überqueren diesen ein Stück weiter über eine Holzbrücke. Folgen Sie auf der gegenüber liegenden Seite dem Weg nach links. Über einen Bohlenweg kommen Sie zu einer Treppe, die Sie hochsteigen. Sie laufen an einer Schutzhütte vorbei und unter Fernleitungen durch. Folgen Sie danach dem Weg entlang der Markierung geradeaus durch den Wald, bis Sie zu einer Abzweigung mit einem Schotterweg kommen. Hier gehen Sie nach links: Halgåleden. Folgen Sie dem breiten Weg nach oben und halten Sie sich nach 700 Metern bei einer Y-Gabelung rechts. Nach 70 Metern kommen Sie zu einem Aussichtspunkt über den Klarälven und einer Schutzhütte (GPS5).

Folgen Sie der orangefarbenen Markierung, die Sie nach links unten schickt. Folgen Sie diesem Weg weiterhin, der erst allmählich und dann steil nach unten geht. Sie kommen zum Flussufer. Hier biegt der Weg nach links ab und etwas weiter überqueren Sie über eine Holzbrücke (GPS6) den Fluss.

Nach 30 Metern kommen Sie zu einem Wegweiser. Hier gehen Sie nach rechts und laufen 250 Meter zum Aussichtspunkt beim Klarälven. Gehen Sie 250 Meter zurück und jetzt beim Wegweiser geradeaus. Folgen Sie dem orange markierten schmalen Weg am Fluss entlang. (Auch hier gibt es, sollte das Wasser zu hoch stehen, eine alternative Route.) Nach 150 Metern führt Sie eine Holztreppe aus dem Tal. Folgen Sie oben dem Weg geradeaus. Der Weg führt aufwärts und Sie kommen zu einem Schotterweg. Hier gehen Sie nach links und nach 10 Metern rechts: Halgåleden. Sie kommen zu einer kleinen Bank und einer Infotafel über Halgåbruk (GPS7).

GPS KOÖRDINATEN EKSHÄRAD: DREI FLÜSSE

1. Alte Brücke über Halgån	N 60 17.463 E 13 28.019
2. Kreuzung mit breitem Weg	N 60 17.337 E 13 27.468
3. Kreuzung Schotterweg	N 60 17.452 E 13 27.123
4. Holztreppe	N 60 17.760 E 13 26.460
5. Schutzhütte beim Aussichtspunkt	N 60 17.264 E 13 26.587
6. Holzbrücke über den Fluss	N 60 17.115 E 13 26.660
7. Bank und Infotafel Halgåbruk	N 60 17.215 E 13 27.215

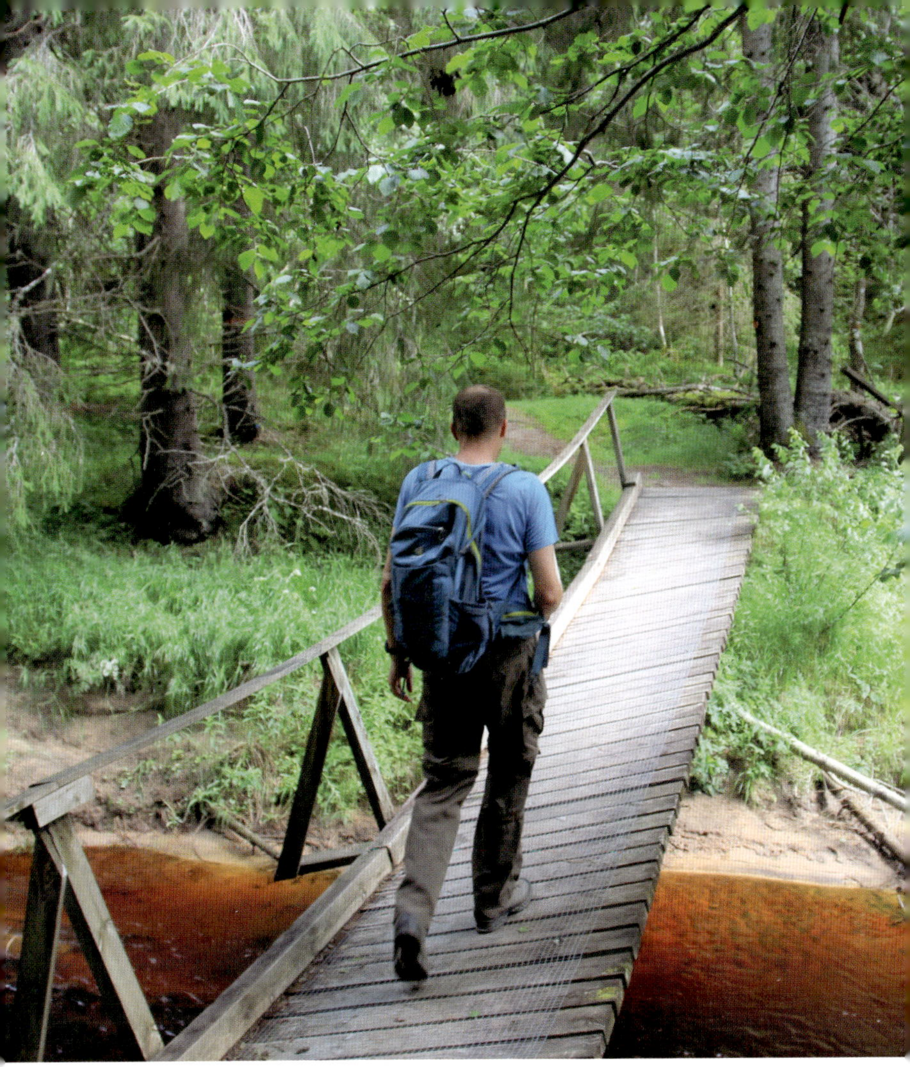

Hier gehen Sie nach links und folgen dem markierten Weg nach oben. Folgen Sie dem markierten Weg, bis Sie zu einer Kreuzung mit einem breiteren Weg (GPS2) kommen.

Hier gehen Sie geradeaus in Richtung Brattfallet. Folgen Sie der orangefarbenen Markierung entlang des ab- und aufsteigenden Weges bis Sie auf die Asphaltstraße zurückgekehrt sind. Diese überqueren Sie in gerader Richtung und sind zum Parkplatz bei Brattfallet zurück gekehrt.

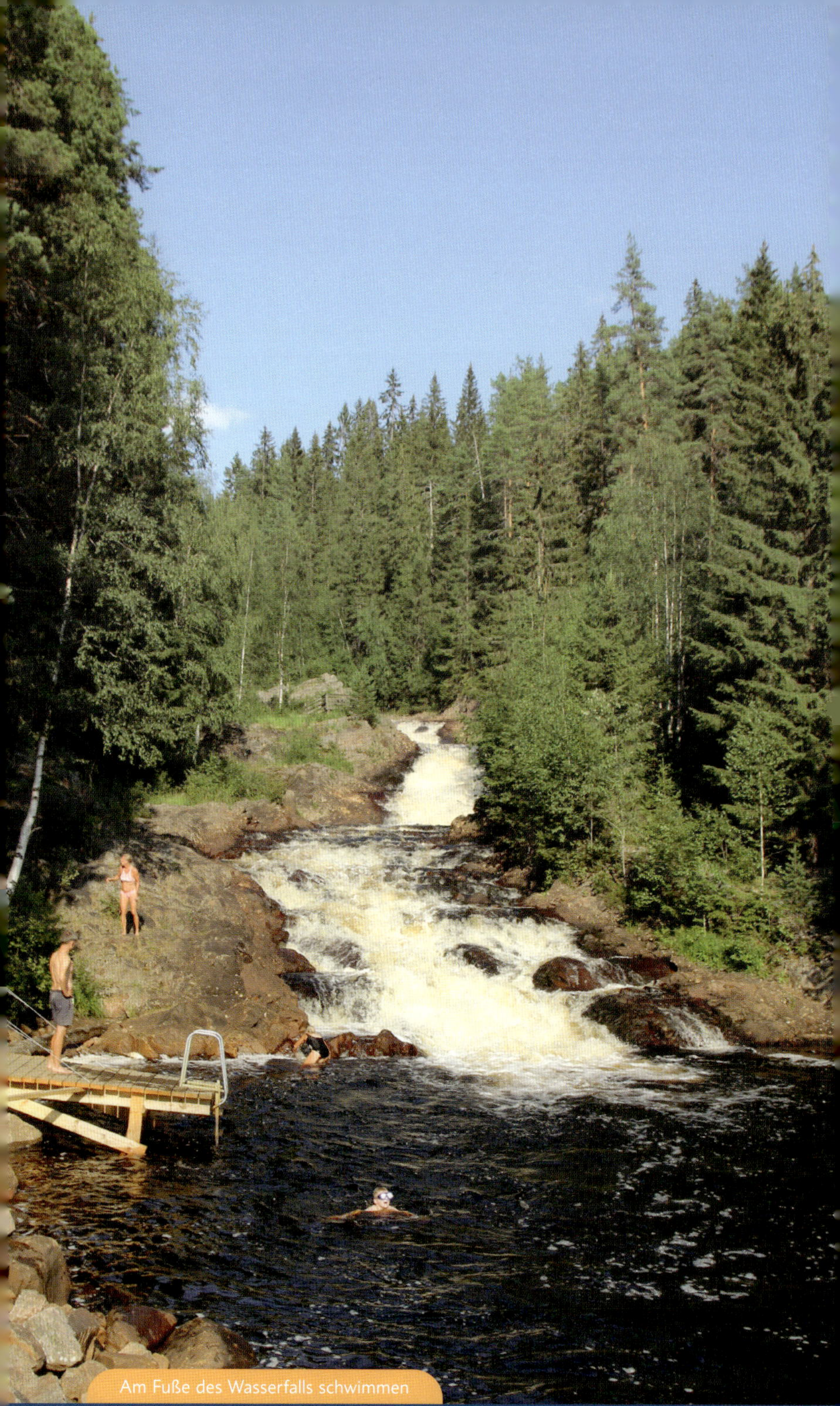

Am Fuße des Wasserfalls schwimmen

15		
	STRECKE:	7,9 KM
	DAUER:	ETWA 3,5 STUNDEN
	SCHWIERIGKEITSGRAD:	2 (AUFSTIEG/UNTERGRUND)
	NIEDRIGSTER PUNKT:	144 M, HÖCHSTER PUNKT: 277 M
	GESAMTANSTIEG:	238 M

AMBJÖRBY

Vom Wasserfall aus flussaufwärts am Fämtån

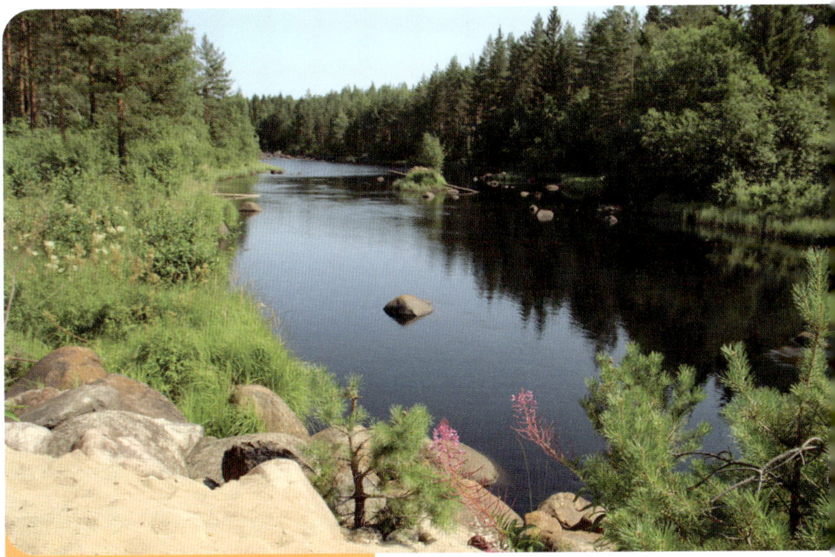

Stromaufwärts ist der Fämtån ruhiger

WARUM IST DIESE WANDERUNG INTERESSANT?

Das Wasser des Flusses Fämtån fließt von den Bergen des westlichen Dalarna herunter. Nördlich des Dörfchens Ambjörby hat der Fluss eine tiefe Schlucht ausgeschnitten. Dort, nach der Schlucht, rauscht das Wasser in Form eines gewaltigen Wasserfalls weitere 44 Meter nach unten, bevor es in den breiten See Klarälven strömt. Diese Wanderung führt an beiden Seiten des Flusses entlang. Erst stromaufwärts, teilweise hoch über der Schlucht und nach etwa 4 km zu einer hölzernen Hängebrücke absteigend, wo man auch prima schwimmen und sich erfrischen kann. Danach geht man am Fluss entlang zurück und überquert diesen kurz vor dem Wasserfall erneut. Je weiter man stromaufwärts läuft, desto schroffer wird der mit Felsbrocken und Baumwurzeln bedeckte Weg. Die vielen Auf- und Abstiege erschweren das Wandern. Darum haben wir diese in Kategorie 2 eingeteilt. Ansonsten ist es eine Fünfsterne-Wanderung, die zeigt, dass Värmland neben all seinen schönen Seen, Bächen und Flüssen auch über richtige 'Wasserkraft' verfügt.

WIE KOMMT MAN DORTHIN?

Ambjörby liegt im Norden Värmlands an der Straße 62. Nehmen Sie 3,5 km nördlich von Ambjörby die Ausfahrt Fämtfallet. An der Abzweigung direkt danach rechts abbiegen und nach 200 Metern beim Schild Fämtfallet links abbiegen. Stellen Sie Ihr Auto auf dem großen Parkplatz ab.

DIE WANDERUNG

Laufen Sie vom Parkplatz aus zur Infotafel (GPS1) am Fuße des Wasserfalls.

Links vom Wasserfall führt ein schmaler Weg den Hang hinauf: Fämtleden. Die Wanderung ist mit orangener Farbe an den Bäumen markiert. Nach 60 Metern halten Sie sich bei einer Abzweigung rechts und bei der Y-Gabelung direkt danach links. (Hier kann man kurz nach rechts zu einer Aussichtsplattform bei dem Wasserfall gehen.) Folgen Sie dem Weg nach oben. Nach 70 Metern schickt Sie die orangefarbene Markierung bei einer Y-Gabelung nach rechts. Nach 100 Metern gehen Sie bei einem Schild 'Såg' (hier stand das Sägewerk) nach links. Sie kommen zu einer Schotterstraße (GPS2).

Hier gehen Sie nach rechts. Missachten Sie nach 100 Metern eine Brücke nach rechts und gehen Sie 40 Meter weiter bei der orangefarbenen Markierung nach rechts auf einen schmalen Weg. Hier überqueren Sie nach 200 Metern offenes Gelände und gehen unter Hochspannungs-leitungen hindurch. Gehen Sie geradeaus und folgen Sie der orangefarbenen Markierung wieder in den Wald hinein. Der Weg führt aufwärts, Sie gehen jetzt höher über dem Fluss. Nach 1 km kommen Sie zu einer Weggabelung schmaler Pfade. (GPS3).

Der orangefarbenen Markierung nach links und dem Weg weiter nach oben folgen. Sie laufen jetzt hoch über dem Fluss am Hang entlang. Weiter oben kommt man in offeneres Gelände. Der Weg führt dann mit einem leichten Gefälle bergab und nach 1,3 km beginnt ein steilerer Abstieg. Folgen Sie nach 50 Metern bei einer Abzweigung der orangefarbenen Markierung nach links. Der Weg führt wieder leicht abfallend durch den Wald und erst nach etwa 1 km sind Sie auf Flussniveau hinabgestiegen. Dort überqueren Sie über Bohlenwege ein sumpfiges Gebiet. Nach nochmals 150 Metern kommen Sie zu einer hölzernen Hängebrücke (GPS4).

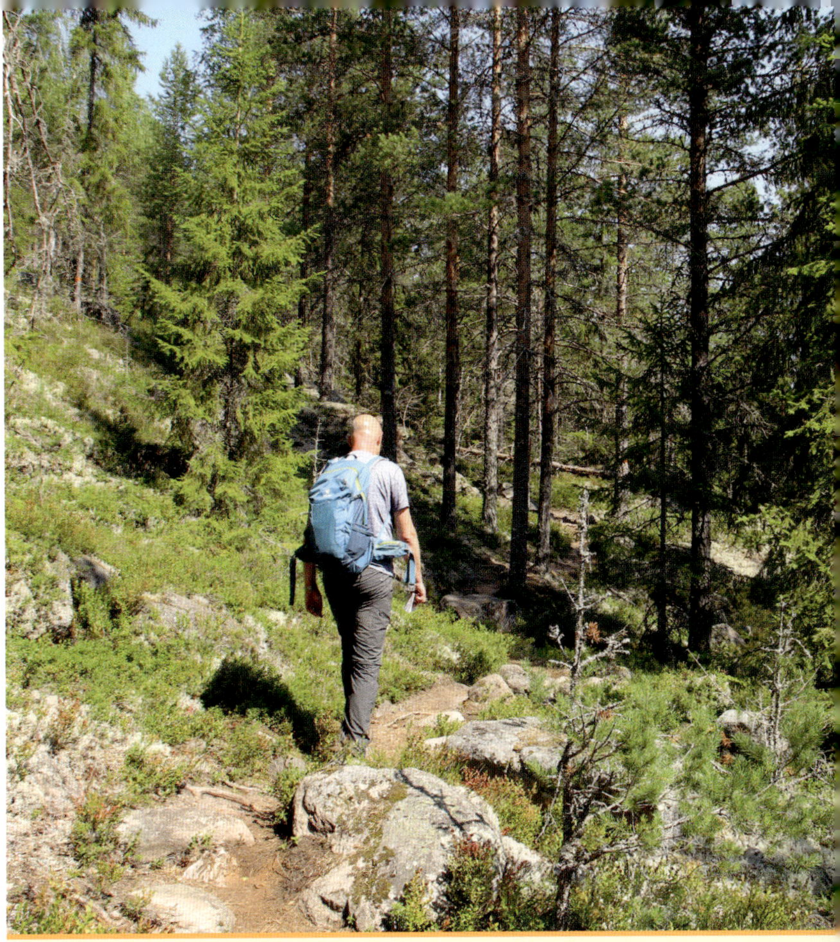

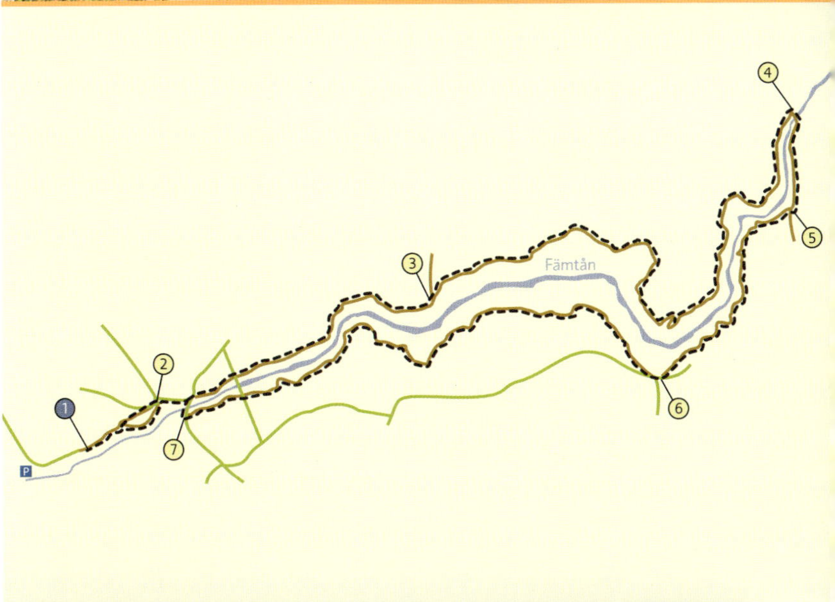
Fämtån
1
2
3
4
5
6
7
P

Überqueren Sie den Fluss und gehen Sie auf der anderen Seite rechts. Missachten Sie direkt einen Weg mit orangefarbener Markierung nach links oben. Folgen Sie dem Weg am Fluss entlang, der ebenfalls orangefarben markiert ist. Etwas weiter wird der Weg aufwärts führen und nach 200 Metern kommen Sie zu einer Abzweigung mit einem Wegweiser (GPS5).

Gehen Sie nach rechts und folgen Sie dem hinunter führenden Weg. Danach geht es wieder bergauf bis hoch über den Fluss. Nach etwa 1 km überqueren Sie über Bohlenwege ein sumpfiges Gebiet. Kurz danach kommen Sie nach einem kurzen Anstieg zu einer Schotterstraße (GPS6).

Hier rechts gehen und nach 50 Metern schickt die orangefarbene Markierung Sie schräg rechts auf einen breiten Waldweg. Folgen Sie diesem Weg und der Markierung stets. Danach wird der Weg wieder schmaler. Nach etwa 1,5 km führt der Weg bergab und ist dann auf Flussniveau. Nach nochmals 600 Metern überqueren Sie wieder offenes Gelände und gehen unter Hochspannungsleitungen hindurch. Folgen Sie der orangefarbenen Markierung wieder in den Wald hinein. Nach 200 Metern kommen Sie zu einer Schotterstraße (GPS7) zu einer kleinen Scheune.

Hier gehen Sie nach rechts und überqueren über eine Brücke den Fluss. Bei der Abzweigung nach der Brücke nach links gehen und nach 50 Metern folgen Sie der orangefarbenen Markierung nach links auf einen abwärts führenden Weg. Folgen Sie jetzt der orangefarbenen Markierung zurück zum Fuße des Wasserfalls. Nach 250 Metern wählen Sie bei einer Abzweigung den linken schmalen Weg. Sie erreichen die Infotafel (GPS1) und den Parkplatz.

GPS KOÖRDINATEN AMBJÖRBY: VOM WASSERFALL AUS FLUSSAUFWÄRTS AM FÄMTÅN

1. Parkplatz	N 60 31.620 E 13 08.271
2. Schotterstraße	N 60 31.701 E 13 08.539
3. Weggabelung schmaler Pfade	N 60 31.883 E 13 09.638
4. Hängebrücke	N 60 32.242 E 13 11.055
5. Abzweigung mit Wegweiser	N 60 32.061 E 13 11.057
6. Schotterstraße	N 60 31.740 E 13 10.537
7. Schotterstraße	N 60 31.679 E 13 08.663

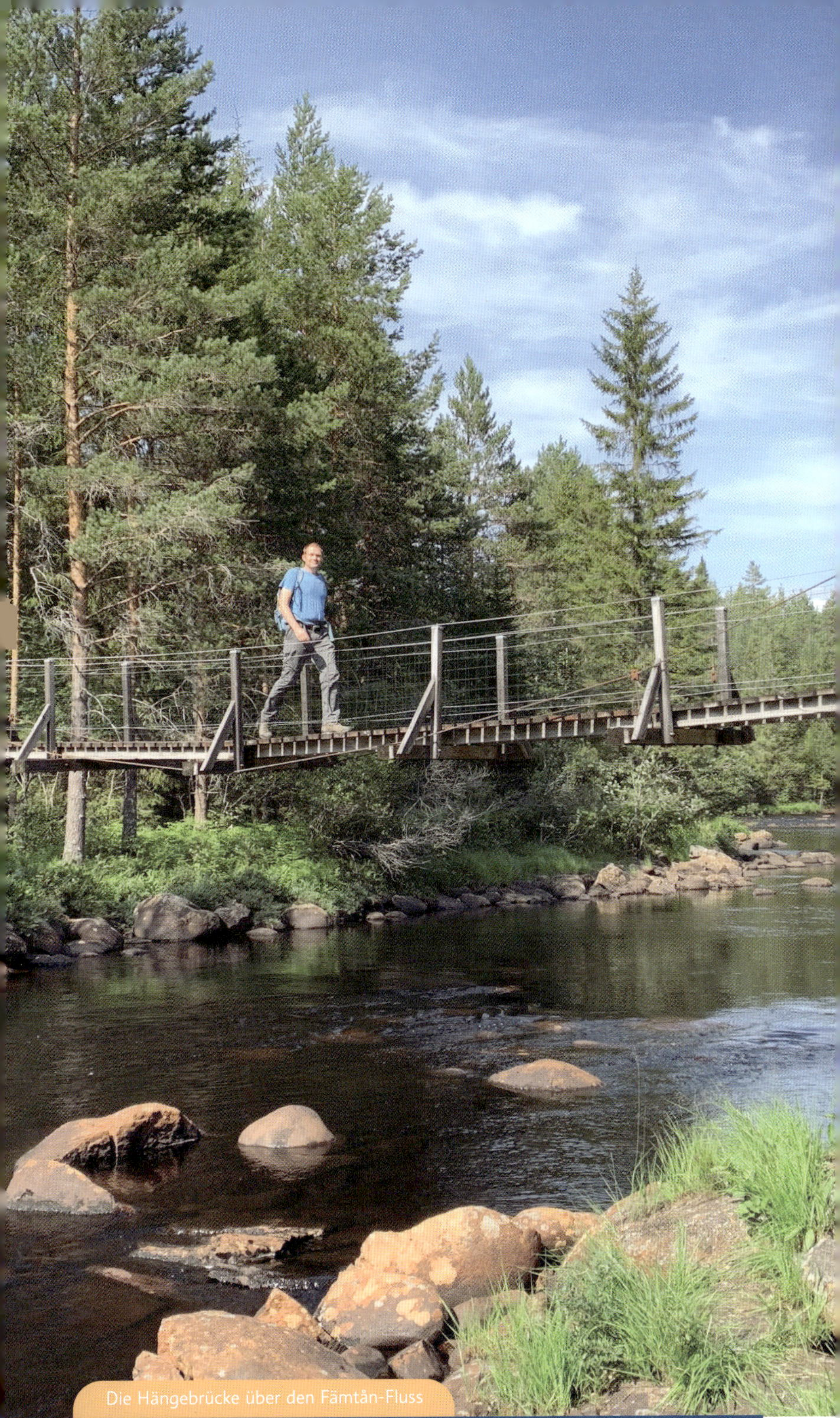

Die Hängebrücke über den Fämtån-Fluss

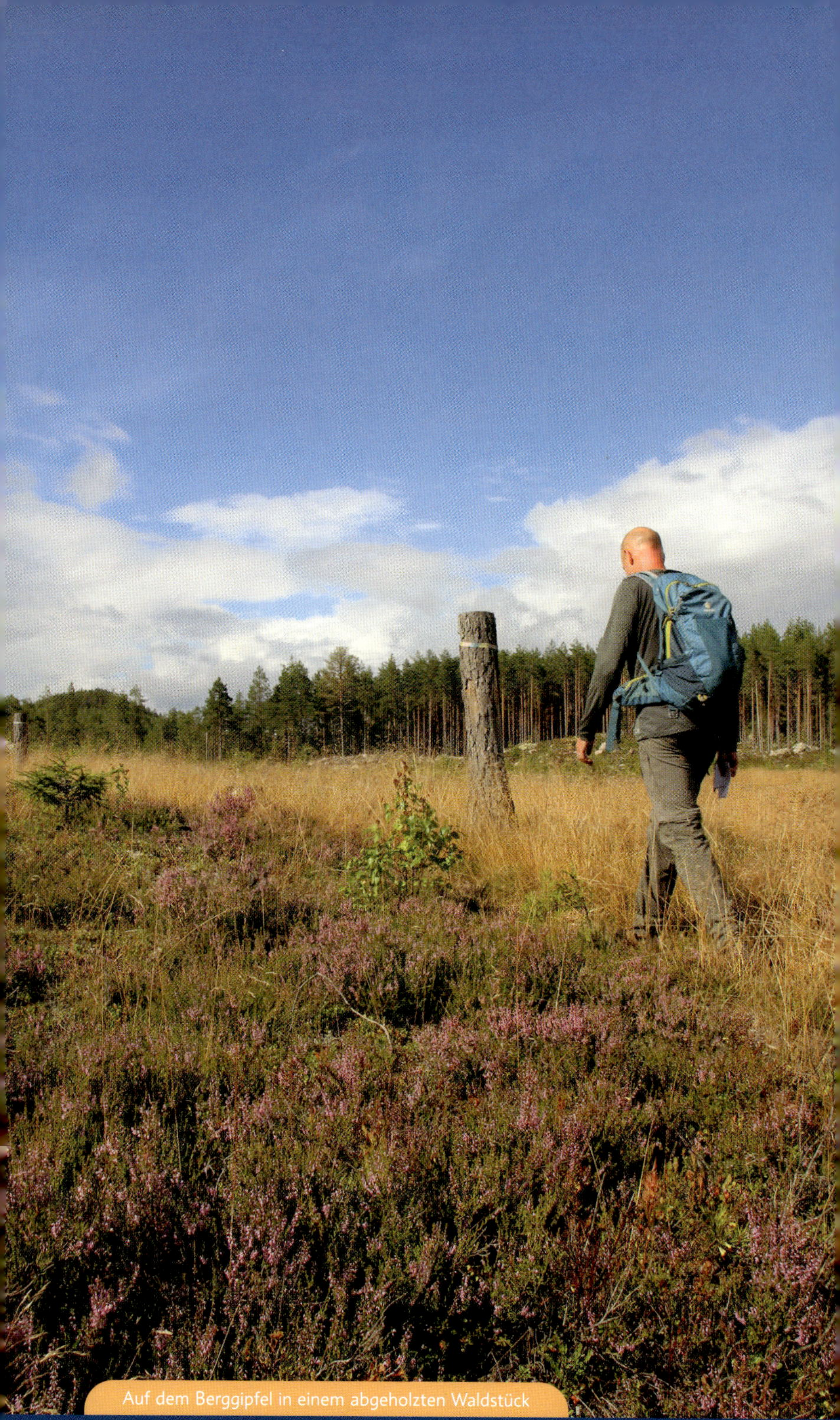

Auf dem Berggipfel in einem abgeholzten Waldstück

16	STRECKE:	11,2 KM
	DAUER:	ETWA 3,5 STUNDEN
	SCHWIERIGKEITSGRAD:	2 (AUFSTIEG/ABSTIEG)
	NIEDRIGSTER PUNKT:	153 M, HÖCHSTER PUNKT: 281 M
	GESAMTANSTIEG:	333 M

EKSHÄRAD

Drei Gipfel

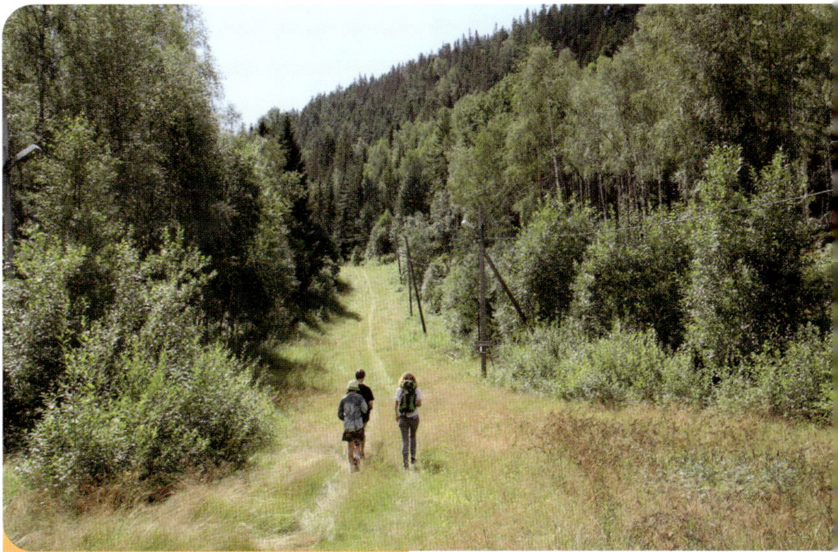

Ein kleines Stück über die Langlaufstrecke

WARUM IST DIESE WANDERUNG INTERESSANT?

Ekshärad ist ein lebendiges kleines Dorf nördlich von Hagfors. Diese Lebendigkeit ist weitgehend auf die Tatsache zurückzuführen, dass es hier im Winter mit ziemlich hoher Wahrscheinlichkeit Schnee gibt, wodurch auf den Hängen des Ekesberg Ski gefahren werden kann. Nach der Wintersaison kann man hier wandern. Darum sind einige Wanderungen ausgewiesen, von denen wir hier die längste beschreiben. Diese Route bringt Sie zum Gipfel des Berges und zu zwei anderen Berggipfeln. Unterwegs hat man, insbesondere an den Stellen, wo der Wald abgeholzt wurde, regelmäßig eine schöne Aussicht auf den Fluss Klarälven und den See Mossbergsjön. Die Wege sind gut gewartet und die Route ist deutlich markiert. Genießen Sie die Ruhe und den Frieden unweit der bewohnten Welt. Das machen die Rehe, die wir hier sahen, auch!

WIE KOMMT MAN DORTHIN?

Ekshärad liegt etwa 25 km nördlich von Hagfors an der 62. Aus der Richtung von Hagfors kommend, biegen Sie an der Kreuzung mitten im Dorf (beim Supermarkt ICA) links ab und nehmen die Straße 239 in Richtung Torsby. Nach ungefähr 1 km biegen Sie bei einem Schild, das Sie auf Sportanlagen (Skilift) hinweist, links ab. Sie kommen auf ein Schottergelände und stellen Ihr Auto links am Straßenrand, nahe am kleinen Gebäude des Skilifts (GPS1), ab.

DIE WANDERUNG

Nehmen Sie den Schotterweg, der vor dem Häuschen des Skilifts (GPS1) nach links führt. Achten Sie auf das Schild 'Vandringsled'.

Sie folgen der blauen Markierung 'Tre Toppar'. Nach 400 Metern, in Höhe zweier Scheunen, gehen Sie rechts vom Weg auf einen Feldweg. Folgen Sie der blau-weißen Markierung und gehen Sie geradeaus an einem Wasserbecken vorbei. Missachten Sie danach den Weg nach rechts. An einer abfallenden Kreuzung gehen Sie geradeaus unter den Stromkabeln durch. Laufen Sie am Schießplatz vorbei und gehen Sie geradeaus auf den breiten Weg, der auf den Hang hinauf führt. Nach etwa 300 Metern kommen Sie zu einer Gabelung von breiten Wegen (GPS2).

Hier links gehen. Der Weg führt abwärts und nach 100 Metern bei einer Abzweigung links halten. Folgen Sie dem hinunter führenden Weg und gehen Sie danach wieder unter Stromkabeln durch. Nach 350 Metern kommen Sie bei Häusern zu einem kleinen Feld. Bleiben Sie auf der rechten Seite des Feldes und folgen Sie nach etwa 100 Metern am Ende des Feldes der blau-weißen Markierung nach links. Etwa 100 Meter weiter schickt die Markierung Sie nach rechts auf einen schmalen Waldweg (GPS3).

Über einen Steg überqueren Sie einen Bach. Folgen Sie dem Weg geradeaus bis Sie nach circa 650 Metern kurz vor einer Picknickbank zu einer Abzweigung (GPS4) kommen.

Hier gehen Sie nach links und folgen der blauen Markierung (die weiße Markierung führt hier geradeaus). Der Weg führt aufwärts und nach etwa 650 Metern zum Gipfel des Norsberg. Nach 50 Metern kommen Sie zu einer Schutzhütte (GPS5).

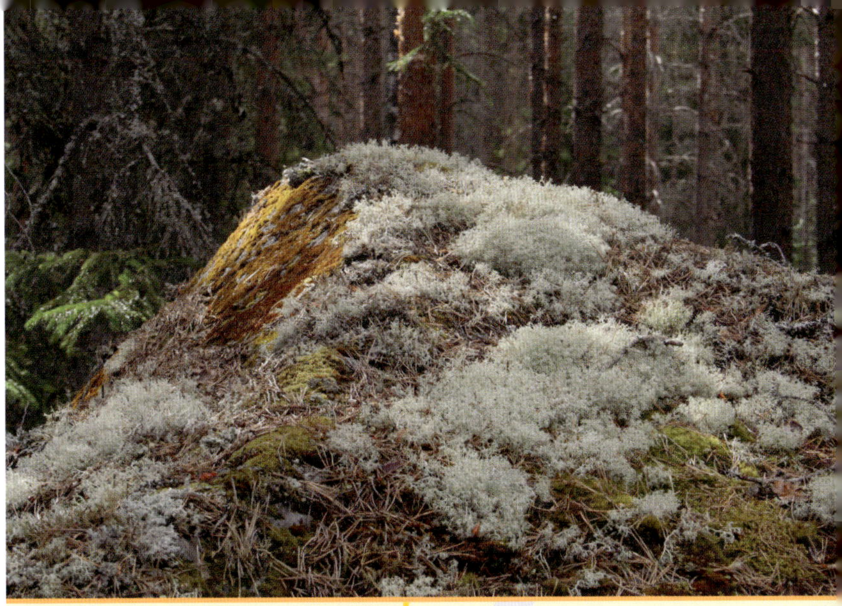

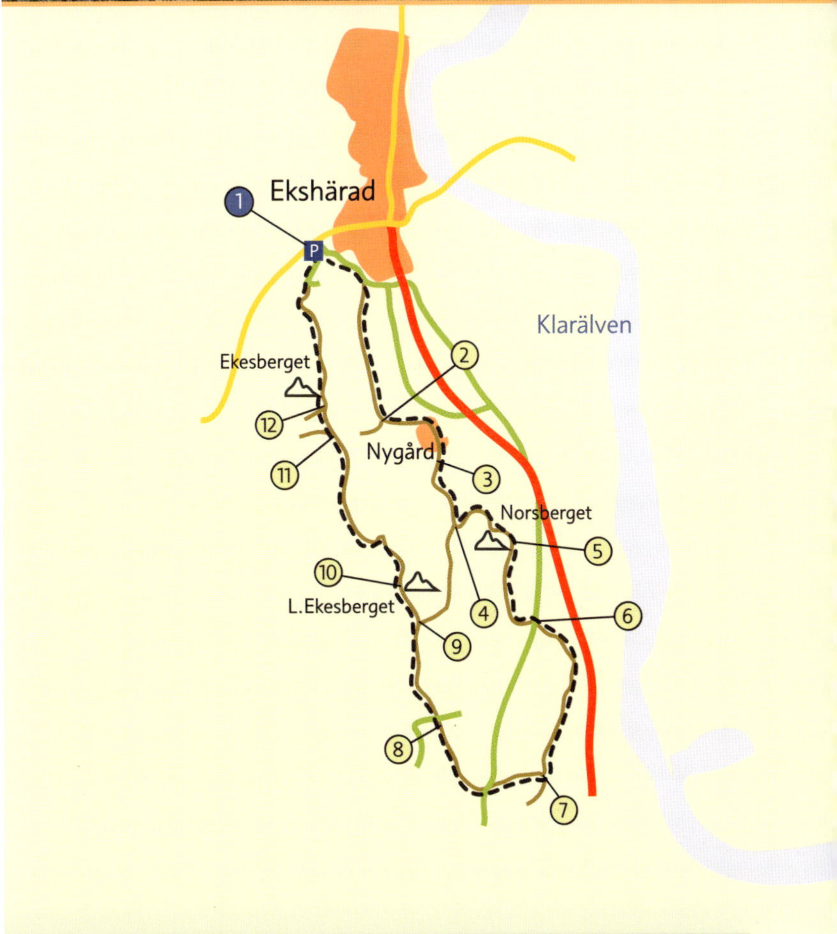

Ekshärad
1
Klarälven
Ekesberget
2
12
Nygård
11
3
Norsberget
5
10
L.Ekesberget
4
6
9
8
7

Folgen Sie diesem Weg insgesamt 800 Meter. Dieser führt kurz bergab und folgt dann dem Bergrücken. Links in der Tiefe sehen Sie ab und zu den Fluss Klarälven. Ein Stück weiter führt der Weg abwärts zu einer Schotterstraße (GPS6).

Überqueren Sie diese schräg rechts und gehen Sie beim Schild 'Motionsspår' auf den Waldweg. Nach 400 Metern kreuzen Sie einen schmalen Schotterweg. Folgen Sie dem breiten Weg geradeaus. Sie folgen diesem Weg insgesamt etwa 800 Meter. Missachten Sie alle Seitenpfade und –wege. Etwas weiter führt der Weg aufwärts und verläuft über einen niedrigen Hügelrücken. Etwas weiter sehen Sie wieder die blaue Markierung an den Bäumen. Sie kommen zu einer Y-Gabelung schmaler Wege (GPS7).

Folgen Sie hier dem rechten Weg mit der blauen Markierung. Nach 50 Metern gehen Sie an einer Abzweigung mit einem breiteren Weg nach rechts. Missachten Sie direkt einen Weg nach links und folgen Sie stets der blauen Markierung. Nach gut 600 Metern kommen Sie zu einer Schotterstraße. Hier gehen Sie links und nach 50 Metern wieder rechts auf einen breiten Waldweg. Nach 70 Metern gehen Sie rechts auf einen schmaleren Weg und nach nochmals 70 Metern halten Sie sich wieder rechts. Achten Sie auf die blaue Markierung. Nach 350 Metern kommen Sie zu einer Schotterstraße (GPS8).

Überqueren Sie diese in gerader Richtung und folgen Sie dem Weg an Baumstümpfen vorbei, auf denen Sie ab und zu die blaue Markierung sehen. Sie laufen durch offenes Gelände und danach durch

GPS KOÖRDINATEN EKSHÄRAD: DREI GIPFEL

1. Häuschen des Skilifts	N 60 10.259 E 13 29.219
2. Gabelung von breiten Wegen	N 60 09.623 E 13 29.528
3. Schmaler Waldweg rechts	N 60 09.490 E 13 30.188
4. Abzweigung Picknickbank	N 60 09.161 E 13 30.325
5. Schutzhütte Norsberg	N 60 09.095 E 13 30.775
6. Schotterstraße	N 60 08.810 E 13 30.988
7. Y-Gabelung schmaler Wege	N 60 08.233 E 13 31.084
8. Schotterstraße	N 60 08.319 E 13 30.249
9. Weggabelung	N 60 08.771 E 13 30.038
10. Gipfel des Lilla Ekesberg	N 60 09.022 E 13 29.900
11. Weggabelung	N 60 09.612 E 13 29.282
12. Abzweigung	N 60 09.750 E 13 29.262

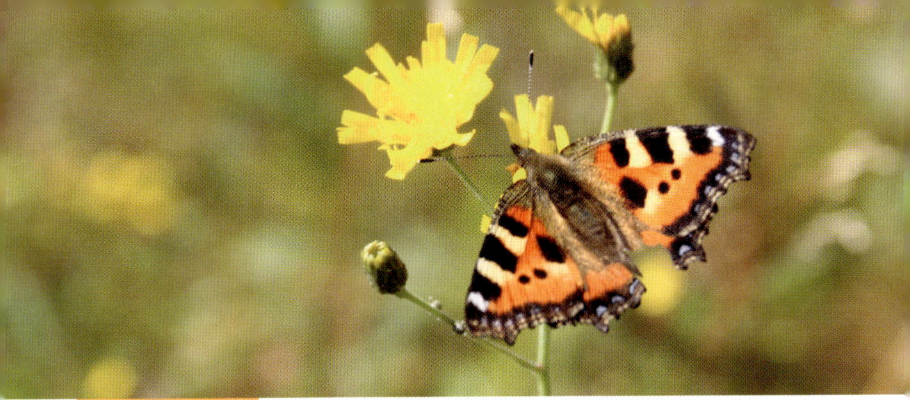

Kleiner Fuchs

Jungwald. Nach 600 Metern überqueren Sie über einen Bohlenweg sumpfiges Gelände. Danach dem schmalen Weg und der blauen Markierung durch den Wald folgen. Der Weg führt aufwärts und nach 400 Metern kommen Sie zu einer Weggabelung (GPS9).

Hier gehen Sie nach links und sehen jetzt auch wieder die weiße Markierung. Diesem Weg folgen Sie insgesamt 1 km. Er führt zum Gipfel des Lilla Ekesberg (GPS10).

Dann folgt der Weg eine Zeit lang dem Hügelrücken. Ein Stück weiter senkt sich der Weg ab und führt zu einem offenen Gelände unter Stromkabeln. Überqueren Sie dieses Gelände und gehen Sie wieder in den Wald hinein. Nach 200 Metern kreuzen Sie einen breiteren Weg. Folgen Sie der blau-weißen Markierung den schmalen Weg entlang, der immer weiter bergauf führt. Missachten Sie Seitenwege und nach gut 700 Metern kommen Sie knapp unter dem Gipfel des Ekesberget zu einer Weggabelung (GPS11).

Hier gehen Sie nach rechts. Der Weg führt schon bald bergab und dann kurz wieder bergauf. Nach 250 Metern kommen Sie zu einer Abzweigung (GPS12).

Hier nach rechts gehen. Der Weg führt bergab. Sie kommen an einem Transformatorenhäuschen vorbei. Nach 340 Metern halten Sie sich bei einer Y-Gabelung links. Nach 200 Metern schickt die blau-weiße Markierung Sie nach links auf einen schmaleren Weg. Nach 20 Metern kommen Sie wieder zu einer Abzweigung mit einem breiteren Weg. Hier gehen Sie nach links und folgen dem breiten abwärts führenden Weg. Dieser geht ein Stück weiter in einen Schotterweg und danach in eine Asphaltstraße über.
Kurz nach dem Übergang in eine Asphaltstraße nehmen Sie den Feldweg, der rechts von der Straße nach unten führt. Nach 200 Metern erreichen Sie das Häuschen des Skilifts (GPS1) und den Parkplatz.

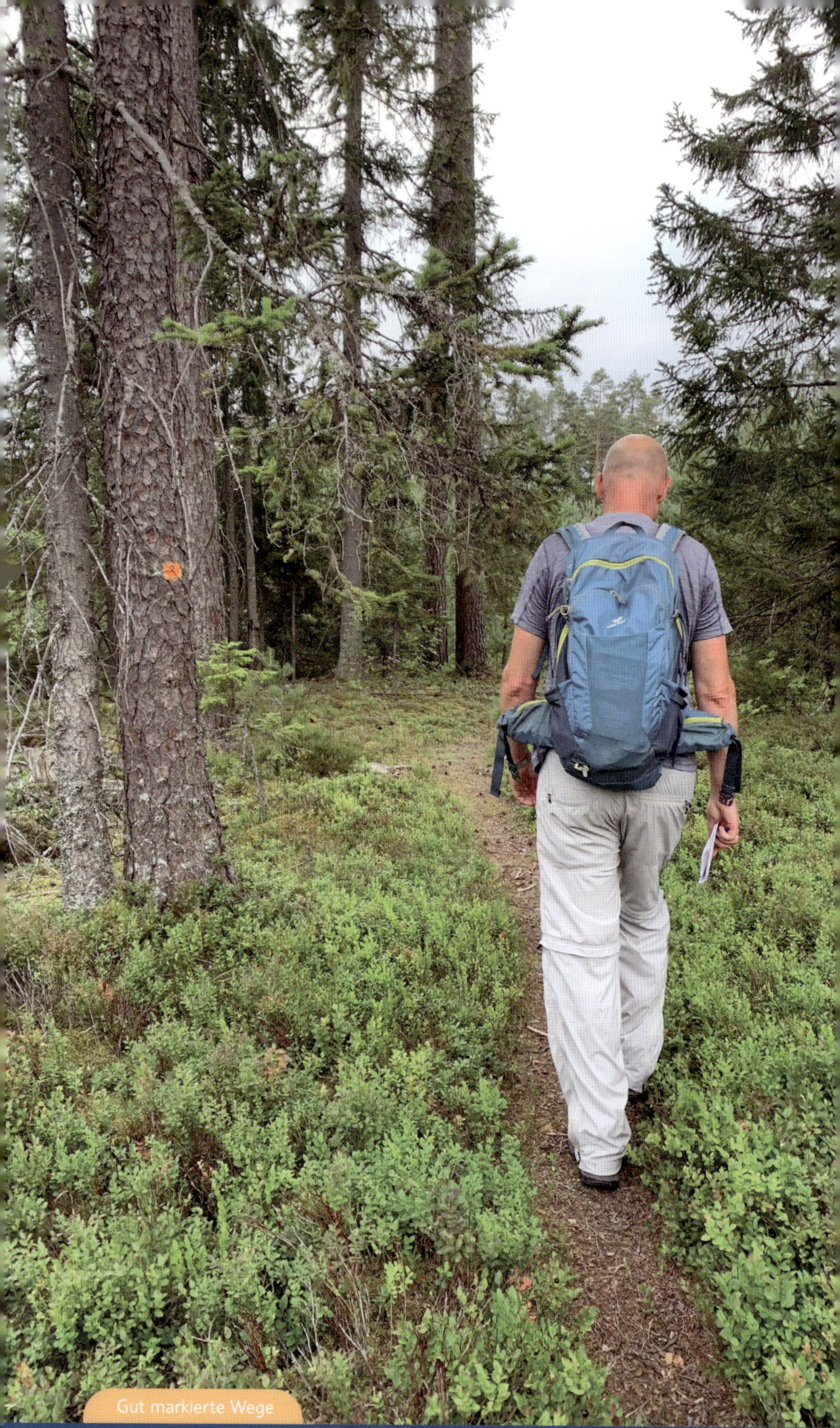

Gut markierte Wege

17	
STRECKE:	7,6 KM
DAUER:	ETWA 2,5 STUNDEN
SCHWIERIGKEITSGRAD:	1
NIEDRIGSTER PUNKT:	194 M, HÖCHSTER PUNKT: 232 M
GESAMTANSTIEG:	183 M

MUNKFORS

Um den See Vågsjön wandern

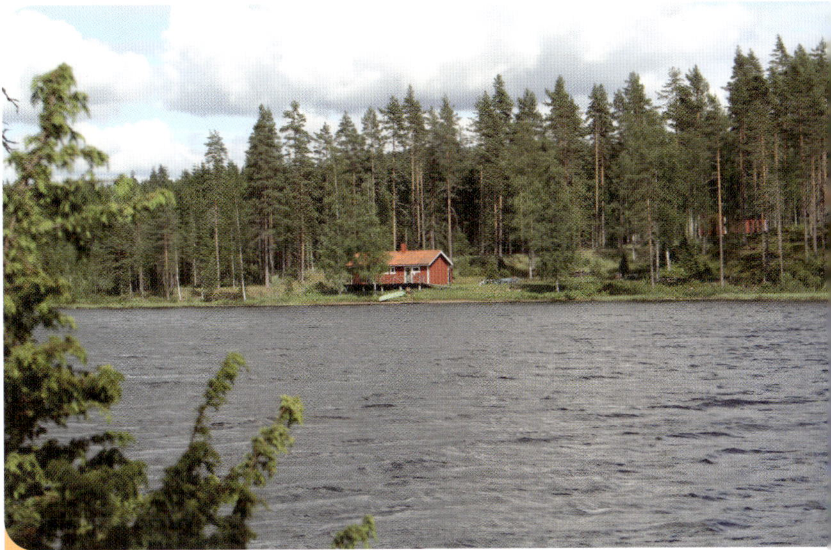

Vågsjön

WARUM IST DIESE WANDERUNG INTERESSANT?

Eine schöne und relativ leichte Wanderung, die "weit" weg von der bewohnten Welt um einen kleinen Waldsee herum führt. Hier ist es herrlich ruhig und im Sommer kann man am Start- und Zielpunkt der Route gut schwimmen und ein Picknick machen. Sie gehen über schmale, gut markierte Waldpfade. Hier muss man zwar manchmal etwas zwischen den Sträuchern und Bäumen hindurch kriechen, sieht aber dafür alle möglichen Schattierungen Grün, die die Natur zu bieten hat. Ein Teil der Wanderung führt durch offeneres Gelände, auf dem Heide, Beerensträucher, Wildblumen und Schmetterlinge zu finden sind. Ab und zu kommt man an einem kleinen Moorgebiet vorbei, in dem Wollgras wächst und man ab Ende Juli entlang des Weges auch Moltebeeren pflücken und probieren kann. Die Wanderung ist so gut markiert, dass man sich hier wirklich nicht verirren kann. Und wenn man noch weiter wandern möchte: An derselben Stelle beginnt auch der rot markierte Säterrundan, eine Rundwanderung von 4,2 km. Hier wird von uns nur die Wanderung um den Vågsjön beschrieben.

WIE KOMMT MAN DORTHIN?

Munkfors liegt an der Straße 62, die von Karlstad nach Hagfors führt. Nehmen Sie die Ausfahrt Munkfors (Kreisverkehr) und fahren Sie sofort beim nächsten Kreisverkehr rechts. Folgen Sie 1,2 km lang den weißen Schildern 'Konferens Center'. Nehmen Sie nach 1,2 km noch vor der Munkfors Arena die Ausfahrt rechts, die O:a Hagetvagen. Bleiben Sie kurz auf der Asphaltstraße und danach auf dieser unbefestigten Straße. Missachten Sie nach 600 Metern eine Ausfahrt nach rechts. Nach 1,6 km biegen Sie bei einer Y-Gabelung rechts ab. 2,5 km weiter steht rechts am Weg ein rotes Haus (GPS1). Stellen Sie hier Ihr Auto ab.

DIE WANDERUNG

Beim roten Haus (GPS1) gehen Sie in den Garten. Links sehen Sie nach 30 Metern einen Wegweiser 'Vågsjönrunt'.

Die Wanderung ist mit orangener Farbe markiert. Sie gehen an Picknickbänken vorbei und überqueren ein Stück weiter den Schotterweg. Gehen Sie geradeaus auf einen Waldweg. Nach 30 Metern halten Sie sich rechts auf einem schmalen Pfad, der in den Wald führt. Der Markierung durch den Wald folgen. Nach 250 Metern kreuzen Sie einen breiteren Weg. Der Weg steigt an und Sie laufen durch Jungwald weiter. Dort gehen Sie geradeaus und folgen der orangefarbenen Markierung. Der Weg führt weiter bergab bis zu einer Abzweigung (GPS2).

Folgen Sie der orangefarbenen und rosaroten Markierung nach links. Nach 200 Metern überqueren Sie über einen Bohlenweg einen kleinen Bach. Folgen Sie dem schmalen Pfad mit der Markierung stets. Nach 900 Metern kommen Sie zum Ende einer Schotterstraße (GPS3).

Hier gehen Sie kurz geradeaus und nach 30 Metern schräg rechts auf einen schmaleren Waldweg. Über eine kleine Brücke überqueren Sie ein Bächlein (GPS4).

Der Weg führt auf die Spitze eines Hügels. Folgen Sie stets der Markierung. Weiter oben schlängelt sich der Weg durch offeneres Gelände. Nach 1,2 km passieren Sie über einen großen Holzsteg (GPS5) ein Torfmoor.

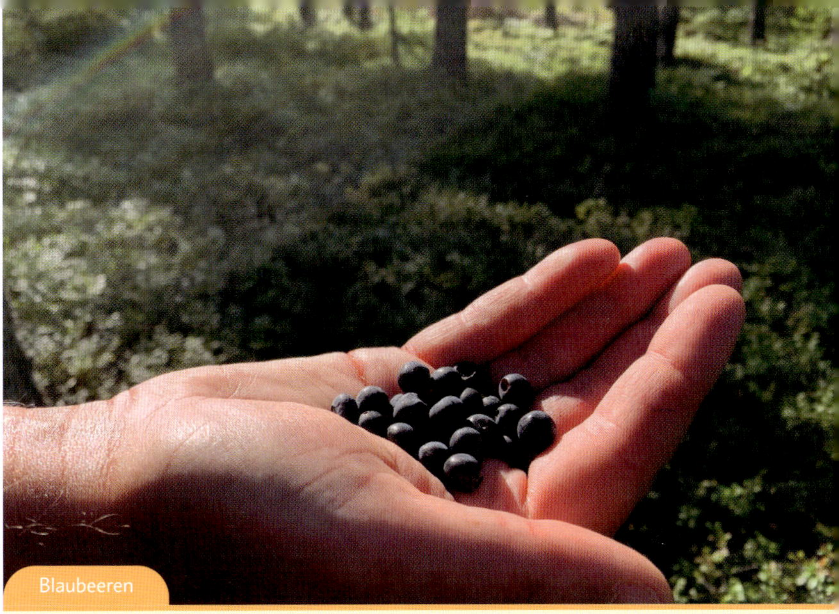

Blaubeeren

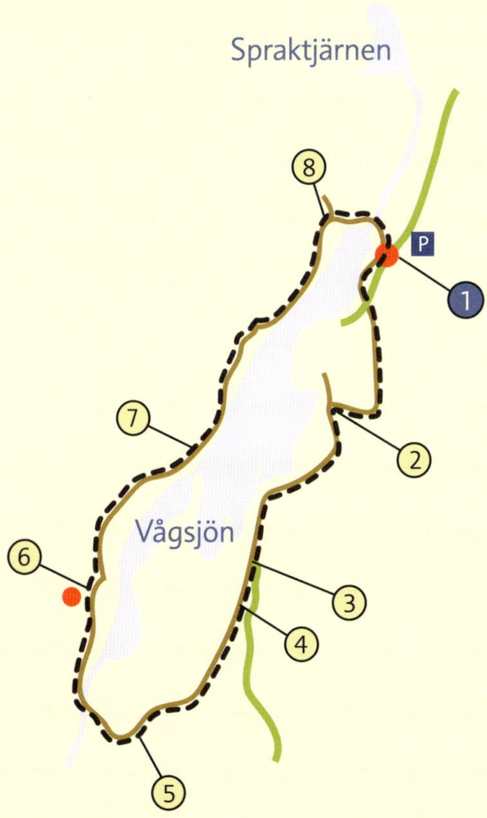

Der Weg ist danach auch moorartig. Später wird er wieder mehr zu einem Waldweg. Nach 550 Metern überqueren Sie über eine Brücke einen Bach. Bleiben Sie auf dem Waldweg und gehen Sie weiter, bis Sie zu einem Holzhaus (GPS6) kommen.

Folgen Sie dem orangefarben markierten Weg an der rechten Seite des Hauses. Nach 200 Metern führt der Weg aufwärts und nach nochmals 200 Metern biegt er oben nach rechts ab. Folgen Sie stets der Markierung. Der Weg schlängelt sich ab hier durch den Wald und führt abwärts. Nach gut 800 Metern kommen Sie zum Seeufer (GPS7).

Folgen Sie dem Weg am Seeufer entlang. Sie wandern an einem Holzhaus mit Terrasse vorbei. Folgen Sie dem Weg weiterhin. Dieser führt ab und zu vom See weg und kehrt dann wieder zum Ufer zurück. Danach führt der Weg vom See weg, steigt kurz an und Sie kommen zu einer Gabelung schmaler Wege (GPS8).

Hier rechts gehen und dem abwärts führenden Weg folgen. Nach 100 Metern kreuzen Sie ein Bächlein. Nach 150 Metern gehen Sie über einen breiteren Bohlenweg von Baumstämmen durch ein Torfmoor. Nach 100 Metern kommen Sie zu einer Abzweigung, bei der Sie rechts gehen. Nach nochmals 150 Metern sind Sie zum Garten des roten Hauses zurückgekehrt. Gehen Sie schräg nach links zur Schotterstraße, an der Sie Ihr Auto abgestellt haben (GPS1).

GPS KOÖRDINATEN MUNKFORS: UM DEN SEE VÅGSJÖN WANDERN

1. Rotes Haus am Weg	N 59 48.554 E 13 34.586
2. Abzweigung	N 59 48.128 E 13 34.262
3. Ende der Schotterstraße	N 59 47.677 E 13 33.780
4. Kleine Brücke über den Bach	N 59 47.565 E 13 33.715
5. Holzsteg	N 59 47.183 E 13 33.016
6. Holzhaus	N 59 47.586 E 13 32.849
7. Seeufer	N 59 48.013 E 13 33.512
8. Gabelung schmaler Wege	N 59 48.650 E 13 34.232

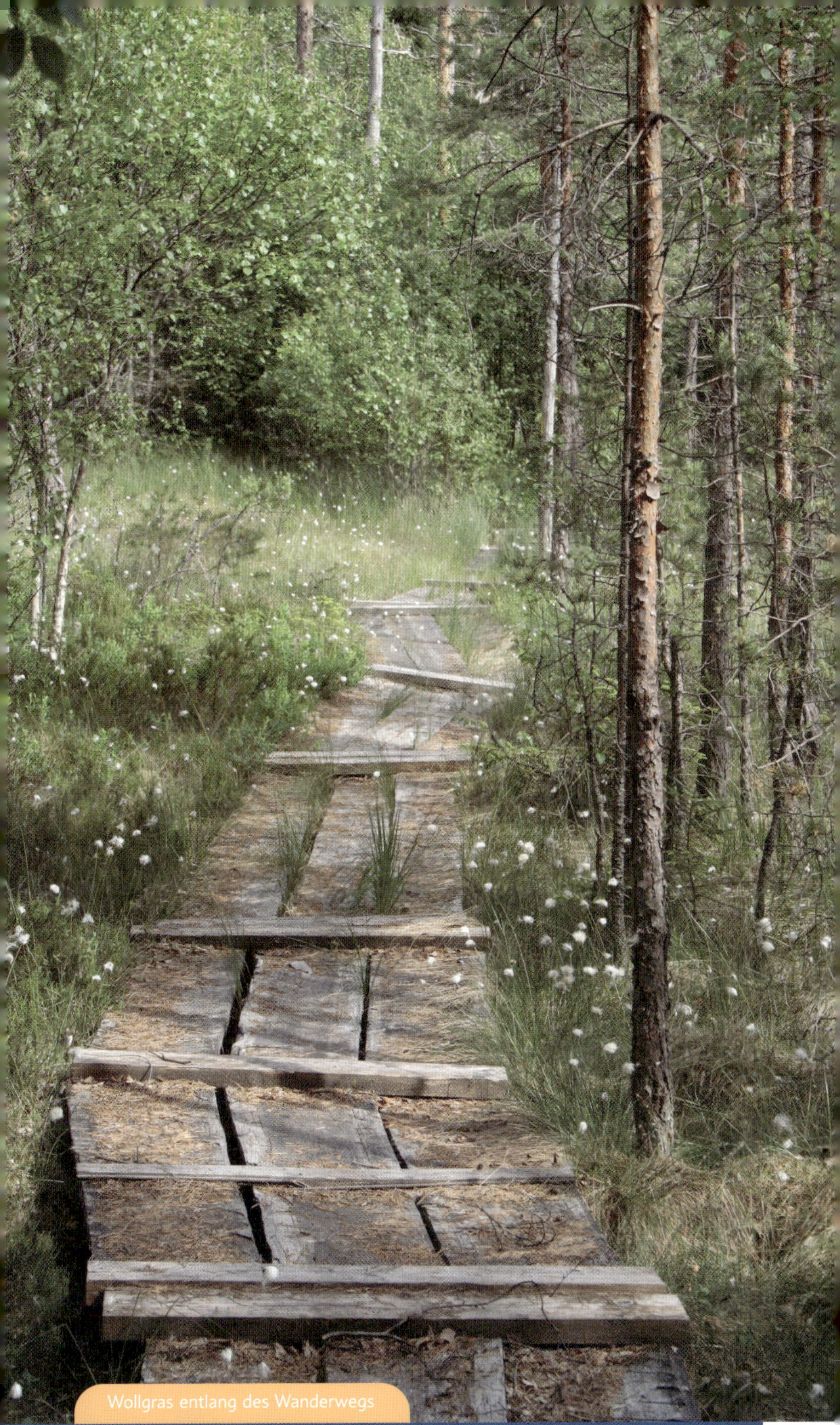
Wollgras entlang des Wanderwegs

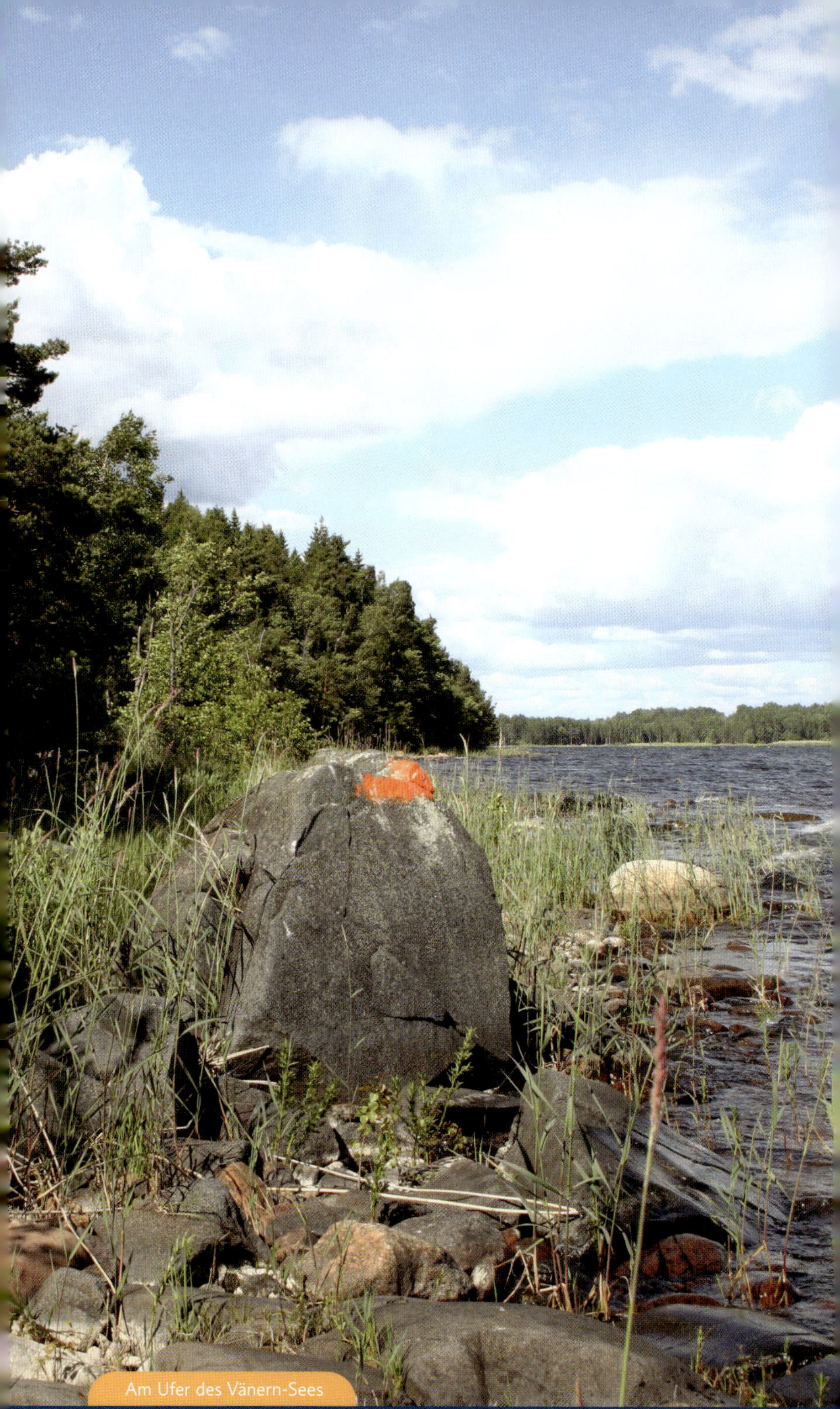

Am Ufer des Vänern-Sees

18	
STRECKE:	15,0 KM
DAUER:	ETWA 4 STUNDEN
SCHWIERIGKEITSGRAD:	2 (DISTANZ)
NIEDRIGSTER PUNKT:	0 M, HÖCHSTER PUNKT: 88 M
GESAMTANSTIEG:	237 M

KARLSTAD

Die Insel Jäverön

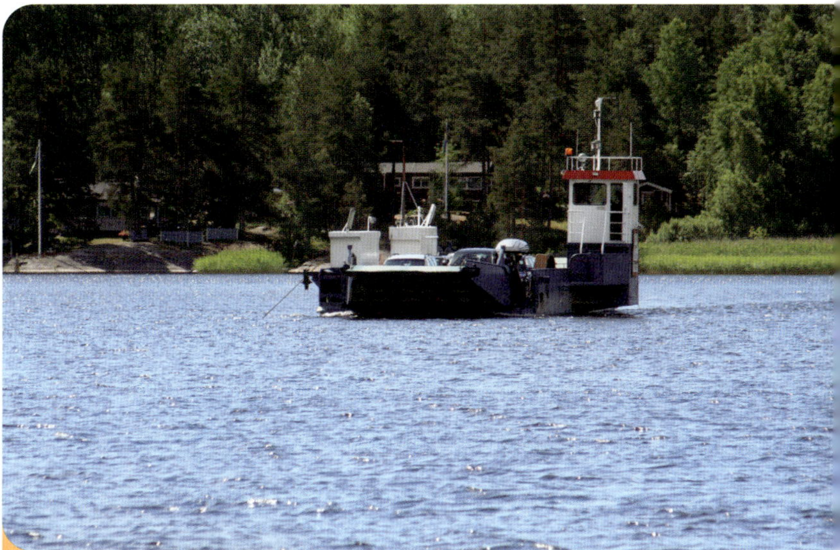

Die kleine Fähre nach Jäverön

WARUM IST DIESE WANDERUNG INTERESSANT?

Die beste Variante den Vänern-See zu erleben, ist eine der vielen kleinen Inseln zu besuchen, die bei Karlstad 'vor der Küste' liegen. Jäverön ist eine grüne Oase, in der nur ein paar Bauern wohnen. Ihre Verbindung mit der Außenwelt ist die Fähre, die ein paar Mal am Tag fährt. Hier hat die Natur das Sagen. Wir sahen unter anderem Rehe, Eichhörnchen und viele verschiedene Vogelarten. Es scheint sogar Elche zu geben?! Die Wanderung führt über die ganze Insel und es gibt mehrere ausgezeichnete Stellen, an denen diese für ein Picknick oder einen Sprung ins kalte Wasser unterbrochen werden kann. Wenn man ruhig weitergeht, schafft man die Fähre, die um 16.50 Uhr zurückfährt. Wenn Sie diese verpassen, dann fährt die nächste (und letzte!) Fähre um 18.50 Uhr. Kontrollieren Sie bei der Ankunft immer die Abfahrtszeiten.

WIE KOMMT MAN DORTHIN?

Nehmen Sie ab Karlstad die E18 in Richtung Stockholm. Nach etwa 10 km die Ausfahrt Skattkärr nehmen. Danach nehmen Sie beim Wegweiser 'Jäverön' den ersten Weg rechts. Fahren Sie diesen Weg bis zum Ende, auch wenn dieser schmaler wird und durch die Ortschaft Herrön verläuft. Sie kommen zur Anlegestelle der Fähre auf die Insel. Stellen Sie Ihr Auto an der rechten Straßenseite ab und gehen Sie zu Fuß auf die Fähre. Diese fährt um 10.40 Uhr ab. Siehe karlstad.se für die aktuellen Fahrzeiten (oder suchen Sie nach Färja Jäverön).

DIE WANDERUNG

Gehen Sie von der Anlegestelle der Fähre (GPS1) aus den Weg nach oben.

Nach 20 Metern rechts in Richtung 'Smörhall' laufen. Die Wanderung ist mit orangener Farbe markiert. Gehen Sie auf die Weide und danach rechts am Wasser entlang. Der Weg biegt ins Feld ab. Folgen Sie der Markierung bis zu den Bäumen und bleiben Sie dort auf der linken Seite des Feldes. Gehen Sie durch das Gatter in den Wald. Bei einer Weggabelung (beide sind orangefarben markiert) rechts gehen. Folgen Sie dem gewundenen Weg an einer kleinen Infotafel 'Gammal Granskog' vorbei bis Sie zu einem Schild und einem Wegweiser (GPS2) kommen.

Hier nach rechts gehen. Sie kommen zu einer Schotterstraße. Gehen Sie nach links und nach 20 Metern rechts auf einen schmalen, markierten Waldweg. Sie steigen über den Zaun und passieren eine Picknickbank. Der Weg führt geradeaus über die Felsbrocken und danach wieder ins Feld, in Richtung Scheune. Durch ein Gatter kommen Sie auf einen Schotterweg. Gehen Sie nach rechts und bei einer Wegkreuzung zwischen Scheunen nach links. Ein Stück weiter biegt eine kürzere Route links ab. Gehen Sie hier geradeaus und folgen Sie dem Schotterweg. Bei einem Wegweiser an Ihrer linken Seite gehen Sie nach rechts auf einen breiten Weg (GPS3).

Die orangefarbene Markierung ist danach wieder sichtbar. Gehen Sie weiter durch das Gatter und sofort rechts auf einen schmalen Waldweg. Bei einer Abzweigung bei einem Wegweiser nach links gehen. Etwas weiter können Sie nach rechts zu einem Aussichts-

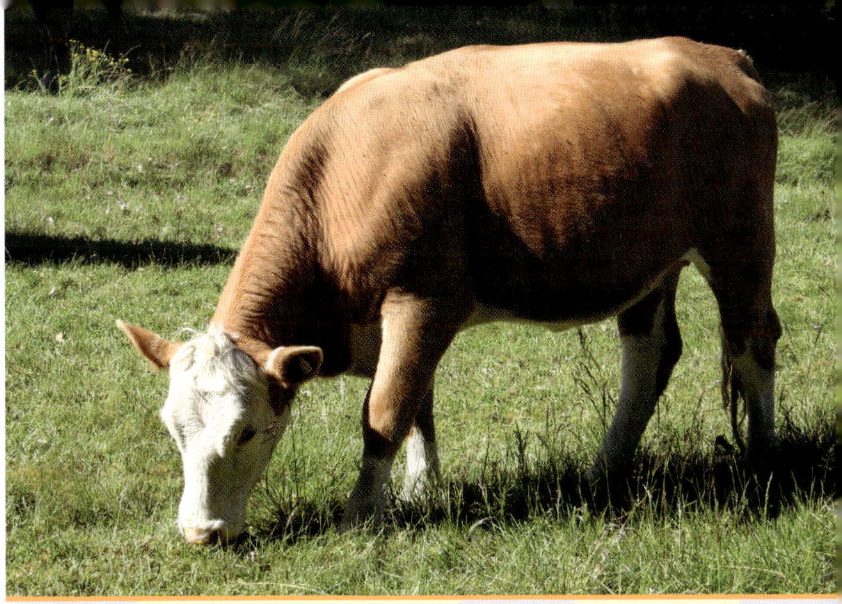

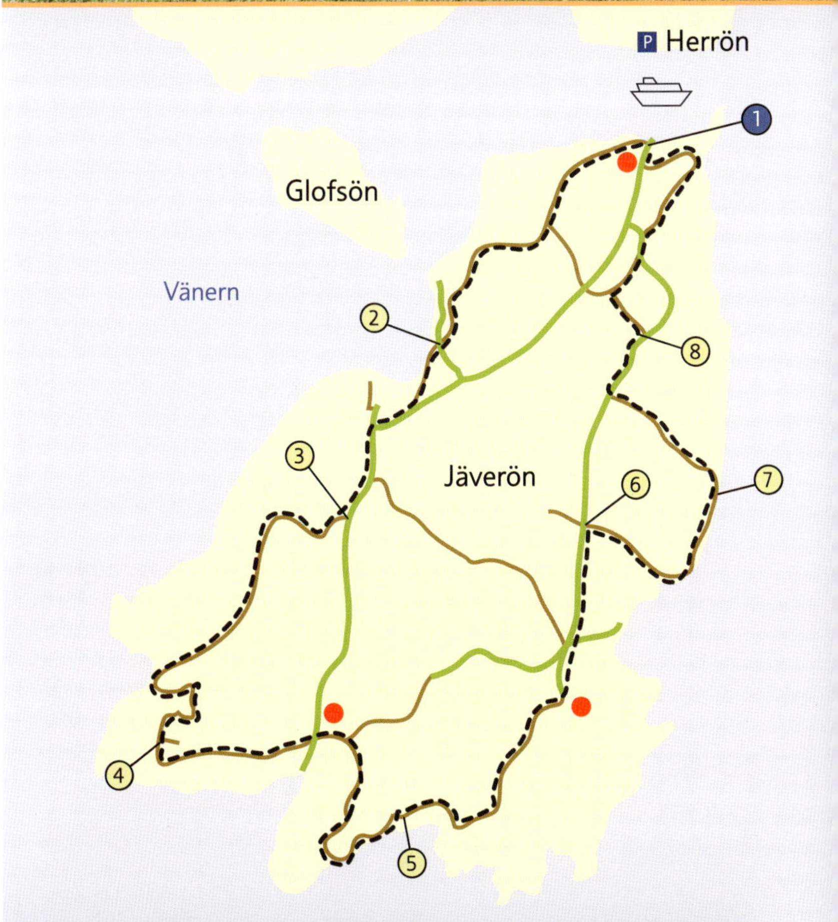
P Herrön
1
Glofsön
Vänern
2
8
3
Jäverön
6
7
4
5

punkt laufen. Die Route verläuft geradeaus. Sie gehen abwechselnd durch den Wald und offeneres Gelände. Folgen Sie stets der Markierung und gehen Sie beim Wegweiser nach rechts. Auf einem breiten Weg gehen Sie nach rechts und nach 10 Metern sofort nach links am Zaun entlang auf einen schmalen Weg. Danach laufen Sie ein Stück über einen langen Bohlenweg. Kurz danach nach links erneut am Zaun entlang gehen. Bei einem Wegweiser gehen Sie rechts auf einen aufwärts führenden Weg. Missachten Sie nach 50 Metern eine Abzweigung nach links und bleiben Sie auf dem Weg. Danach ist der Weg mit Geröll übersät. Direkt danach links (GPS4) (orangefarbene Markierung) gehen.

Sie gehen weiter durch einen abgeholzten Waldabschnitt und danach wieder ins Gebüsch hinein. Überqueren Sie eine Schotterstraße in gerader Richtung und halten Sie sich, wenn Sie an einem Toilettenhäuschen vorbei kommen, links. Folgen Sie dem Schotterweg. Bei einem Wegweiser gehen Sie nach rechts in den Wald hinein. Beim Schild 'Vindskydd & Grillplats 0,4 km' nach rechts gehen. Beim Seeufer gehen Sie nach links. Sie laufen weiter an einer Schutzhütte (GPS5) vorbei.

Folgen Sie der auf den Felsen angebrachten Markierung am Ufer entlang, bis Sie zu einer Picknickbank kommen. Wählen Sie den orangefarben markierten Weg, der hinter der Picknickbank weiter geht. Ein Stück weiter gehen Sie nach rechts auf einen schmalen gewundenen Pfad. Folgen Sie stets der Markierung. Bei einem Wegweiser nach links gehen. Nach 50 Metern gehen Sie auf einen langen Bohlenweg. Kurz danach auf einem breiteren Weg nach links und nach 50 Metern wieder nach links gehen. Missachten Sie Seitenwege und gehen Sie bis zu einer Gabelung bei einem Haus weiter. Nach links

GPS KOÖRDINATEN KARLSTAD: DIE INSEL JÄVERÖN

1. Anlegestelle der Fähre	N 59 23.394 E 13 39.744
2. Schild und Wegweiser	N 59 22.828 E 13 38.541
3. Breiter Weg	N 59 22.305 E 13 37.937
4. Schutzhütte	N 59 21.636 E 13 36.752
5. Wegweiser an beiden Seiten	N 59 21.326 E 13 37.912
6. Direkt nach links	N 59 22.290 E 13 39.335
7. Picknickbank	N 59 22.350 E 13 40.102
8. Links in den Wald hinein	N 59 22.835 E 13 39.687

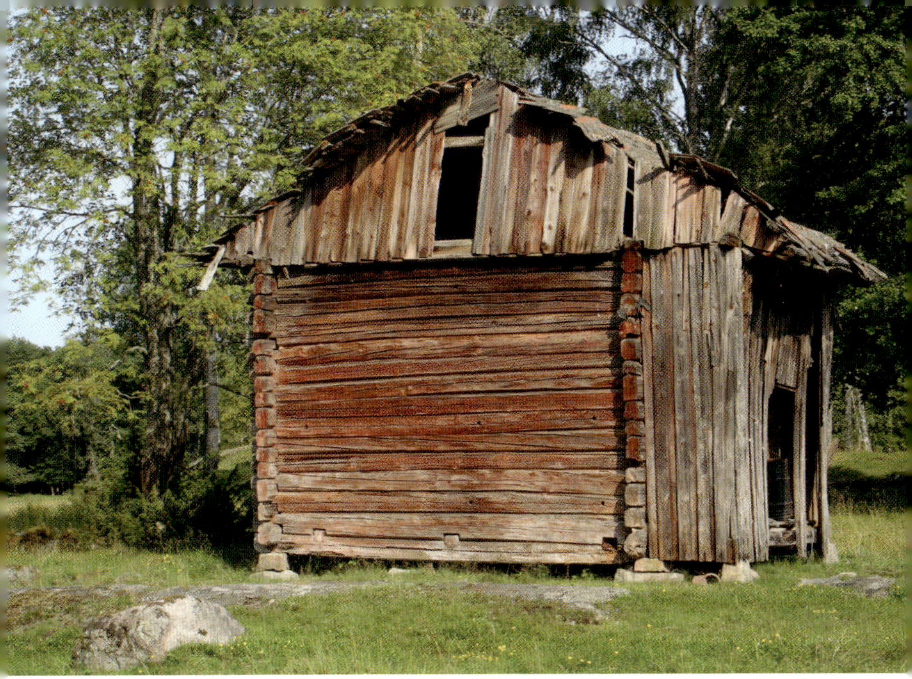

auf einen Sandweg gehen. Dort, wo an beiden Seiten des Sandwegs Wegweiser (GPS6) stehen, gehen Sie nach rechts.

Nach 0,8 km kommen Sie zum Ufer des Vänern. Sie passieren u.a. eine Schutzhütte und danach eine Picknickbank (GPS7).

100 Meter weiter biegt der Weg landeinwärts ab. Auf einem breiteren Weg halten Sie sich links. Nach 10 Metern rechts gehen. Gehen Sie auf einer Schotterstraße nach rechts und nach gut 400 Metern nach links und folgen Sie der orangefarbenen Markierung in den Wald hinein (GPS8).

Nach 10 Metern halten Sie sich rechts. Bei einer Gabelung mit einer Infotafel rechts gehen. Überqueren Sie eine Schotterstraße in gerader Richtung und halten Sie sich links. Folgen Sie dem Waldweg und gehen Sie durch ein Gartentor auf die Wiese. Gehen Sie an der Baumreihe vorbei nach rechts. Diese biegt weiter nach links ab. Etwas weiter überqueren Sie das Feld. Auf der gegenüber liegenden Seite halten Sie sich links. Beim Schild 'Strandskogen' gehen Sie nach links und überqueren das Feld in Richtung einer Picknickbank. Folgen Sie ab hier der orangefarbenen Markierung in Richtung zweier Scheunen. Durch ein Gartentor kommen Sie zu einer Schotterstraße. Gehen Sie nach rechts und laufen Sie zurück zur Anlegestelle der Fähre (GPS1).

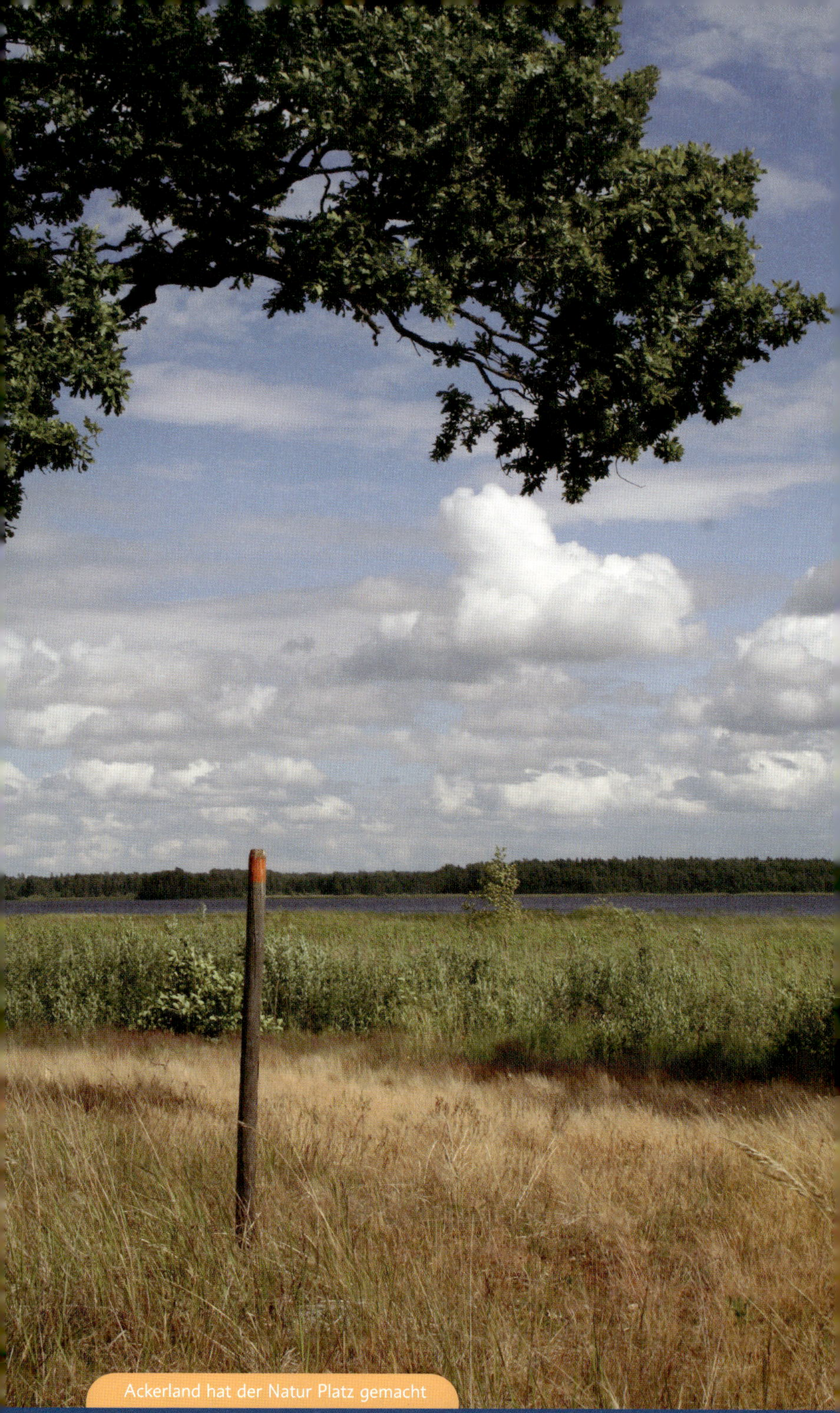
Ackerland hat der Natur Platz gemacht

19	STRECKE:	6,2 KM
	DAUER:	ETWA 2 STUNDEN
	SCHWIERIGKEITSGRAD:	1
	NIEDRIGSTER PUNKT:	43 M, HÖCHSTER PUNKT: 48 M
	GESAMTANSTIEG:	47 M

KRISTINEHAMN

Das Naturschutzgebiet Linsön Prästön

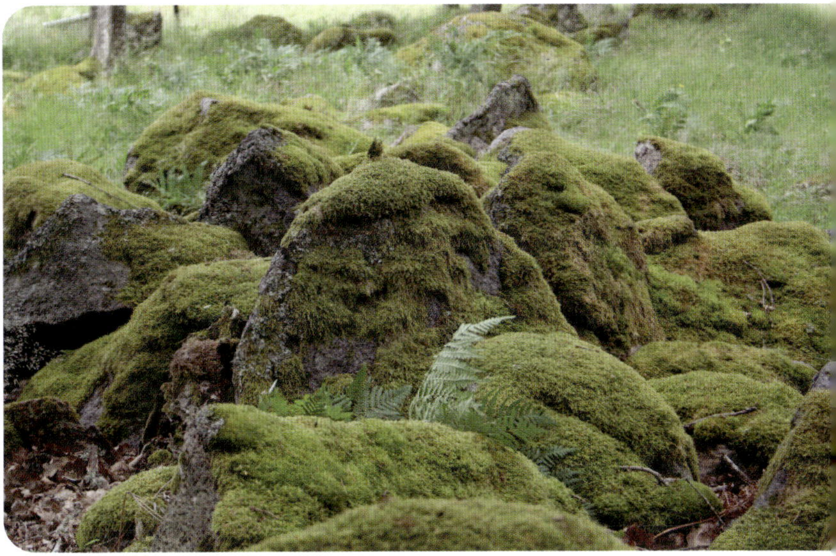

WARUM IST DIESE WANDERUNG INTERESSANT?

Im südöstlichsten Teil Värmlands mussten die Landwirte der Natur Platz machen. Hier erhielten drei relativ kleine Gebiete im Jahr 1971 zusammen den Status eines Naturschutzgebiets. Sie können hier mit eigenen Augen sehen, wie die Natur langsam aber sicher die Oberhand gewinnt. Das Besondere dieser Wanderung ist, dass man fast nur durch und an Laubwäldern entlang läuft: Eine einzigartige Besonderheit in der von Kiefern und Tannen dominierten Landschaft Värmlands. Die Wanderung bringt Sie auch zum Sumpfstreifen am Ufer des Vänern, wo viele Vögel rasten und brüten. Sie entdecken zahllose Feldblumen und auch Orchideen und gehen über schmale überwucherte Pfade. Man kann hier drei Wanderungen machen. Hier wird von uns eine Wanderung beschrieben. Am Ende des Textes lesen Sie, wie Sie nur 6,5 km entfernt zu den Startpunkten der anderen zwei Wanderungen kommen.

WIE KOMMT MAN DORTHIN?

Nehmen Sie ab Kristinehamn Straße 26 in Richtung Mariestad. Nach 25 km erreichen Sie den kleinen Ort Nybble. Biegen Sie hier bei der Tankstelle rechts ab. Folgen Sie dieser Straße 7,6 km und missachten Sie Seitenwege. Bei einer Abzweigung fahren Sie geradeaus nach Visnums-Kil. Sie kommen an einer Kirche vorbei. Die Straße geht kurz danach in eine Schotterstraße über. Biegen Sie nach 800 Metern bei einem weißen Wegweiser 'Linsön Prästön' rechts ab. Nach Na 1,4 km kommen Sie zum Parkplatz bei einer Infotafel.

DIE WANDERUNG

Nehmen Sie rechts von der Infotafel (GPS1) die Schotterstraße geradeaus.

Nach 40 Metern gehen Sie bei einem Wegweiser nach links: Prästöleden. Ab hier ist die Wanderung mit orangener Farbe markiert. Gehen Sie durch ein Holzgatter und folgen Sie dem schmalen Weg, der ein Stück weiter nach rechts abbiegt. Danach gehen Sie ein kleines Stück über Bohlenwege. Sie laufen in Richtung eines Holzhauses, der Linsöstugan (GPS2).

Gehen Sie durch das Gatter und laufen Sie rechts am Haus vorbei. Auf der anderen Seite verlassen Sie das Gelände wieder durch ein Gatter. Über einen Bohlenweg überqueren Sie einen Graben und etwas weiter gehen Sie bei einer Holzscheune an einem Bach vorbei. Gehen Sie weiter auf dem Weg über einen kleinen Deich. Sie kommen zu einer Gabelung auf einem kleinen Deich (GPS3).

Hier halten Sie sich links: Prästöleden. Sie laufen, teilweise über einen Bohlenweg, über einen kleinen Deich. Nach gut 200 Metern gehen Sie bei einem Wegweiser Prästöleden nach links auf einen schmalen Pfad mit orangefarbener Markierung. Der Weg windet sich durch den Wald. Nach 500 Metern kommen Sie zu einer Gabelung mit Wegweiser. Hier gehen Sie nach links und folgen dem Weg 300 Meter lang, bis Sie zu einem kleinen Aussichtsturm (GPS4) kommen.

Um die Wanderung fortzusetzen, gehen Sie 300 Meter zurück und halten sich an der Gabelung mit dem Wegweiser Prästöleden links. Auf diesem schmalen Pfad schlängeln Sie sich eine ganze Weile

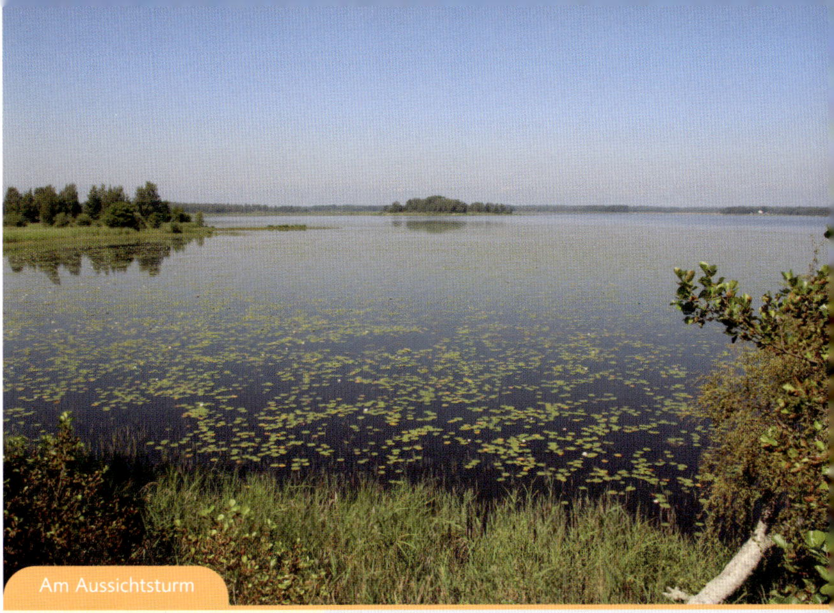

Am Aussichtsturm

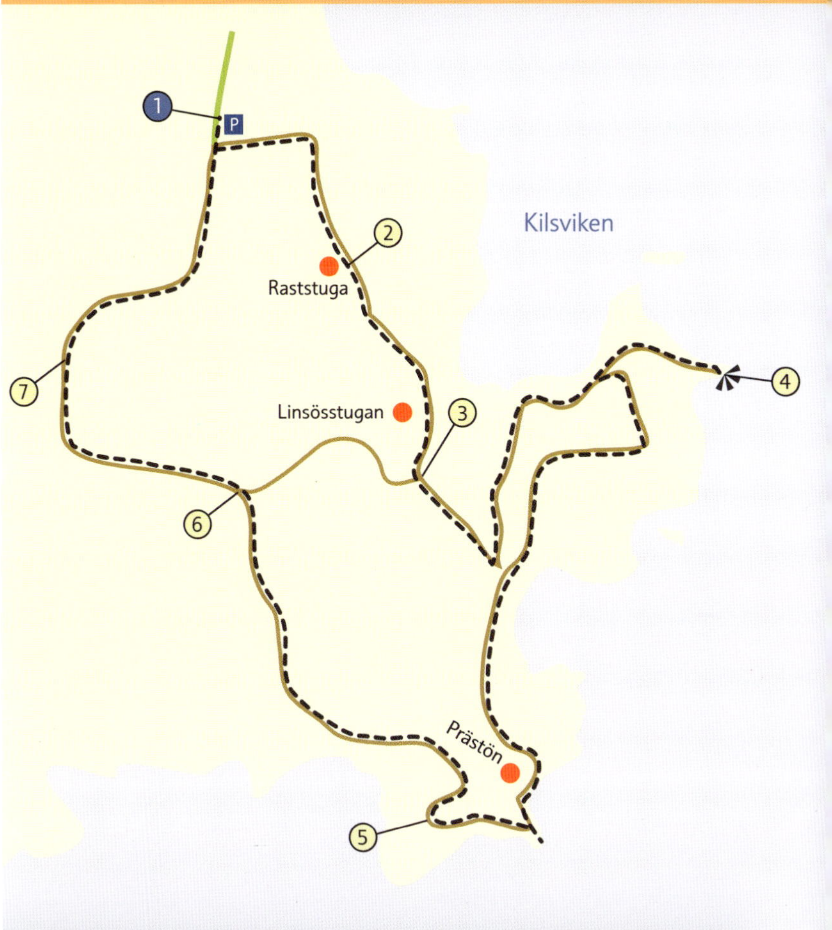

durch den Wald. Sie kommen zu einem Gatter und einer Abzweigung, an der Sie nach links gehen. Sie passieren noch ein Gatter und weit vor einer Scheune halten Sie sich links. An Ihrer rechten Seite können Sie den See sehen. Bleiben Sie auf dem Weg und folgen Sie der Markierung. Sie kommen zum Waldrand, links steht eine Picknicktafel (GPS5).

Gehen Sie noch kurz geradeaus und folgen Sie dann der orangefarbenen Markierung nach rechts wieder in den Wald hinein. Bei einer verfallenen kleinen Scheune halten Sie sich links und bei einer Gabelung kurz danach gehen Sie nach links. Gehen Sie durch ein Gatter und folgen Sie dem schmalen Pfad über einen kleinen Deich. Der Markierung folgen. Nach 600 Metern passieren Sie noch ein Gatter und gehen geradeaus über einen Grasweg an einem offenen Feld entlang. Nach 200 Metern kommen Sie zur Abzweigung 'Talluddarna' (GPS6).

Gehen Sie hier nach links und folgen Sie der Markierung an den Bäumen. Missachten Sie einen Grasweg nach rechts und folgen Sie der Markierung geradeaus. Nach 70 Metern schickt Sie die Markierung nach rechts durch das offene Feld. Über einen Bretterweg kommen Sie zu einem Zaun am Waldrand (GPS7).

Hier gehen Sie geradeaus am Waldrand vorbei. Folgen Sie der Markierung mehr oder weniger über den kleinen Deich. Am Ende schickt die Markierung Sie nach rechts durchs offene Feld. Sie passieren zweimal einen Lattenrost und kommen zu einem Gatter (GPS8).

Gehen Sie hier hindurch und sofort wieder nach links. Sie gehen jetzt auf der linken Seite des Feldes am Zaun entlang. Gehen Sie zum

GPS KOÖRDINATEN KRISTINEHAMN: DAS NATURSCHUTZGEBIET LINSÖN PRÄSTÖN

1. Infotafel	N 59 05.807 E 14 03.853
2. Linsöstugan	N 59 05.599 E 14 04.170
3. Kleinen Deich	N 59 05.413 E 14 04.320
4. Aussichtsturm	N 59 05.529 E 14 05.020
5. Picknicktafel	N 59 05.040 E 14 04.413
6. Abzweigung 'Talluddarna'	N 59 05.391 E 14 03.926
7. Zaun am Waldrand	N 59 05.516 E 14 03.468
8. Gatter	N 59 05.651 E 14 03.795

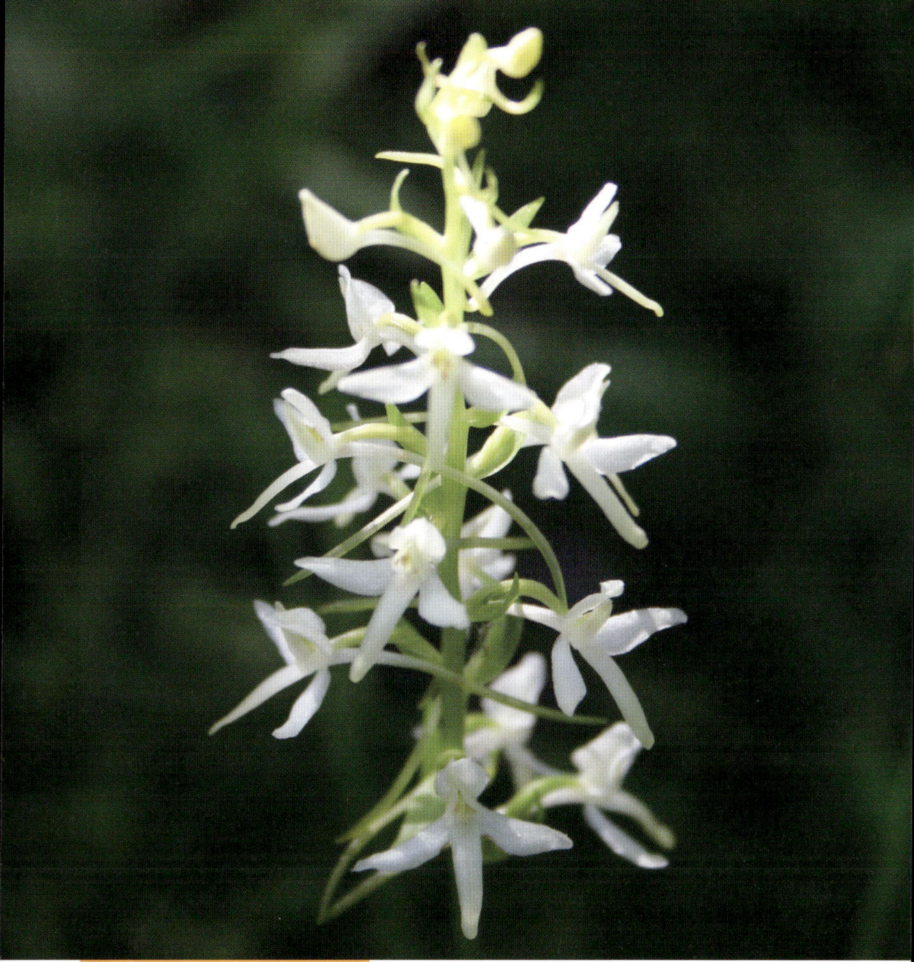

Zweiblättrige Waldhyazinthe

Schluss durch ein Gatter und geradeaus auf eine Schotterstraße. Nach 100 Metern sind Sie zum Parkplatz mit der Infotafel (GPS1) zurückgekehrt.

Falls Sie die anderen Wanderungen im Naturschutzgebiet machen möchten, dann fahren Sie zurück zur Kirche Visnum-Kil und danach geradeaus. Nehmen Sie die erste Ausfahrt links in Richtung Nötön Arskagen. Die Asphaltstraße geht nach 500 Metern in eine Schotterstraße über. Folgen Sie dieser Straße noch 3 Kilometer und biegen Sie dann beim Wegweiser Nötön Arskagen links ab. Folgen Sie nach 200 Metern der Straße nach rechts. Nach 2,5 km können Sie bei der Abzweigung nach links 400 Meter weiter nach Nötönleden (5,5 km Wanderung) und nach rechts 600 Meter zum Arskagsleden (5,6 km Wanderung) weiterfahren. Beide Routen sind markiert.

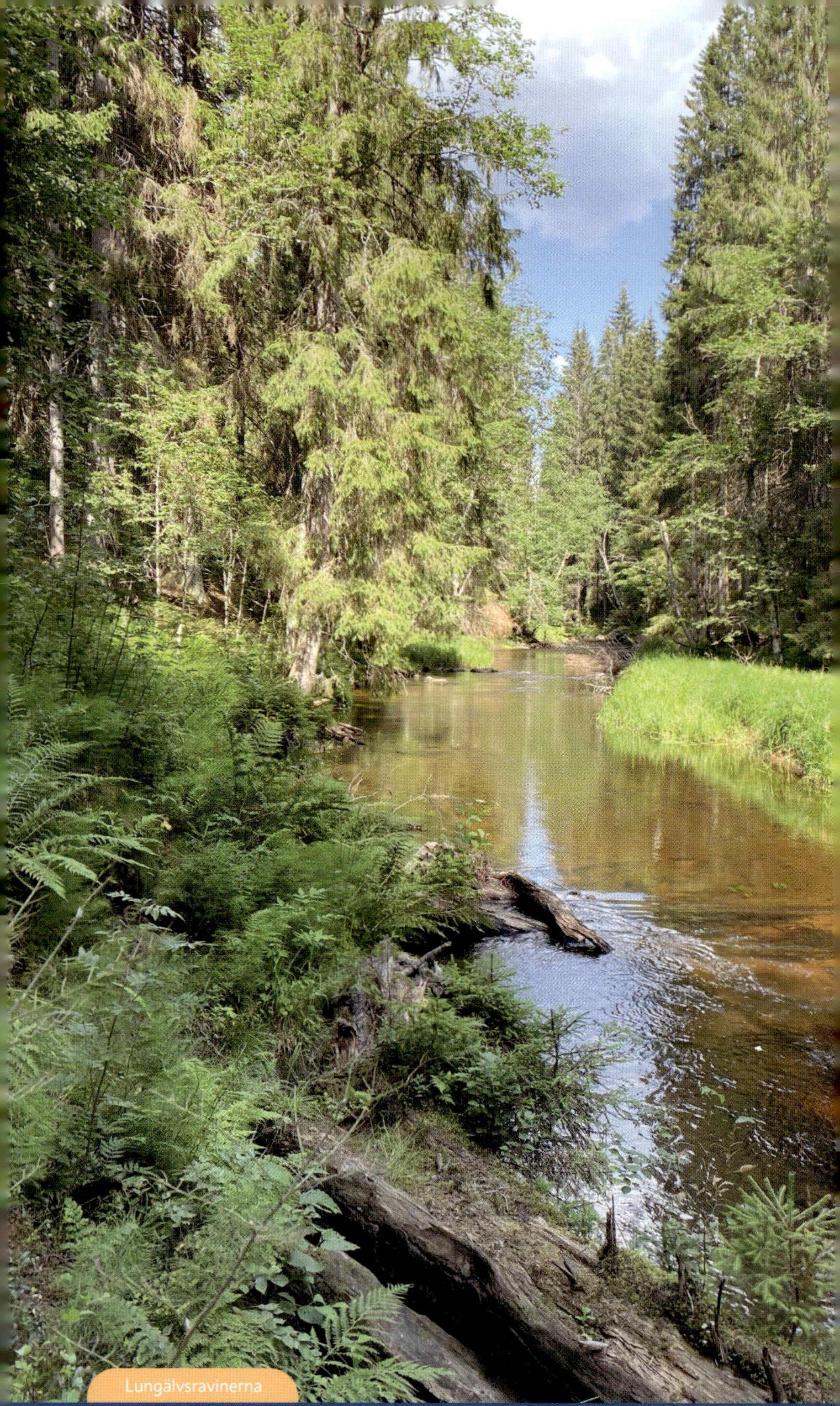

Lungälvsravinerna

20		
	STRECKE:	16,2 KM
	DAUER:	ETWA 5 STUNDEN
	SCHWIERIGKEITSGRAD:	3 (DISTANZ, ANSTIEG/ABSTIEG, UNTERGRUND)
	NIEDRIGSTER PUNKT:	107 M, HÖCHSTER PUNKT: 160 M
	GESAMTANSTIEG:	288 M

FILIPSTAD

Drei Naturschutzgebiete und die Erzhütte von Brattfors

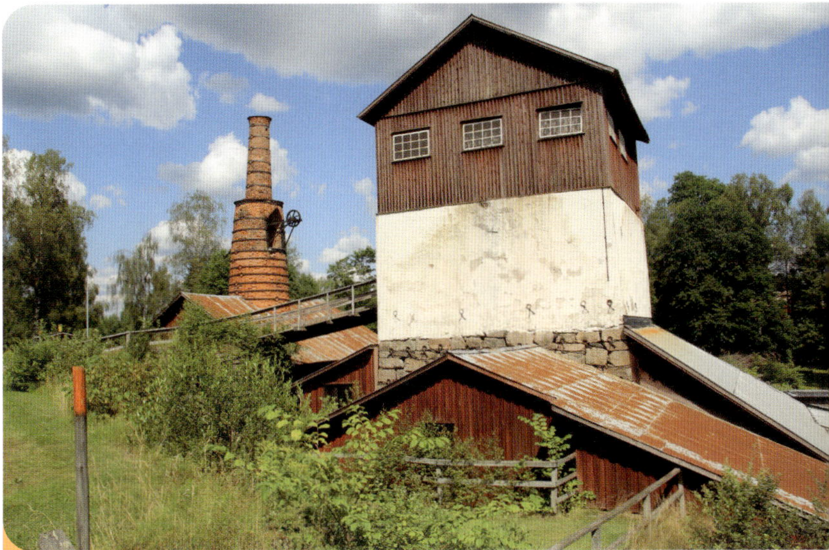

Die alte Schmelzhütte

WARUM IST DIESE WANDERUNG INTERESSANT?

Mit einer Länge von fast 25 km ist die gesamte Wanderung Brattforsleden nur für gut trainierte Wanderer oder für eine zweitägige Wanderung geeignet. Wir haben uns in dieser Ausgabe dazu entschieden, eine verkürzte Version von 16 Kilometern zu erstellen, wobei Sie die drei Naturschutzgebiete Lungälvsravinerna, Kittelfältet und Brandfältet besuchen. Start- und Endpunkt ist die alte Erzhütte in Brattfors, ein schönes Denkmal für die Zeit, als in dieser Region viel Erz abgebaut wurde. Die Schmelzhütte war bis Anfang des 20. Jahrhunderts in Betrieb. Die Wanderung durch die Täler des Lungälv, einem schmalen Fluss, der sich durch den Wald schlängelt, ist ein Eintauchen in ein grünes, fast tropisch anmutendes Dickicht. Die Landschaft des Kittelfället entstand in der Eiszeit, während Brandfältet nach einem großen Brand im Jahr 1992 wegen der einzigartigen Natur, die hierdurch entstanden war, zum Naturschutzgebiet erklärt wurde. Zusammen bilden sie die Kulisse für eine anspruchsvolle und abwechslungsreiche Wanderung.

WIE KOMMT MAN DORTHIN?

Nehmen Sie ab Karlstad die Straße 63 nach Filipstad. Etwa 11 km vor Filipstad fahren Sie nach Brattfors hinein. 600 Meter nach dem blauen Schild 'Brattfors' biegen Sie beim weißen Schild 'Naturreservatet Lungälvsravinerna' rechts ab. Fahren Sie direkt scharf nach rechts auf einen Sandweg. Stellen Sie Ihr Auto bei der Infotafel an der linken Seite der Straße ab. Brattfors ist auch mit dem Bus zu erreichen.

DIE WANDERUNG

Gehen Sie zur Infotafel (GPS1) über die Brattsforshytta.

Folgen Sie dem Schotterweg geradeaus, an der Hauptstraße entlang in Richtung Lungälvsravinerna. Über eine Holzbrücke gehen Sie über einen schmalen Fluss und einen Wasserfall. Folgen Sie dem Schotterweg geradeaus, Sie sehen die orangefarbene Markierung. Nach 80 Metern gehen Sie bei einer Gabelung mit einem Schotterweg nach rechts. Nach 100 Metern gehen Sie bei einer abfallenden Kreuzung (GPS2) mit einem Schotterweg geradeaus in Richtung Lungälvsravinerna.

Nach 100 Metern nehmen Sie den schmalen Pfad mit der orangefarbenen Markierung, der rechts an einer Scheune vorbeiführt. Sie passieren ein Schild '3 Dalen' und gehen links eine Treppe und einen Bohlenweg hinunter. Über eine kleine Brücke überqueren Sie einen Nebenbach. Sie laufen jetzt etwa 2,5 km den Weg am Fluss entlang. Sie wandern mehrmals aus dem Tal heraus und dann wieder zum Fluss hinunter. Sie gehen regelmäßig über Bohlenwege. Folgen Sie stets der orangefarbenen Markierung und missachten Sie Nebenwege. 3 km nach dem Start kommen Sie zu einer Gabelung mit Wegweisern (GPS3).

Hier rechts in Richtung 'Djupadalen 1,7' über einen Bohlenweg und wieder nach oben gehen. Nach 500 Metern gehen Sie bei einer Gabelung mit einem Wegweiser nach links: Djupa Dalen. Der orangefarbenen Markierung folgen, der Weg führt weiter abwärts und kreuzt einen Bach. Dann steigt der Weg wieder an. Nach gut 600 Metern kommen Sie zu einer Schotterstraße (GPS4).

Hier gehen Sie nach rechts. Folgen Sie dem Weg und der Markierung, bis Sie nach 750 Metern zu einer Asphaltstraße (GPS5) kommen.

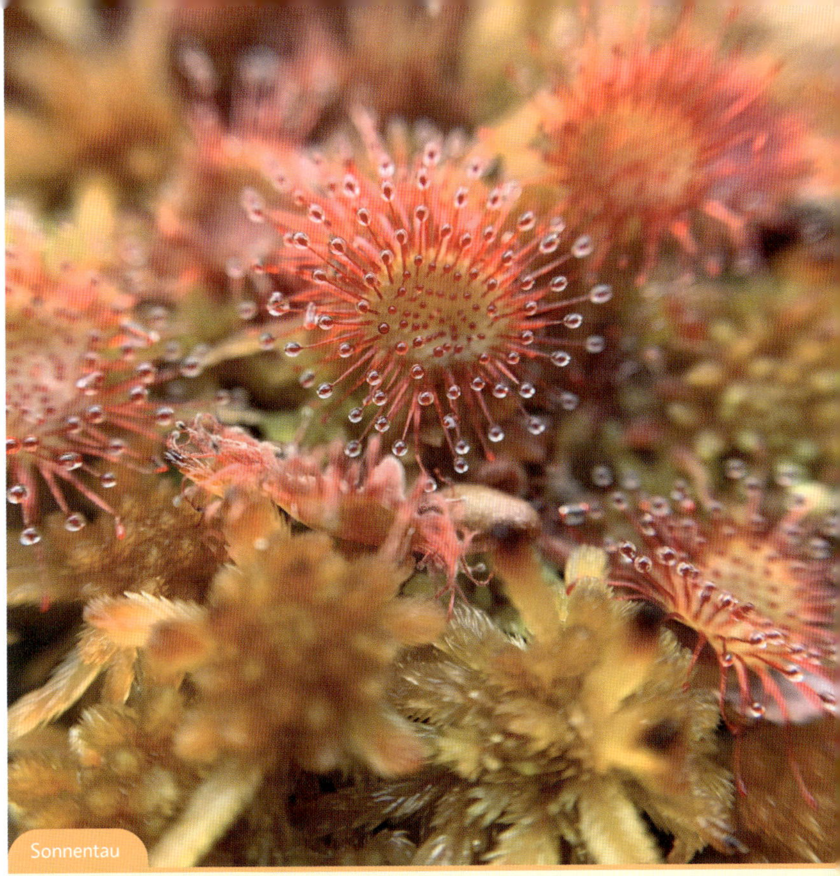

Sonnentau

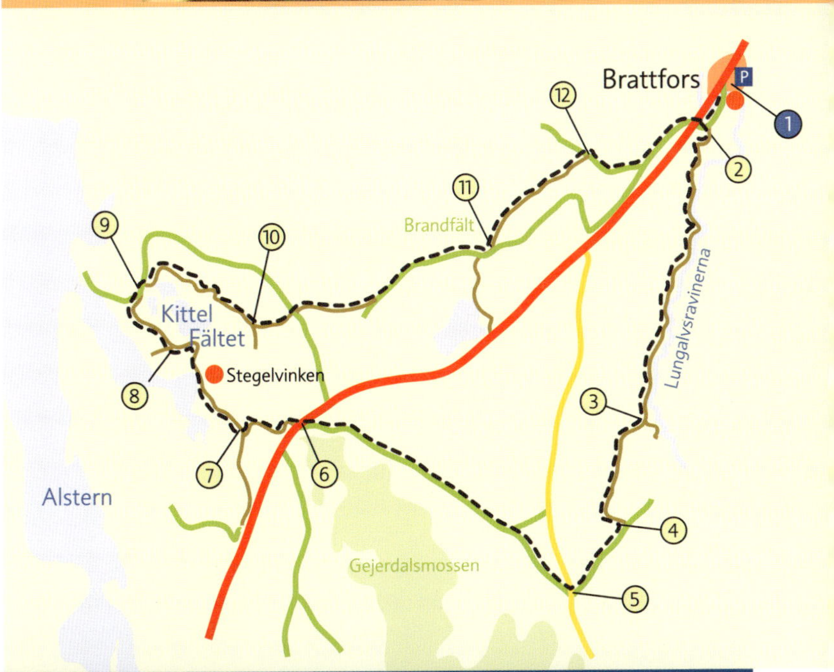
Brattfors
P
1
2
3
4
5
6
7
8
9
10
11
12
Brandfält
Kittel Fältet
Stegelvinken
Lungalvsravinerna
Alstern
Gejerdalsmossen

Überqueren Sie diese in gerader Richtung zum Parkplatz Djupa Dalen. Die orangefarbene Markierung weist hier nach links (lange Variante), Sie gehen hier aber geradeaus auf einen breiten Feldweg. Folgen Sie diesem Feldweg stets. Nach 1,5 km sehen Sie links des Weges einen kleinen See: Maria's fly. Folgen Sie diesem Feldweg noch 1,1 km bis Sie zu einer breiten Asphaltstraße kommen (Straße 63). Überqueren Sie diese und folgen Sie ihr 40 Meter nach rechts. Dort sehen Sie einen blauen Pfosten (GPS6) in der Böschung stehen.

Hier gehen Sie nach links auf einen schmalen Waldweg. Folgen Sie dem schmalen Weg mit der blauen Markierung etwa 500 Meter. Nach einem kurzen Aufstieg kommen Sie zu einer Abzweigung schmaler Wege mit einem Wegweiser. Hier gehen Sie nach links und folgen der blauen Markierung. Nach 150 Metern kommen Sie zu einer Weggabelung (GPS7) mit Holzschildern.

Hier rechts gehen. Sie sehen neben der blauen jetzt auch wieder die orangefarbene Markierung von Brattforsleden, der Sie jetzt wieder folgen. Folgen Sie der Markierung etwa 700 Meter bis zum Infopavillon 'Stegelviken'. Folgen Sie hier dem breiten Weg nach rechts und halten den Pavillon an Ihrer rechten Seite. Über einen Steg überqueren Sie einen Bach und gehen nach 20 Metern nach rechts auf einen mit orangener Farbe markierten schmaleren Weg. Beim See biegt der Weg links ab. Sie kommen zu einer Gabelung (GPS8).

Gehen Sie nach rechts und folgen Sie dem breiten Weg, der sich durch den Wald schlängelt. Nach 500 Metern gehen Sie bei einer Gabelung mit einem schmalen Sandweg nach rechts. Missachten Sie Nebenwege. Nach 130 Metern kommen Sie zu einer Kreuzung mit Wegweiser (GPS9).

Hier gehen Sie nach rechts auf einen schmalen Waldweg, der abwärts führt. Sie folgen jetzt kurz auch der grünen Markierung. Nach 100 Metern an einer Weggabelung bei einer Schutzhütte gehen Sie nach links in Richtung Brattfors. Folgen Sie der Markierung. Etwas weiter halten Sie sich bei einer Gabelung rechts. Sie verlassen die grüne und folgen nur der orangefarbenen Markierung. Nach 200 Metern gehen Sie an einer Kreuzung bei dem Wegweiser 'Alsterstjärnarna' geradeaus. Nach nochmals 750 Metern kommen Sie zu einer Gabelung mit Wegweisern (GPS10).

Gehen Sie nach links. Sie sehen auch ganz kurz eine gelbe Markierung. Halten Sie sich nach 80 Metern bei der Y-Gabelung links und folgen Sie der orangefarbenen Markierung. Nach 300 Metern

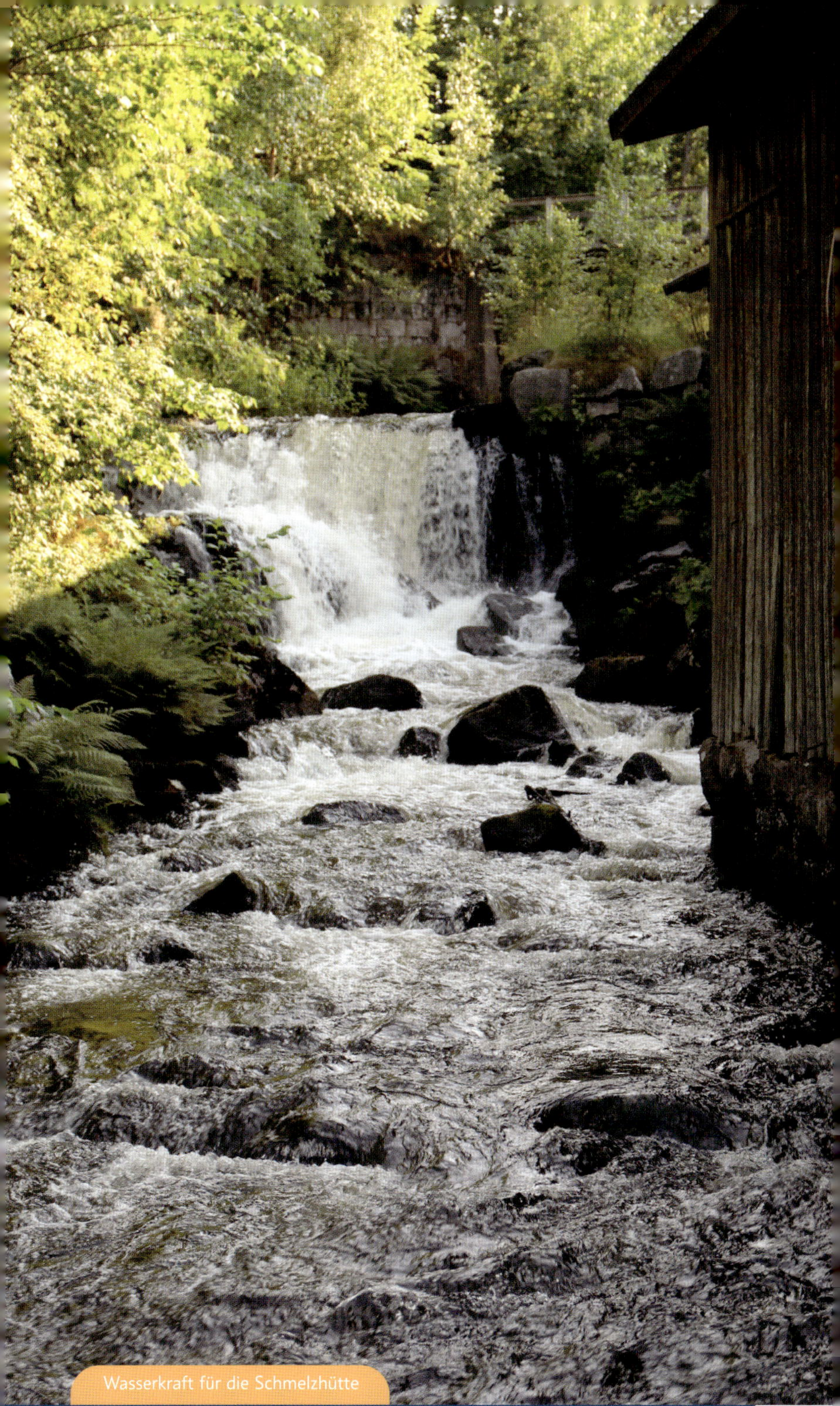

Wasserkraft für die Schmelzhütte

kommen Sie zu einer Schotterstraße. Hier gehen Sie nach rechts und nach 20 Metern bei der orangefarbenen Markierung wieder nach links auf einen schmalen Weg. Nach 60 Metern gehen Sie auf einem Feldweg nach rechts. Missachten Sie einen Weg nach rechts und gehen Sie nach 80 Metern nach links auf einen schmalen markierten Waldweg. Sie folgen diesem Weg circa 900 Meter immer geradeaus und kommen zu einem Sandweg mit einem Wegweiser. Hier gehen Sie nach links. Nach 130 Metern bei einer Y-Gabelung nehmen Sie den rechten Weg. Nach 550 Metern missachten Sie bei einem Wegweiser einen Weg mit orangefarbener Markierung nach rechts und laufen geradeaus in Richtung Brattfors. Hier sehen Sie auch die orangefarbene Markierung. Nach 130 Metern schickt die orangefarbene Markierung Sie nach links auf einen schmalen Waldweg (GPS11).

Nach 600 Metern gehen Sie bei einer Kreuzung mit einem Feldweg geradeaus. Missachten Sie Seitenwege und folgen Sie dem Weg 450 Meter, bis Sie zu einer Schotterstraße (GPS12) kommen.

Gehen Sie nach rechts und folgen Sie der Schotterstraße mit einer Kurve nach links. An einer Gabelung mit einer schmalen Asphaltstraße gehen Sie nach links und bei der T-Gabelung am Ende nach rechts. Überqueren Sie nach 50 Metern die breite Asphaltstraße (Straße 63) und gehen Sie in die Hammarvägen. Missachten Sie zweimal einen Weg nach rechts. Wenn der Weg nach rechts abbiegt, halten Sie sich links. Folgen Sie dem Weg mit der orangefarbenen Markierung über die Brücke zum alten Eisenschmelzwerk und der Infotafel (GPS1) auf dem Parkplatz.

GPS KOÖRDINATEN FILIPSTAD: DREI NATURSCHUTZGEBIETE UND DIE ERZHÜTTE VON BRATTFORS

1. Infotafel	N 59 40.038 E 14 01.328
2. Abfallende Kreuzung	N 59 39.879 E 14 01.213
3. Gabelung mit Wegweisern	N 59 38.746 E 14 00.823
4. Schotterstraße	N 59 38.264 E 14 00.625
5. Asphaltstraße	N 59 37.986 E 14 00.141
6. Blauer Pfosten im Grünstreifen	N 59 38.639 E 13 57.865
7. Weggabelung	N 59 38.626 E 13 57.306
8. Gabelung	N 59 38.959 E 13 56.792
9. Kreuzung mit Wegweiser	N 59 39.193 E 13 56.484
10. Gabelung mit Wegweisern	N 59 39.025 E 13 57.439
11. Schmaler Waldweg links	N 59 39.370 E 13 59.464
12. Schotterstraße	N 59 39.756 E 14 00.278

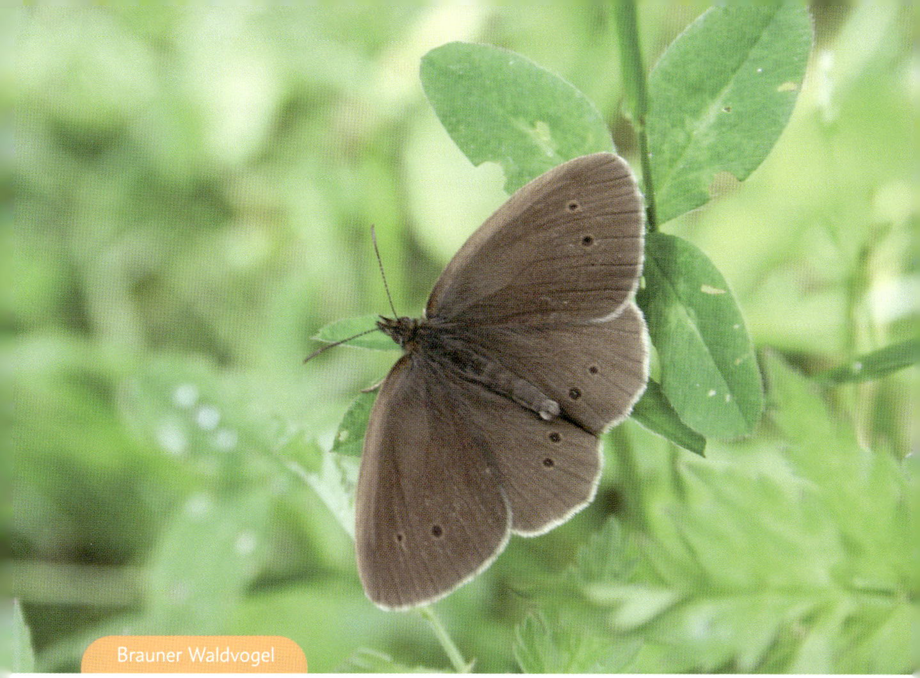

Brauner Waldvogel

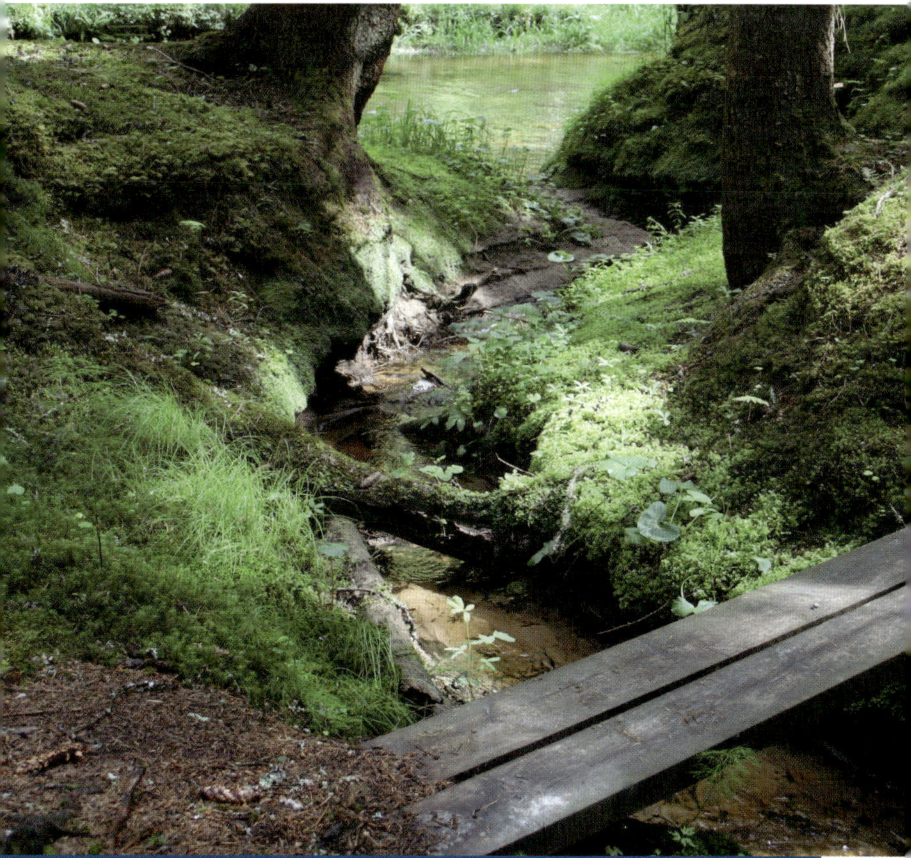

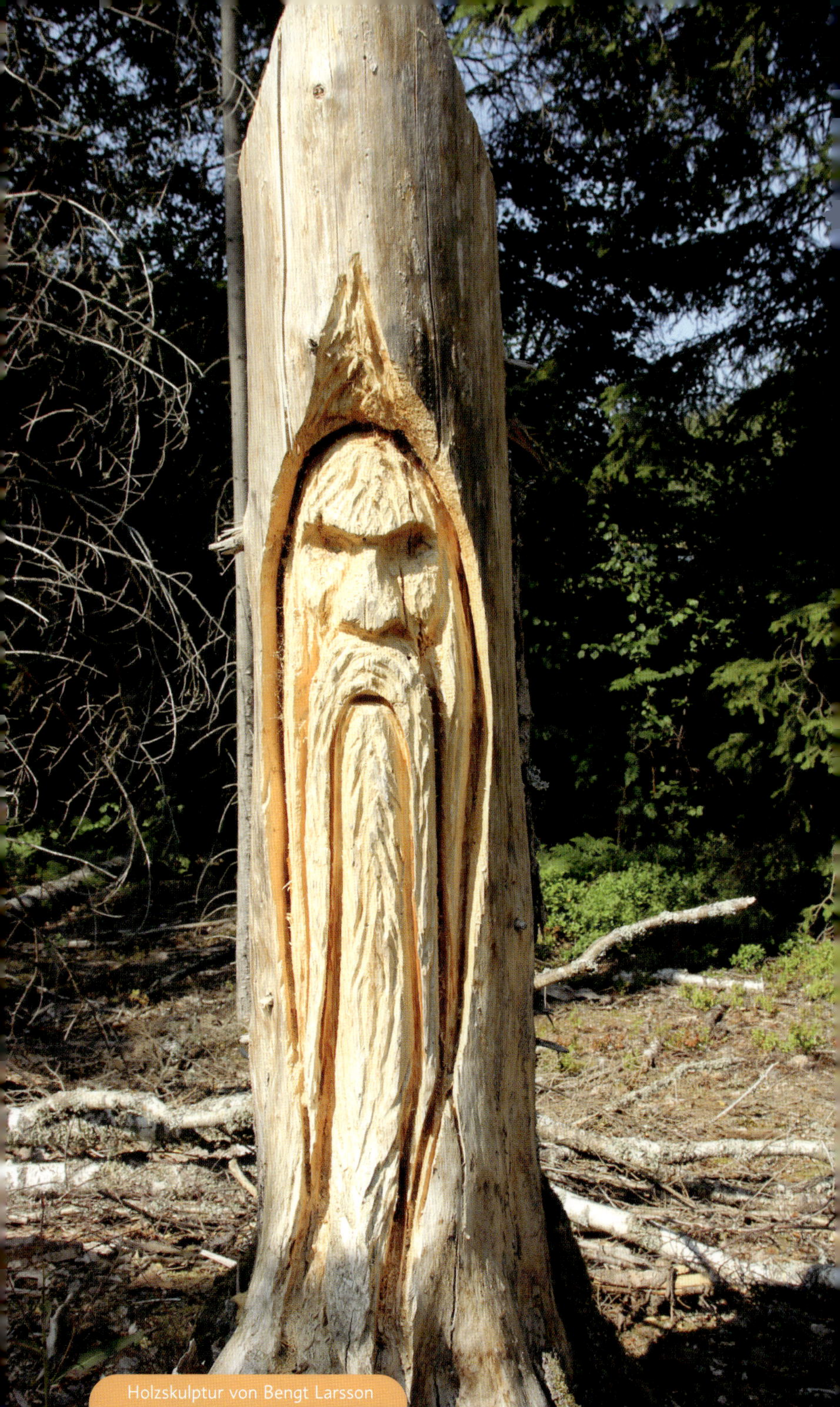

Holzskulptur von Bengt Larsson

21 STRECKE:	5,7 KM
DAUER:	ETWA 2 STUNDEN
SCHWIERIGKEITSGRAD:	1
NIEDRIGSTER PUNKT:	58 M, HÖCHSTER PUNKT: 127 M
GESAMTANSTIEG:	143 M

LILJEDAL

Das südliche Klima am Vänern-See

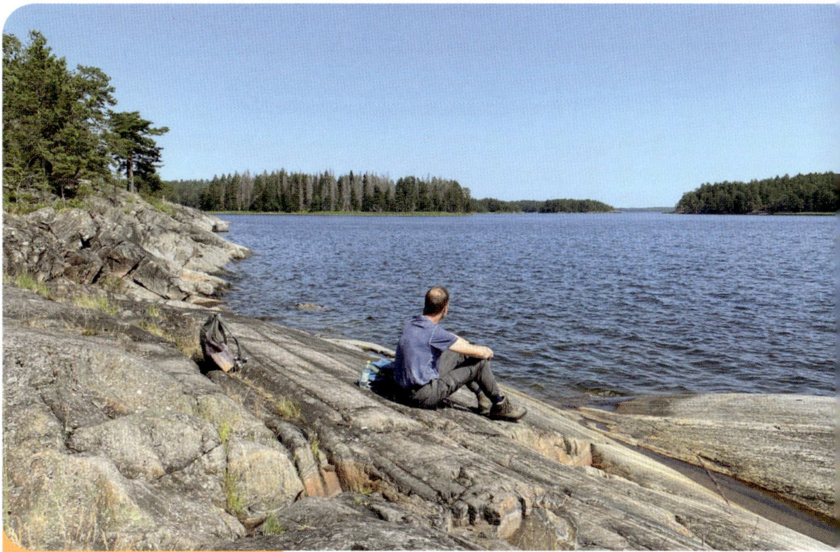

Am Ufer des Vänern-Sees

WARUM IST DIESE WANDERUNG INTERESSANT?

Ein Katzensprung könnte man, sicher wenn die Route auf Schwedisch Kycklingleden (Kyckling =Hühner) heißt, von einer Wanderung die nur 5,7 km lang ist, denken. Warum der Wanderweg diesen Namen trägt, konnten wir nicht herausbekommen. Allerdings erfuhren wir, dass es auf dieser kleinen Halbinsel im Vänern-See aufgrund ihrer Lage und Steinfarbe durchschnittlich etwas wärmer ist als in anderen Teilen Värmlands, wodurch man hier spezifische südliche Pflanzen- und Tierarten findet, die anderswo in Värmland nicht vorkommen. So sieht man hier neben vielen anderen Arten von Laubbäumen und Sträuchern beispielsweise Haselnusssträucher. Auch die ungiftige Glattnatter lebt hier. Am Startpunkt der Wanderung stehen einige Holzskulpturen des Värmländer Künstlers Bengt Larsson. Sie wandern zum Ufer des Vänern-Sees, wo Sie einen Panoramablick genießen können. 2004 wurde ein Gebiet von zwei Quadratkilometern von einem Waldbrand verwüstet, dem größten in Värmland seit mehr als fünfzig Jahren. Die Natur hat sich auf wundersame Weise erholt.

WIE KOMMT MAN DORTHIN?

Liljedal liegt im Südwesten Värmlands. Nehmen Sie ab der E45 etwa 10 km südlich von Grums die Ausfahrt Liljedal und folgen Sie der Beschilderung zu diesem Dorf. Nach ungefähr 4 km überqueren Sie eine Brücke und fahren ins Dorf hinein. Nehmen Sie nach der Brücke die erste Straße links: Budavägen. Halten Sie sich nach 400 Metern bei der Y-Gabelung links. Die Straße wird zu einer Schotterstraße. Nach 700 Metern kommen Sie zum Parkplatz am See: Budaparken.

DIE WANDERUNG

Gehen Sie zur Infotafel (GPS1) in der Ecke des Parkplatzes. Dort beginnt der Kycklingleden.

Gehen Sie auf den Waldweg und folgen Sie der orangefarbenen Markierung. Nach gut 500 Metern kommen Sie an einer Infotafel 'Torpet Sörvik' vorbei. Folgen Sie dem Weg und der Markierung noch 350 Meter bis Sie zu einer Gabelung bei einem Übersichtsplan (GPS2) kommen.

Hier gehen Sie geradeaus. Folgen Sie auch hier der orangefarbenen Markierung. Ab und zu überqueren Sie über Bohlenwege sumpfige Bereiche. Nach gut 500 Metern sehen Sie rechts des Weges am Rand eines kleinen Moores einen Holzsteg und eine Bank. Folgen Sie dem Weg. Ein Stück weiter sehen Sie entlang der Küste mehrere Ferienhäuser stehen. Nach 600 Metern biegt der Weg zum Seeufer ab. 60 Meter weiter steht eine Infotafel 'Om Vänern' und eine kleine Bank (GPS3).

Folgen Sie dem markierten Weg weiter an der Küste entlang. Nach 200 Metern liegt links neben dem Weg ein Brunnen 'Kallkällan' (GPS4).

Der Weg biegt vom See ab. Folgen Sie weiterhin der orangefarbenen Markierung. Nach 300 Metern kreuzen Sie einen Feldweg und nach nochmals 300 Metern kommen Sie an einer Infotafel 'Hassellunden' vorbei. Der Weg führt hier nach links, biegt nach rechts ab und steigt dann stark an. Weiter oben wird es etwas flacher und nach 400 Metern kommen Sie an der Infotafel 'Om Kycklingdalen'(GPS5) vorbei.

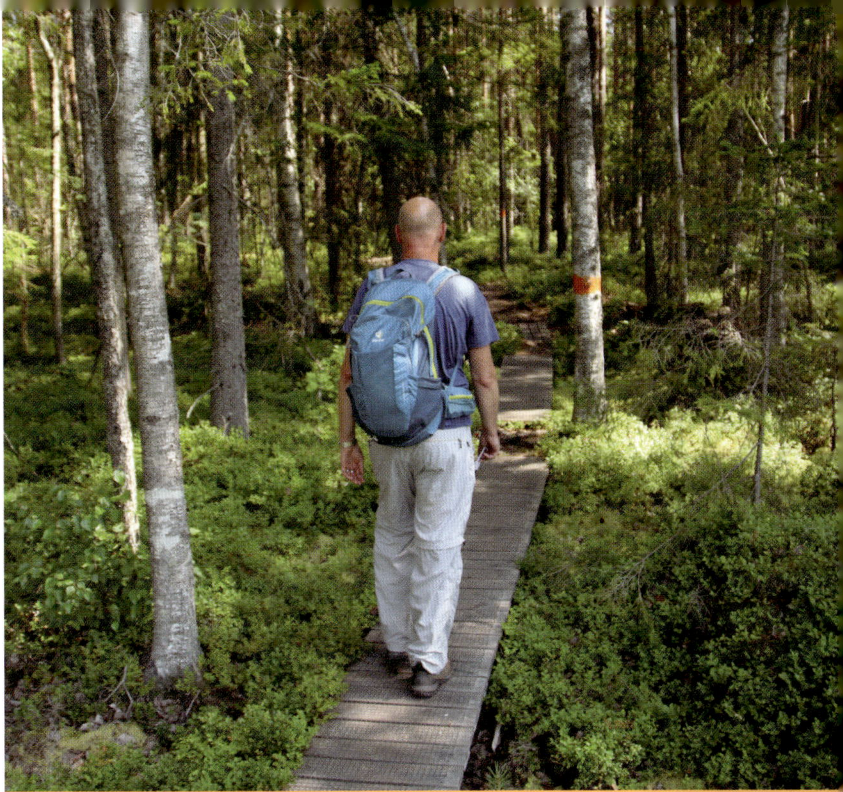

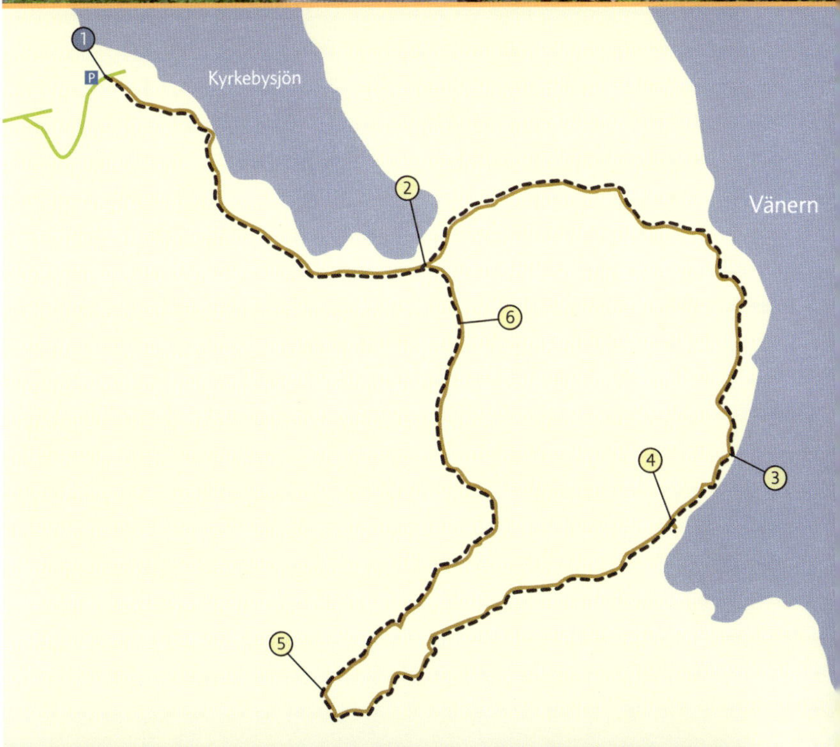
1
P
Kyrkebysjön
2
Vänern
6
4
3
5

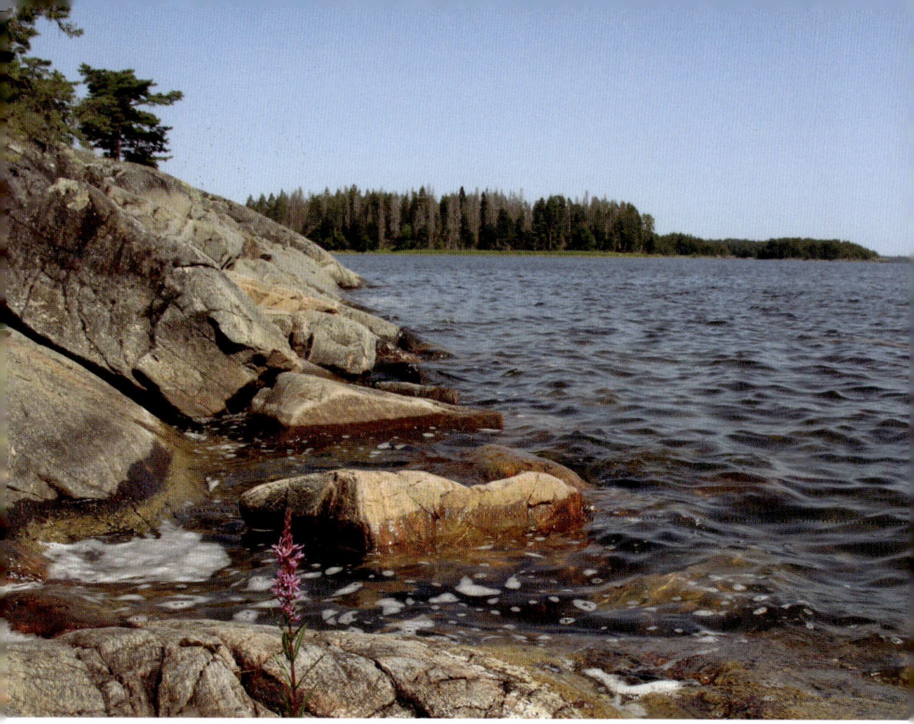

Sechzig Meter weiter stehen eine Schutzhütte und ein Picknicktisch. 100 Meter weiter steht eine Infotafel 'Brända tomten'. Sie wandern jetzt durch das Waldstück, welches 2004 verbrannt ist. Der Weg führt abwärts und schlängelt sich durch hügeliges Gelände. Nach 1 km kommen Sie zu einer Infotafel 'Levande skogen' (GPS6).

Folgen Sie danach dem abwärts führenden Weg noch 250 Meter, bis Sie wieder bei der Gabelung und dem Übersichtsplan (GPS2) sind.

Gehen Sie nach links und folgen jetzt dem Weg und der orangefarbenen Markierung 850 Meter zurück zur Infotafel (GPS1) und zum Parkplatz.

GPS KOÖRDINATEN LILJEDAL: DAS SÜDLICHE KLIMA AM VÄNERN-SEE

1. Infotafel	N 59 15.686 E 13 05.595
2. Gabelung + Übersichtsplan	N 59 15.477 E 13 06.306
3. 'Om Vänern'	N 59 15.272 E 13 06.966
4. 'Kallkällan'	N 59 15.194 E 13 06.842
5. 'Om Kycklingdalen'	N 59 15.010 E 13 06.075
6. 'Levande skogen'	N 59 15.406 E 13 06.373

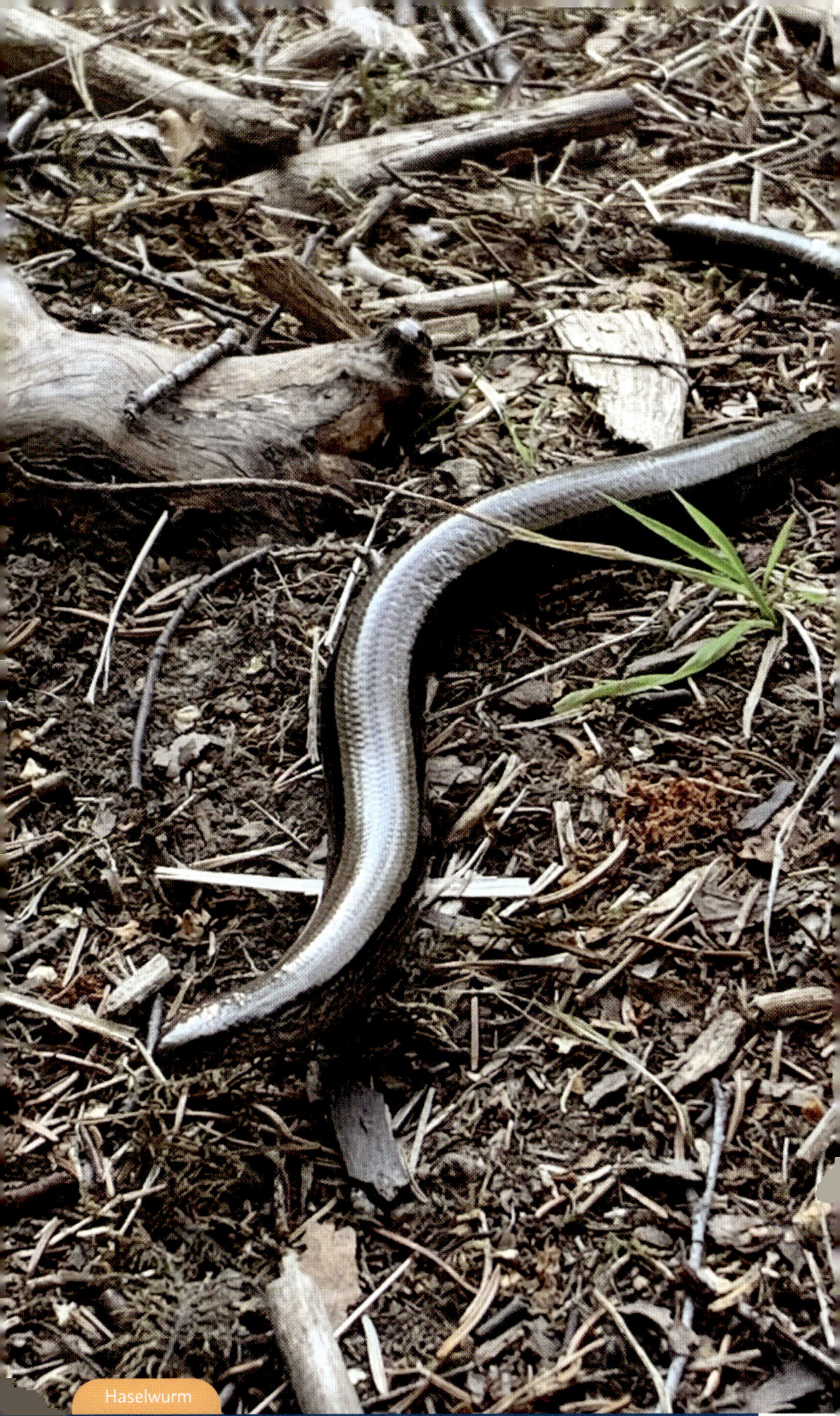

Haselwurm

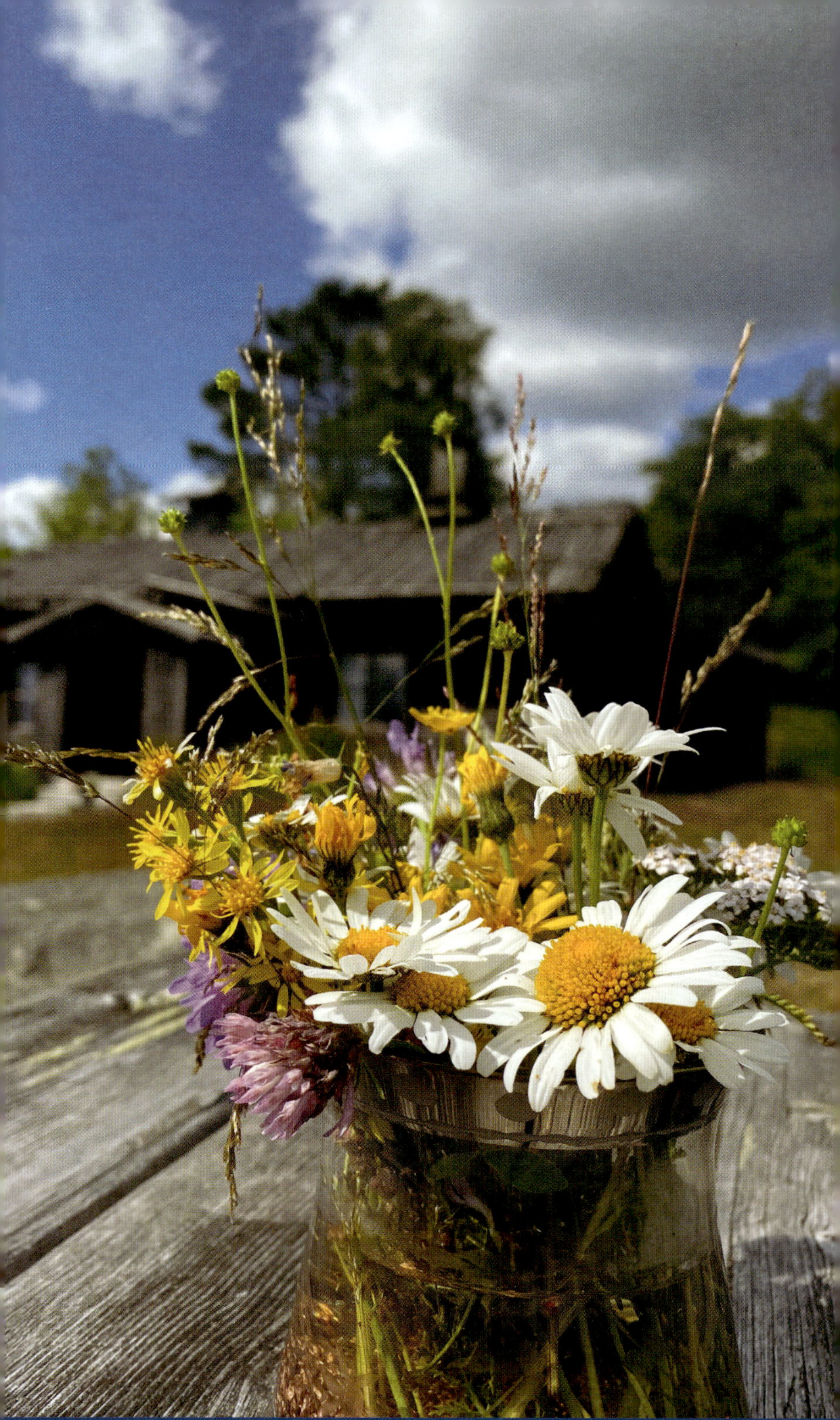

VERANTWORTUNG

Die Autoren haben im Sommer des Jahres 2021 alle in diesem Wanderführer aufgeführten Wanderungen selbst gemacht und beschrieben. Die Autoren haben alle Fotos gemacht.

GPS-TRACKS

Wenn Sie die GPS-Tracks der Wanderungen erhalten möchten, dann schicken Sie unter der Angabe "GPS-tracks Värmland" eine E-Mail an info@onedaywalks.com.

UPDATES DER ROUTEN

Alle Beschreibungen sind sorgfältig ausgearbeitet und kontrolliert. Aber Landschaften sind dem Wandel unterworfen. Es ist also möglich, dass Sie während einer Wanderung auf Hindernisse stoßen, mit denen wir beim Beschreiben der Route noch nicht konfrontiert waren.

Wir würden es sehr zu schätzen wissen, wenn Sie uns von Veränderungen und Hindernissen, denen Sie auf Ihrer Wanderung begegnet sind, berichten. Auch Vorschläge für Alternativrouten sind willkommen. Mailen Sie Ihre Erfahrungen an die folgende E-Mail-Adresse: info@onedaywalks.com.

Wir sorgen dafür, dass alle Änderungen auf der Website eingesehen werden können. Wanderer, die den Wanderführer kaufen, können dann vor der Abfahrt kontrollieren, ob die Routenbeschreibungen eventuell ergänzt oder verändert wurden.
Auf der Website www.wanderninvarmland.de sind die aktuellsten Ergänzungen und Änderungen der Routenbeschreibungen zu finden.

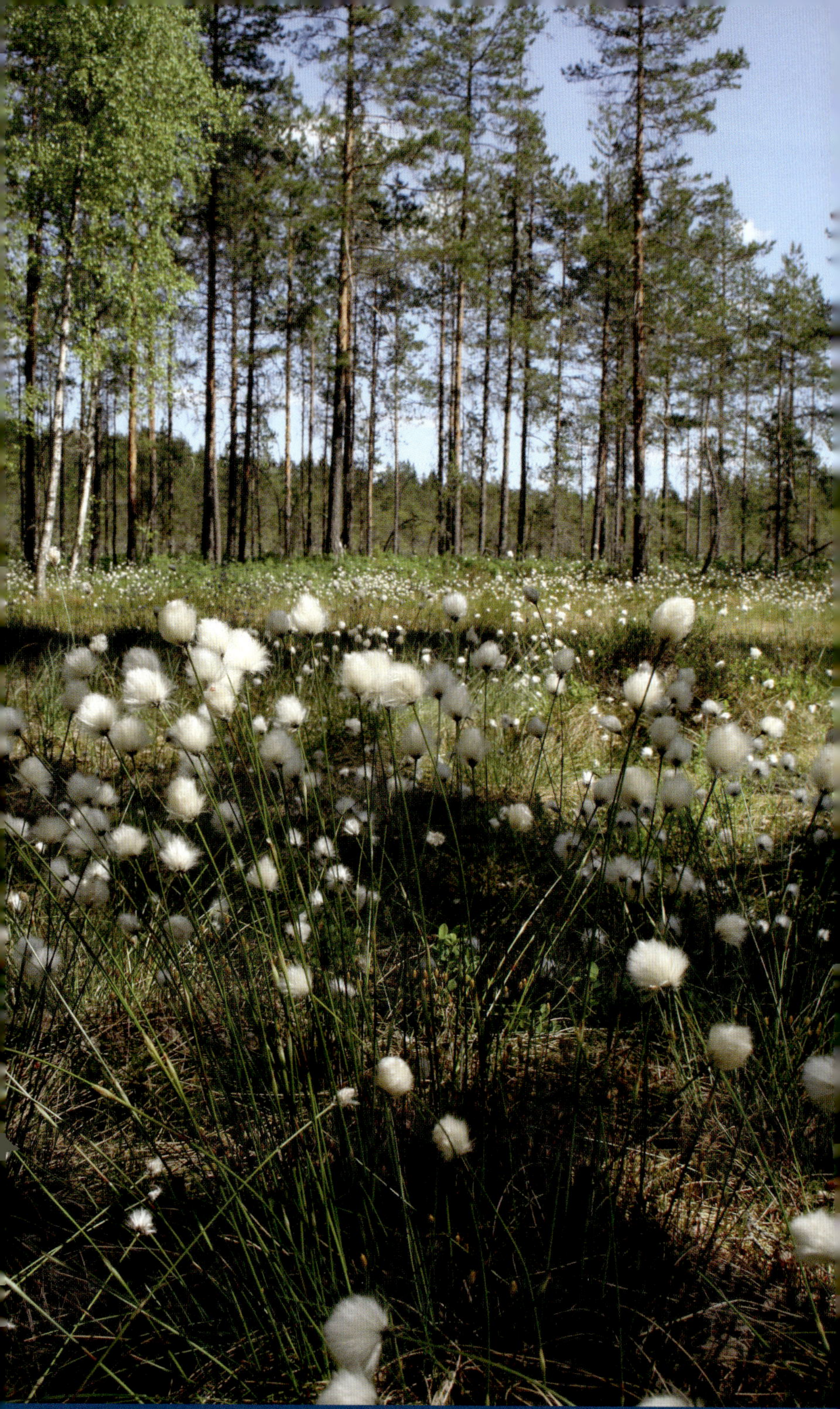

NOTIZEN

DIE WANDERUNGEN

One Day Walks

WER SIND WIR?

One Day Walks B.V. ist ein Betrieb von drei begeisterten Wanderern: Marco Barten, Paul van Bodengraven und Marjan Wildeboer ziehen geregelt ihre Wanderschuhe an um sich auf den Weg zu machen. Und wir haben unsere eigenen Vorstellungen davon wie ein Wanderführer aussehen müsste.

WAS MACHEN WIR?

Ein guter Wanderführer hat ausführliche Routenbeschreibungen. Wir finden, dass man nur gute Routenbeschreibungen machen kann, wenn man erst selbst alle Wanderungen abgelaufen hat. Man möchte auch wissen was man unterwegs erleben kann. Darum machen wir viele Fotos. Die schönsten Fotos, die ein Stück der Route zeigen, kommen in den Wanderführer. Natürlich berichten wir auch wie man zum Startpunkt der Route kommt, wie lang die Strecke ist, und wie viel Zeit man dazu braucht. Fast alle Wanderungen sind Rundwanderungen, sodass man letztendlich wieder am Startpunkt angelangt. Alle Karten machen wir selbst.

WIE IST UNSER BETRIEB ENTSTANDEN?

Eigentlich ist unser Betrieb aus einem Hobby entstanden. Wir merkten, dass viele Wanderführer nicht gemäß unserer Erwartungen und Wünschen waren, und kamen so auf die Idee um selbst einen Wanderführer zusammen zu stellen. Berufsmäßig hatten wir drei genug Ideen über das Konzept und die Formgebung. Da wir gerne unsere eigene Sache machen wollten, haben wir uns entschlossen, auch einen eigenen Verlag zu gründen.

KONTAKT

One Day Walks Publishing B.V.
Traaij 214, 3971 GW Driebergen-Rijsenburg – Niederlande

Telefon 0031 6 336 88 244
info@onedaywalks.com

Facebook: Facebook.com/OneDayWalks
Instagram: @oppadmet_marco_en_paul